中国灰领系列

# 市场调研主管
## ——市场拓展开发释要——

董水生 著

企业管理出版社
ENTERPRISE MANAGEMENT PUBLISHING HOUSE

图书在版编目（CIP）数据

市场调研主管 / 董水生著.—北京：企业管理出版社，2021.5

ISBN 978-7-5164-2348-6

Ⅰ.①市… Ⅱ.①董… Ⅲ.①市场调研 Ⅳ.①F713.52

中国版本图书馆CIP数据核字（2021）第048151号

| | |
|---|---|
| 书　　名： | 市场调研主管 |
| 作　　者： | 董水生 |
| 责任编辑： | 张　羿 |
| 书　　号： | ISBN 978-7-5164-2348-6 |
| 出版发行： | 企业管理出版社 |
| 地　　址： | 北京市海淀区紫竹院南路17号　邮编：100048 |
| 网　　址： | http://www.emph.cn |
| 电　　话： | 总编室（010）68701719　发行部（010）68701816　编辑部（010）68701891 |
| 电子信箱： | 80147@sina.com |
| 印　　刷： | 河北宝昌佳彩印刷有限公司 |
| 经　　销： | 新华书店 |
| 规　　格： | 170毫米×240毫米　16开本　19.25印张　280千字 |
| 版　　次： | 2021年5月第1版　2021年5月第1次印刷 |
| 定　　价： | 88.00元 |

版权所有　翻印必究·印装错误　负责调换

# 序

董水生副教授是 2008 级河北工业大学李景元教授所指导的工商管理一级学科企业管理专业全日制硕士研究生，后来加入李景元教授领衔组建的灰领职业研究开发载体及其团队（中国灰领理论研究开发中心）。这一研发平台与从国外引进的"白领职业领域研究开发""蓝领职业领域研究开发"平台载体相比较，更具有中国特色的职业与教育属性界定。这一界定渊源出自我的博士生李景元教授由企业管理出版社出版的《现代中国的灰领阶层》。本书作者作为上述研发团队成员之一，几年来一直在灰领理论层面给予延伸拓展，在实践方面结合教学过程与市场现状，借鉴运用灰领职业研究开发的理论集成与科研成果，撰写完成《市场调研主管》。这一著作对于灰领理论属性与特征表述确切，并且深入浅出、言简意赅、表述精炼、便于操作，具有一定的理论意义和现实应用价值，值得向读者推荐。

20 世纪 90 年代初，李景元教授首次提出并界定灰领概念，并且科学地界定了灰领的理论属性及其内涵与外延范畴。在此基础上，于 1995 年 2 月出版第一部灰领理论专著——《现代中国的灰领阶层》。原中顾委委员、中国企业联合会创始人袁宝华约见李景元教授，称赞"中国灰领理论体系具有中国特色，关于灰领理论的定义、概念与职业形象标识，介于西方'白领''蓝领'理论体系之间的宽阔领域，是'以我为主，博采众长，融合提炼，自成一家'的独创性的标志性研究成果"，并责成当时的国资委有关部门，依据李景元教授创立的灰领理论，在人民大会堂组织"灰领理论与实践国际会议论坛"。袁宝华兴致勃勃地挥毫题字"中国灰领的崛起"，会务组以这一题字为书名组编论文集，我受袁宝华同志的委托为论文集作序，该论文集由中国经济出版社出版发行。随即组建中国灰领理论研究开发中心，这一研发平台的建立，进一步

拓展了灰领理论与实践发展空间，包括本书作者在内的李景元教授研发团队期间公开发表灰领理论与实践相结合的学术论文200多篇，出版灰领著作多部。

党的十八大以后，李景元教授以高技能人才开发为导向，按生产作业现场的管理与技术岗位职能分册出版了灰领系列著作，紧贴基层基础部位，深接地气，为数以千万计的不同行业的灰领属性职业特点的高技能人力资源群体提供了具有规范作用的理论依据和实践指导。本书作者作为研发团队的成员之一，参加了其中的《中国灰领——工艺主管：现场运行操作说要》《中国灰领——调度主管：现场运行说要》撰写全过程，主笔撰写多章节内容。这次作者又独著《市场调研主管》一书，说明这一灰领平台载体的研发团队正在壮大成熟，团队后继有人，本书的出版也充分说明团队成果在更深层次和领域有了进一步的延伸和拓展。

本书在延伸集成灰领理论与实践的基础上，拓展了这一领域的研究范围，把灰领属性与社会市场营销理论进行有机融合，把灰领职业群体的"动手动脑、手脑并举、理性下沉、立足基础、面对市场、基于现场"职业特征与内涵贯穿于市场调研主管现场运行操作的全过程。在灰领理论应用方面，把市场调研主管的"灰领属性、技能评价、基础知识、调研设计、调研方法、市场组织、研究报告"等进行逐一阐述；在技能操作方面，把市场调研主管的"问卷使用、市场测量、现场调研、数据统计、运行规范、行为职责"等加以展开说明，使本书达到理论与实践的有机统一，既蕴含深刻的理论，又富有市场调研的现场操作性。对于克服企业普遍存在的"战略定位、基层缺位""关注市场、忽视现场""室内白领、作业蓝领""管理技术、灰领断层"的现场管理的管理规范与专业技能缺位现象具有一定的现实意义，对于消除"有学历（知识）的大学毕业生不到现场做灰领，没有专业文化及技能的农民工滥竽充数承担灰领角色"的问题具有较强的指导作用。

我国"十四五"规划强调"增强职业技术教育适应性"，要"突出职业技术（技工）教育类型特色，深入推进改革创新，优化结构与布局，大力培养技术技能人才。完善职业技术教育国家标准，推行'学历证书＋职业技能等级证书'制度。创新办学模式，深化产教融合、校企合作，鼓励企业举办高质量职业技术教育，探索中国特色学徒制。实施现代职业技术教育质量提升计划，建设一批高水平职业技术院校和专业，稳步发展职业本科教育。深化职普融通，实现职业技术教育与普通教育双向互认、纵向流动",其实质就是要培养高素质的复合型现场专业技能灰领人才。

　　而本书与李景元教授近30年的灰领理论和实践相结合的研究成果及现实应用价值与"十四五"规划基本要求相吻合。我国14亿人口中,灰领职业属性的岗位约有1.5亿个,但是合格的职业高技能人才即灰领不足8000万名,高技能灰领人才缺口巨大,我国职业技能教育任务极其繁重。期待各类高校把培养高技能灰领人才放在战略位置,期待高等院校、中等职业院校、科研院所的理论工作者,眼睛朝下、走出学院,面向现场、伏下身来,以极大的政治责任和完备的知识体系培养出更多的高技能灰领人才,进而适应我国新时代社会进步发展的需要。同时希望作者再接再厉、潜心研究,为读者提供更多更好的体现灰领属性职业特征的作品。

中国工程院院士 徐寿波<br>2021年3月10日

# 目录

## 第一篇　认识市场调研主管

### 第一章　市场调研主管的灰领属性 / 002
第一节　现代灰领理论 / 002
第二节　基于灰领属性认识市场调研主管 / 008

### 第二章　市场调研主管职业技能评价系统 / 014
第一节　市场调研主管评价体系 / 014
第二节　市场调研主管行为评价 / 018

## 第二篇　市场调研主管业务应知

### 第三章　市场调研基础知识 / 022
第一节　市场调研工作认知 / 022
第二节　市场调研内容认知 / 027
第三节　市场调研类型认知 / 032
第四节　市场调研应用认知 / 035
第五节　市场调研程序 / 040

## 第四章　市场调研方案设计 / 045

第一节　市场调研方案的含义及其设计意义 / 045

第二节　市场调研方案设计的内容及技巧 / 046

第三节　市场调研方案设计的可行性研究 / 051

第四节　市场调研方案设计需注意的问题 / 054

第五节　市场调研方案实例 / 058

## 第五章　市场调研方法选择 / 062

第一节　二手资料调研法 / 062

第二节　实地调研法 / 066

第三节　网络调研法 / 081

## 第六章　市场调研工作组织与实施 / 085

第一节　市场调研机构选择 / 085

第二节　市场调研人员组织与培训 / 091

第三节　市场调研的一般步骤 / 095

第四节　市场调研过程中的注意事项 / 098

## 第七章　市场调研报告撰写 / 101

第一节　市场调研报告的重要性及特点 / 101

第二节　市场调研报告的格式 / 104

第三节　市场调研报告的写作技巧 / 112

第四节　市场调研报告撰写实例 / 116

# 第三篇　市场调研主管技能应会

## 第八章　市场调研问卷设计与使用技能 / 126

第一节　问卷的特点和分类 / 126

第二节　问卷的结构与设计过程 / 128

第三节　封闭式问题的题型与答案设计 / 131

第四节　问题设计的语言运用及提问方式 / 133

第五节　问卷设计需要注意的问题 / 136

## 第九章　市场调研测量技能（一）——抽样调研 / 140

第一节　抽样调研的特点与适用范围 / 140

第二节　抽样调研的分类 / 147

第三节　样本容量的确定 / 160

第四节　抽样误差的测定 / 165

第五节　抽样估计的方法 / 173

## 第十章　市场调研测量技能（二）——态度测量表及其他测量技术 / 175

第一节　态度测量表 / 175

第二节　其他测量技术 / 182

## 第十一章　市场调研资料统计整理与显示技能 / 189

第一节　市场调研资料统计整理 / 189

第二节　统计分组 / 192

第三节　分配数列 / 197

第四节　分配数列的要素及其意义 / 204

第五节　市场调研资料统计整理结果显示 / 207

## 第十二章　市场调研资料统计分析技能 / 214

第一节　市场调研资料统计分析 / 214

第二节　市场调研资料统计分析方法 / 216

## 第十三章　市场调研预测技能（一）——定性预测 / 224

第一节　对比类推法 / 224

第二节　综合意见法 / 226

第三节　头脑风暴法 / 231

第四节　德尔菲法 / 237
第五节　主观概率法 / 241
第六节　先行指标预测法 / 244

## 第十四章　市场调研预测技能（二）——定量预测 / 248

第一节　时间序列预测法 / 248
第二节　回归分析预测法 / 273
第三节　常用统计软件 / 282

# 第四篇　市场调研主管及专员岗位规范

## 第十五章　市场调研主管岗位职责规范 / 288

第一节　市场调研工作规范 / 288
第二节　市场调研主管岗位职责及任职资格 / 289

## 第十六章　市场调研专员岗位职责规范 / 291

第一节　市场调研专员任职资格及岗位职能 / 291
第二节　市场调研专员行为规范与选拔标准 / 292
第三节　市场调研专员培训 / 294
第四节　市场调研专员日常管理规范 / 295

# 第一篇

# 认识市场调研主管

# 第一章　市场调研主管的灰领属性

## 第一节　现代灰领理论

### 一、灰领的内涵

灰领（Gray Collar）一词，源于 20 世纪 70 年代的美国，是指负责电器维修、水道安装、机械施工的技术工人，他们平时穿灰色的制服工作，因此而得名。如今对灰领一词，已经赋予了不同的含义，在不同的地方理解也不一样，内涵更是不同。

由于经济发展水平不同，各国对灰领的认识各异：灰领是熟练的技术人员，是白领和蓝领的工作结合（加拿大）；灰领是指在制造业、物流业、招待、幼儿护理、保健等领域的专业服务人员（俄罗斯）；灰领既指穿灰色制服的人、服务业的雇员、公共部门的体力劳动者，又指技术人员，如程序员、吧台主管、设备操作员、援助员等（美国）；灰领是介于白领和蓝领之间的群体，或者兼做相关工作的技术人员（印度）。欧盟的猎头公司 MPS 的总裁托马斯·格芬斯金认为：灰领是密集型组织中产生的特定群体，是能够与时俱进，能够符合产业和时代发展要求的高级知识分子。

1995 年，《现代中国的灰领阶层》一书由企业管理出版社出版，作者李景元教授在书中首次提出了中国灰领的概念。他提出：以企业为研究对象，我国在建立社会主义市场经济及建立现代企业制度的过程中，企业的生产技术水平逐步提高，特别是在高新技术产业迅猛发展的条件下，脑力劳动与体力劳动、管理与操作的界限明显缩小，在生产领域，单纯的脑力劳动与单纯的体力劳动的界限正在朝着逐步消失的方向发展，取而代之的则是具有两者特征的新型管理者和劳动者，即灰领阶层。随后，作者又在一定程度上揭示了灰领的内涵、外延和职业特征等，2004年，他又针对企事业生产现场灰领主体的运行操作过程进行了更加详尽的说明，即执行上级下达的指令、协调配合工作、有效地指挥生产以及监督控制生产的运行，随后又在2006年将高等职业教育的培训目标定位于灰领。

我国学者李长久（1998）认为，灰领主要指维修人员、知识产业开发人员及营销人员。中国国民经济研究所所长、著名经济学家樊纲教授（2003）认为，在传统产业中，灰领群体属于高级技能型人才，在新兴产业中，灰领群体属于一般性的工人。从以上描述中可以看出：灰领相比白领、蓝领来说是一个相对独立的社会阶层，其内涵随着社会经济进步、时代发展而不断变化。

黄关从（2004）认为，"灰领代表的是一个群体，群体中的成员都是一些掌握大量的科学文化知识、具备较高技能水平、较强的动手操作能力和创新能力的专业技能型人才。"除此之外，李东汉和陈重分别研究了灰领的理论渊源及灰领阶层的行为规范，使灰领概念的基本理论框架更加完善。李强、谢绳武、杨河清等学者也就灰领的研究现状及其发展趋势，做了很多相关的探讨和研究。

## 二、灰领的标准

衡量灰领的基本标准一般包括以下三个方面。

1. 健全的人格

健全的人格是作为一个灰领所需具备的首要条件，是灰领的基本特征。人格，就是人们俗称的个性，主要指对不同的人和不同的事物所持有的态度，是一个人最基本的品质。除此之外，还包括人的兴趣爱好、价值取向、能力素质和性格，等等。作为一个灰领，首先应该是一个健康的人，这里的健康主要指人格的健全，对待任何事物，首先要有一个积极健康向上的态度，尊重他人，也尊重自己，工作中能够独立思考，诚实守信，勇于创新，爱岗敬业，永远把集体的利益放在第一位。这是作为一个灰领的前提条件，也是衡量灰领的

标准。

### 2.合理的知识结构

我国企事业生产环节中的灰领阶层是针对西方国家的白领、蓝领阶层来讲的。西方国家的白领和蓝领是一种对称，即在西方国家，白领是蓝领的对称，同样，蓝领也是白领的对称。白领阶层主要是指在工作中无须消耗大量体力劳动的工作人员，属于技术管理阶层即脑力劳动阶层；蓝领阶层主要是指在工作中从事生产、维修和服务的体力劳动的工作人员，属于生产操作即体力劳动阶层。但是随着社会不断的发展，已经不能简单地把工作人员划分为白领和蓝领两个阶层，因为目前我国企事业单位中从事现场经营管理的人员大多都需要同时具备白领和蓝领的工作技能，既要有动脑技能又要具备动手的技能，这就是灰领阶层。灰领是不同于白领和蓝领的高级技术型人才，主要包括质量管理员、生产调度员、设备管理员、安全管理员、工艺管理员等。处于灰领阶层的人，要求其既要懂管理，又要会实际操作，并具有自身独特的知识结构。白领、灰领和蓝领三者的主要区别，如表1-1所示。

表1-1　白领、灰领和蓝领三者的主要区别

| 阶层<br>功能 | 白领 | 灰领 | 蓝领 |
| --- | --- | --- | --- |
| 工作性质 | 动脑 | 既动脑也动手 | 动手 |
| 工作职责 | 产品的分析、研究、开发<br>高层管理 | 实际操作<br>产品的设计和改进、技术上的创新<br>现场解决问题<br>中层管理 | 具体操作 |
| 知识侧重 | 陈述性知识 | 程序性知识 | 程序性知识 |
| 能力侧重 | 以管理为主 | 既管理又操作（以创造性智力技能为主） | 以操作为主（以动作技能为主） |

灰领的知识结构主要包括基本理论知识、专业知识和管理知识。由于灰领的工作性质是既要动手又要动脑，既要管理又要操作，所以作为一种高级技术型人才，每个灰领都要具备基本的理论知识、专业知识和管理知识。专业知识

包括专业理论知识、专业的实践知识和工作过程的知识。专业知识是灰领在进行现场操作时必不可少的。灰领不同于白领和蓝领，白领进行的是高层管理，蓝领进行的是低层管理，而灰领进行的是中层管理，要负责解决现场生产发生的所有问题并组织生产的正常运行，因此现场管理知识对于灰领来讲是必不可少的。

3.合理的能力结构

灰领的能力结构主要包括职业能力和核心能力。职业能力主要是指灰领成员在工作中需要具备管理能力和操作能力，同时也要具备一定的创新能力。因为灰领在工作过程中可能会遇到很多突发状况，要具有解决突发问题的能力，这就要求灰领具有创造性的技能。这里所说的操作能力不同于蓝领的操作能力，它不仅仅是体力劳动的操作，更多侧重的是智力的一种操作，如技术的改进、创新和革新。管理能力就是在工作中对从事相关工作的人员的管理技能。核心能力主要包括学习的能力、沟通合作的能力和掌握信息的能力。灰领是生产现场的一种高级技术型人才，因此，要有对新技术和新工艺的学习能力，当然首先要有认真学习的态度。随着科技的快速发展，为了追赶信息时代的步伐，同时也为了适应岗位的需求，灰领人员首先要做的就是不断学习，要能学习，会学习，不断地充实自己，提高自身的综合素质。在工作和学习的过程中，难免会和很多人打交道，这就要求他们要具备一定的沟通协调的能力和团队合作的能力。获取信息的能力也是非常重要的，我们正处于信息高速发展的时代，在工作过程中要充分利用获取到的对自己有价值的信息，提高工作效率，这样才能达到一个灰领的标准。

## 三、灰领是人力资源的重要组成部分

1.灰领是人力资源管理的对象之一

人力资源（Human Resource，HR）是指在一个国家或地区中具有劳动能力的人口之和，包括劳动年龄阶段、小于劳动年龄和超过劳动年龄的所有人口，也就是一个国家或地区减去丧失劳动能力的人口后的剩余人口。人力资源也可以定义为特定阶段内组织成员拥有的能够被企业所用，并且可以创造价值增值的因素的总称，例如教育、能力、技能、经验、体力等。

人力资源包括体力和智力两个基本方面。从现实的具体形态分析，它包括体质、智力、知识和技能四个方面。具有劳动能力的人，不仅仅是指具有脑力和体力的所有人，而是指能相对独立地参与劳动并且能促使经济发展和社会进步的人。

1995年出版的《现代中国的灰领阶层》一书中第一次提出了中国灰领的概念。2006年出版的《中国灰领》一书中指出：灰领是指白领与蓝领两者内容的结合，职业特征的融合与渗透，动手动脑及智力体力的协调统一，专业操作技能与组织管理能力相结合的复合型人才。

由此可以看出，灰领所具有的职业特征符合人力资源的要求，所以灰领是人力资源的重要组成部分。从人力资源的角度管理和开发灰领，也是一个核心问题。

2.灰领的开发

（1）以"关键能力"培养为目标。

传统的人才培养模式只重视学习知识，而忽视了把理论转化为实际的能力，尤其是"关键能力"。灰领人才培养模式强调实践能力，重视理论与实践相结合，并克服了传统培养模式的缺陷，重视"关键能力"。"关键能力"即核心能力，是指与专业操作技能和专业相关知识没有直接关系，且超出其范畴的一种能力。这种能力的特征表现在可转移性和跨职业性，其作用体现在即使劳动者自身所具有的专业知识和操作技能与新生产过程和形式不再相适应，它也能确保劳动者很快融入不断变化的工作环境。只有在实际工作中参加能力培训，才能获得与工作有关的各种技能。所以，必须在实践中培养"关键能力"，比如实践过程中发现、处理及反思问题的学习能力和综合运用能力。

（2）以"循序渐进，梯队培养"为方法。

灰领人才的培养是以企业对人员的需求为出发点的，如果没有掌握到企业的确切需求，就无法有针对性地去培养人才。企业对人员的需要受以下三方面的影响：第一，技术创新产生的效果。在信息技术时代，要求企业能够快速做出反应，这就需要灰领人才来实现。第二，企业人员流动带来的影响。人员不断流动会产生更多的空缺岗位，需要及时填补，目的是确保企业不会因为人员流动带来消极作用。第三，企业的创新需求。创新是企业生存和发展的有力工具，创新能力的缺失会导致企业在激烈的社会竞争中被淘汰出局。

灰领人才培养模式中，循序渐进与梯队培养都是为企业服务的有效方法。循序渐进的具体表现是劳动者自身知识、能力、技能水平的不断提高。人才培养模式中的"宝塔"结构表明：不管是处在"宝塔"的基层还是顶端，这种方式都很有效。有"进"就有"退"，如果企业能够建立完善的人才分离制度，采用合理淘汰的方式，就能为自身挑选出最满足企业需求的高级人才。

（3）以"职业为导向"为核心内容。

根据企业需求培养灰领人才，一定要在符合市场需求的前提下。科技的不断发展促使各行各业相互融合，各种职业交叉渗透，这时劳动者的适应能力就成为关键因素，必须快速适应新职业、新岗位及新环境。所以，在日趋激烈的社会竞争中，成为一个"专才"的同时更要努力做一个"通才"。

（4）重视"产、学、研"相结合的模式。

"产、学、研"相结合的模式，其实质就是高等学校与企业联合起来培养人才，是学校与企业共同办学的一种具体形式，其作用就在于让学生在高等院校学习专业理论知识的同时，还能在企业受到实践操作技能的培训。"产、学、研"的培养模式是灰领人才实现充分应用的质量保障。虽然该模式培养的学生跟其他模式培养的学生理论水平保持一致，但处理实际问题的能力要远远高于其他方式下培养的学生的能力。

"产、学、研"的培养模式不仅要满足企业对人才的需求，还要能够使企业为人才提供大量的技术支持与资金投入，只有当企业认识到灰领人才所发挥的重要作用时，才会在很多资源方面给予大力支持。如果企业能够意识到这种合作方式是自身发展的动力因素，并采取相应措施，如建立实训基地，让高校学生进入一线切身体会实践过程，这样就会达到真正的学校与企业"产、学、研"相结合的目的。

## 第二节　基于灰领属性认识市场调研主管

### 一、市场调研与市场调研主管

市场调研（Marketing Research）也称市场调查、市场研究、营销研究，是指运用科学的方法，有目的、有系统地收集、记录、整理有关市场营销信息和资料，分析市场情况，了解市场的现状及发展趋势，为市场营销预测和营销决策提供客观、正确的资料的工作过程。它包括市场环境调查、市场状况调查、销售可能性调查，还可以对消费者及消费需求、企业产品、产品价格、影响销售的社会和自然因素、销售渠道等开展调查。

市场调研需要对营销决策相关的数据进行计划、收集和分析，是一种认识市场现象及其变化规律的活动，具有全过程性、社会性、目的性和科学性四个方面的特征。

市场调研主管是指企业市场调研工作的负责人，其需要根据企业的经营目标制定市场调研目标以及方案，组织人员进行市场调研工作，并对调研结果进行整理和分析，为领导决策提供依据。

市场调研主管需要具有较强的专业和个人能力，具体如下。

（1）熟悉行业情况以及市场动态，熟悉竞争对手以及消费者的需求。

（2）熟悉市场调研流程与相关的方法。

（3）具有敏锐的市场洞察力和分析能力。

（4）具备良好的领导管理能力。

（5）具备良好的策划能力以及文案水平。

（6）工作认真，具有团队精神。

## 二、市场调研主管的灰领属性分析

由于企业运营所需的各个职能部门对灰领技能的要求不同，所以需要从内容、方式、目的三个方面来分析市场调研主管的灰领属性。

1. 市场调研主管的工作内容既复杂又多变

无论是在传统行业还是在新兴产业中，市场调研主管的工作内容主要包括以下几个方面。

（1）在作业现场进行专业实践操作，主要是体力加技术的综合性工作。

（2）作为管理人员，发挥计划、组织、领导、控制等职能。

（3）根据个性化需求对市场调研活动进行创新。

（4）以上三者相结合的复杂工作。

2. 调研主管主要采取符号和工具并用的手段

蒸汽机的发明开创了工业革命的先河，使得世界工业化向前迈进了一大步。随着社会的不断发展，各种各样的技术也应运而生并且迅速发展。尤其是计算机和智能化设备的出现，使得体力劳动逐渐减少，脑力劳动也在发生相应的变化。发达国家建立的无人化工厂，实现了机器替代人工的目标，纯粹的体力劳动在现代科技迅速发展的形势下已没有多少价值。基于以上考虑，从事市场研究活动的调研主管，只有在运用工具的同时注重符号的应用，才能发挥自身的最大优势和潜能。

3. 所有工作的目的都是按时完成任务

市场调研主管作为市场运行现场的劳动者和组织管理者，他们的工作目的很明确，就是发挥管理者职能，并运用自身的专业知识和技能按时完成任务。

总的来说，在传统行业和新兴产业中，市场调研主管是需要专业理论知识储备、相关知识储备，具备实际操作能力与逻辑思维能力，具备管理人员的管理能力与创新能力的高级技术型人才。

## 三、市场调研主管的灰领素质

一个人的综合素质包括很多方面，如人格素质、能力素质、专业素质、身心健康素质、审美素质、角色素质等。根据不同的工作性质与特性，其体现的

综合素质的侧重点也有所不同。鉴于市场调研主管工作内容与工作环境的特殊性，接下来将主要对其人格素质、能力素质和专业素质三个方面进行阐述。

1. 基于灰领属性的市场调研主管人格素质

（1）价值观念。

价值观念包括生活观念和消费观念。在生活观念方面，市场调研主管要主动积极安排丰富多彩的业余活动，并要保证合理科学。例如，主要从事脑力劳动的员工在业余生活中应该尽量多安排散步、体操等体育性活动；经常从事体力劳动的人在业余活动中应尽量多安排读书、看报纸、看电视等鉴赏性活动。这样就实现了体脑互补、劳逸结合的效果。在消费观念方面，随着消费生活方式趋于世界化及消费习惯也在趋于全球化，国家贸易与旅游也使得各国的消费习惯同步化。当然，具有灰领属性的市场调研主管也具有这个特征。

（2）气质修养。

一个人的气质是其自身内在修养、外在行为谈吐、为人处世的行为习惯等的总和。市场调研主管作为管理人员，除了说话要有分寸之外，还要不断提高自己的知识和品德修养，不断丰富自己，使自己成为一个有内涵的人。

2. 基于灰领属性的市场调研主管能力素质

（1）立体思维模式。

立体思维模式是在原有的点式思维和线性思维的基础上逐渐发展变化而来的。它的操作模型一般都采用"5W+2H1R"，即 Why（为什么）、What（什么）、Who（谁）、When（何时）、Where（在何地）、How（怎样）、How much（多少）、Result（结果及达到的效率）。灰领人才需要具备这种立体思维能力，在考虑问题的时候要学会在个性中发现共性，在发展中发现客观存在的规律，不断分析自己的经验教训，逐步形成新观点。在具体工作中，如果市场调研主管具备这样的思维能力，不仅能促进自身发展，还能使企业取得良好的效益。

（2）领导能力。

领导并不是指一个人的职务，也并非是个别人员的专属权利，而是互相影响能产生积极作用的动力。简单来说，领导就是指导组织成员为实现共同目标而奋斗的动态过程。好的领导者需要具备以下这些能力。

① 领导技巧，如适当授权和关心下级等。

② 在组织成员间有良好的人际关系，能正确处理沟通与冲突，使组织稳

定且可持续发展。

③参与企业的战略目标制定和决策过程。

④保证计划方案顺利执行，参与组织创新与组织变革。

市场调研主管作为一线管理人员，领导能力是考核与评价其的一个关键因素。

（3）自学能力。

自学能力是工艺主管必须具备的一项重要能力。在平时的工作中，市场调研主管要不断反省自己，总结工作经验，善于与其他部门沟通，从中获得启发。其中，具有启发性、探求性的小组讨论，是市场调研主管经常采用的自学方法。

3.基于灰领属性的市场调研主管专业素质

随着知识经济社会的发展，对人才的要求也越来越严格，比如具有丰富的理论基础和专业技能等。市场调研主管处于作业现场的一线，良好的专业素质更是不可或缺。市场调研主管的专业素质是指其所具备的专业理论知识及相关延伸知识，以及用理论指导实践的能力，能够将实际运用中获得的知识加以消化吸收、总结分析，逐渐形成能更好地为专业服务的品质。市场调研主管的专业素质主要包括专业理论知识和专业能力。

（1）专业理论知识。

专业理论知识由基础知识和专业知识组成。对于市场调研主管而言，基础知识包括自然科学基础及语言文字表达能力、管理相关知识等。专业知识包括问卷设计知识、定性和定量的市场调研知识、市场调研预测知识及市场调研报告撰写知识等。

（2）专业能力。

专业能力是指专业方面的一般能力、运用能力及一定的科研能力和创新能力。市场调研主管的专业能力主要体现在：如何进行市场调查问卷设计，如何进行定性、定量的市场调研，如何进行市场预测，撰写市场调研报告，为营销决策制定工作提供一定的帮助。

## 四、市场调研主管的灰领特征

灰领阶层作为劳动者和管理者，其所发挥的综合职能具体体现在管理与操作相结合，手脑并举，在进行专业操作技能的同时又能组织管理生产过程中出现的问题。只有将管理与操作相互交叉渗透，动手与动脑相统一，才能确保灰领人员的职业分工。市场调研主管作为灰领阶层的一部分，对其职业技能特征的分析应该从动手技能与动脑技能两部分进行，这也正好体现了白领职业技能与蓝领职业技能的结合。

1. 调研主管动脑技能特征

（1）专业理论知识储备。

市场调研主管所需的专业理论知识，是指现场运行专业领域内营销调研方向所具备的专业知识以及延伸知识，包括市场调研基础知识、心理学、统计学、市场调研专员行为规范等专业知识，以及企业管理、市场运营、应用写作学等相关专业知识。尤其是在市场调研相关知识方面，市场调研主管需要按照市场调研的目的，对市场调研活动进行全程掌控，比如熟练掌握制订调研方案、编写调研提纲及问卷、实地调研、调研预测、报告撰写等知识。

（2）专业理论知识运用。

专业理论知识运用技能包括理论转化为实践及自学的技能。市场调研主管在工作中运用新技术的时候，要以丰富的理论知识为支撑，但是也要杜绝完全照抄照搬，一定要具体情况具体分析，有针对性地、最大限度地发挥主观能动性。同时，市场调研主管经过培训和实习上岗后，不断变化的工作内容及市场状况对其学习技能也提出了高要求，他们需要从实践中不断深化自己的理论知识，对一些新的理论知识加以升华，对一些新的技术和方法不断地加以完善和创新，最终运用到实际中，起到良好的指导作用。

（3）逻辑思维创新能力。

逻辑思维创新能力一般是指在操作实践过程中出现错误及时修正的能力，以及创造性地解决各种问题的能力和创新能力。市场调研主管要做好调研前的准备工作，如调研方案设计、突发事件应急处理方案等。当实际调研过程中出现严重问题时，最关键的是要解决如何优化市场调研方案，其内容十分复杂，这就需要市场调研主管具备良好的逻辑思维创新能力，这样才能及时解决各类问题。

2.调研主管动手技能特征

（1）实践操作技能。

实践操作技能主要是指市场调研主管需要熟悉市场情况、市场调研流程；熟悉市场调研方法和预测技术；能够编制市场调研计划书、市场调查问卷和提纲；能够熟练地进行市场调研活动，收集资料；能够根据市场调研资料进行深入分析，得出结论；能够撰写市场调研报告；等等。

（2）现场运行管理技能。

现场运行管理技能主要体现在计划决策、组织、控制、协调、领导、激励等职能方面。计划决策职能体现在调研前的准备过程中，包括对调研方案和问卷的设计规划，在调研过程中参与实地调研工作，收集资料等；组织职能体现在定期举行小组会议，将日常工作中的信息进行及时反馈，并利用这些信息去改进和完善市场调研活动和过程，另外还可以组织一些业余活动，以利于提高员工积极性；控制职能体现在根据决策合理安排劳动资源，寻求最佳组合，使各项工作能够有序地、顺利地运作下去，目的是提高工作效率进而确保调研工作高效运转；协调职能体现在当调研实施过程出现棘手的难题，并且需要其他部门的配合才能得到解决时，就需要市场调研主管主动去与职能部门沟通，以获取最快解决问题的途径；领导职能就是要掌握一些技巧，比如如何处理人际冲突与矛盾，如何利用自身的个人影响力去感染下级；激励职能是许多企业最容易忽视的内容之一，市场调研主管要巧妙利用物质激励与精神激励相结合的方法，在工作中合理安排工作任务，使员工积极投入到工作中，可以对完成任务又快又好的员工给予物质奖励或精神奖励，这样有利于激发员工的工作劲头，最终给市场调研工作带来意向不到的成果。

# 第二章　市场调研主管职业技能评价系统

## 第一节　市场调研主管评价体系

### 一、评价指标体系建立原则

市场调研主管职业技能综合评价的一个核心内容就是确定评价指标体系。建立良好健全的评价指标体系是科学、准确评价市场调研主管职业技能水平的前提。只有依据科学、合理、系统的评价指标体系，才能有效地针对每个市场调研主管自身的不同实际情况进行评价，这样才能达到公正评价其职业技能的目的。在构建市场调研主管评价指标体系时，应该遵循五个基本原则。

1. 针对性原则

由于各类工作人员及其工作的特点、性质、专业范畴有所差异，所选择的评价指标也会有所差别。因此，在确定市场调研主管职业技能的评价指标时，要明确对象是市场调研主管，目的是职业技能评价，这样才能根据其特点进行针对性的评价。

2. 科学性原则

评价指标体系的选取应符合科学发展的要求，要确保每一级指标相互独立没有交叉的同时也要保证之间存在着联系。目的是使评价指标体系是一个有机整体，而不只是一个空框架。所以，建立科学的评价指标体系是做好对各种对象和目的评价的基础。

3. 完备性原则

评价指标体系的建立要求所有评价指标要相互配合，并能够精确且从整体上反映出其所在岗位必须具备的职业技能的特征，同时在整体全面的基础上要尽可能减少指标个数，以最少的指标实现最为完整的评价过程。

4. 精炼性原则

从理论上说，评价覆盖的内容越完整全面，就越能较直观地反映被评价对象的真实情况。但实际上，只要能实现评价所要达到的效果并获取起指示性作用的信息，那么评价体系中的评价指标个数越少，其工作更易实施，其信度也相应更高。

5. 可操作性原则

确立的评价指标必须是可以区分、对比和评价的，也就是说，评价指标能够被赋予数值进行定量计算或通过其他方法进行定性分析。可操作性是确立评价指标时要考虑的一个关键性因素。

## 二、调研主管职业技能评价体系的构建

1. 相关评价指标的提出

Harold L.Wilensky（1964）指出，某个行业职业技能的组成部分有系统的专业知识体系、合理的判断标准、科学的道德和规范、社会的认可、行业领域的文化。Eliot Freidson（1973）认为，管理的职业技能内容可以从以下几方面进行分析：以专业知识理论和操作技能为依托；有与企业文化一致的管理理念为支撑；建立完整的职业资格认证体系。Elaine Farndale（2005）指出，对人力资源管理者的要求有以下几点：具有强烈的认同感的组织、控制职业进入和行为的标准、行为道德准则、知识体系、职业培训和认证。某专家指出职业技能主要包含三层含义：职业基本素养、专业操作技能和行业规范。姜农娟（2008）认为，人力资源管理人员的职业技能应包括职业态度、道德、行为规范三部分。宇卫昕（2005）认为，职业技能要包含以下要素：系统的知识体系及专业技能；职业道德和行为规范；社会认可；职业意识及所具有的管理能力。某学者认为，从国际通用概念来看，职业技能包含三方面的内涵：职业资质、职业意识和职业道德。人力资源管理方面的专家提出了人力资源主管岗位

胜任力模型，其包括知识、能力、技能、个性、品质五个维度。

指标体系中设置的评价指标或因素，应该均对职业技能有重大影响，并能充分体现市场调研主管职业技能有所差异的若干定性与定量条件。指标体系建立过程中要考虑其所处的等级及确定等级所采用的标准。

2. 基于灰领属性的市场调研主管职业技能特征描述

由于市场调研主管具有明显的灰领属性，对各项指标的确立必须从灰领层次来分析，而灰领最显著的特征就是动手与动脑技能相互结合与渗透。基于灰领属性的市场调研主管，其职业技能特征如表 2-1 所示。

表 2-1　基于灰领属性的市场调研主管职业技能特征

| 灰领属性 | 职业技能 | 职业技能特征 | 技能特征体现 |
| --- | --- | --- | --- |
| 市场调研主管 | 动脑技能 | 专业理论知识储备 | 对专业知识的掌握程度 |
| | | 专业理论知识运用 | 对专业知识的理解；过程中的学习能力 |
| | | 逻辑思维创新能力 | 学习知识后的创新成果 |
| | 动手技能 | 操作实践技能 | 对专业操作的熟练程度；操作实践后的创新成果 |
| | | 现场运行管理技能 | 组织与协调能力；团结合作意识 |

3. 基于灰领属性的市场调研主管职业技能评价指标体系的建立

在对基于灰领属性的市场调研主管职业技能特征描述的情况下，围绕评价指标确立的原则，同时参考以上学者的研究，结合市场调研主管工作内容的复杂性，指标内容具体细分为个人素质、工作技能、工作业绩三个方面，分别用 $U_1$、$U_2$、$U_3$ 表示。每个指标下又细分为具体的指标，建立的指标体系如表 2-2 所示。

表 2-2　市场调研主管职业技能评价指标体系

| 指标 | 一级指标 | 二级指标 | 三级指标 |
|---|---|---|---|
| 市场运行现场调研主管职业技能评价体系（U） | 个人素质（U_1） | 个人品质（U_{11}） | 奉献意识（U_{111}）<br>集体荣誉感（U_{112}）<br>自信心（U_{113}） |
| | | 工作态度（U_{12}） | 责任心（U_{121}）<br>主动性（U_{122}）<br>纪律性（U_{123}） |
| | 工作技能（U_2） | 知识技能（U_{21}） | 基本知识掌握（U_{211}）<br>专业知识理解（U_{212}）<br>相关知识延伸（U_{213}） |
| | | 技术技能（U_{22}） | 岗位胜任力（U_{221}）<br>学习能力（U_{222}） |
| | 工作业绩（U_3） | 工作质量（U_{31}） | |
| | | 科研著作（U_{32}） | |

灰领人才自身的基本素质对职业技能会产生很大的影响，所以在此单独列为一大指标进行分析。工作技能指标细分的二级指标知识技能和技术技能，正是动脑与动手技能的特征体现。工作业绩细分的两个二级指标工作质量与科研著作，也分别是动脑与动手技能的特征体现。这样就不仅很好地结合灰领属性对市场调研主管的职业技能进行研究，而且通过对这些职业技能指标的分析，可以得出市场调研主管要成为优秀的灰领人才，在哪些方面还存在不足。

4. 市场调研主管领导能力分析

由于工艺主管在生产现场也具有管理者角色，那么作为管理人员，他的领导能力就不可忽视。所以，在评价以上指标的同时，也要对市场调研主管的领导能力进行分析与评价。

鉴于领导能力这个指标在赋予权重时，会受到很多人为的主观因素的影响，使其评价结果出现偏差，所以我们采用 PM 领导行为分析法对领导能力这个指标进行评价，主要是以调查问卷的形式来获取数据。

## 第二节　市场调研主管行为评价

### 一、PM 领导行为分析法

在对领导行为的分析研究中，根据团体行为的目的可分为两种：一是以实现既定目标为目的，二是以保持团体关系为目的。第一种的特点可以概括为使每个成员更加关注目标、使目标更加明确、做出工作安排、将专业知识运用到实际中、对工作成果进行评估等；第二种包含的内容有保持和谐的人际关系、解决纠纷和冲突、激励员工、给所有成员表达自己见解的权利、重点培养自主能力等。目的的不同必然导致领导行为也会千差万别。受领导人员主观因素影响，可将领导行为分为任务达成型（P 型）、关系维持型（M 型）及二者兼备型（PM 型）。

领导者的领导职能可以从 P 和 M 两个维度进行分析，P 职能是指面对计划与任务时心里所产生的压力，着重点在于领导者为实现团体任务和目标所付出的劳动；M 职能是指能够巩固和保持团体关系的职能。不同领导者受主观因素影响对 P 和 M 两种职能的重视程度也不同。日本心理学家三隅二不二教

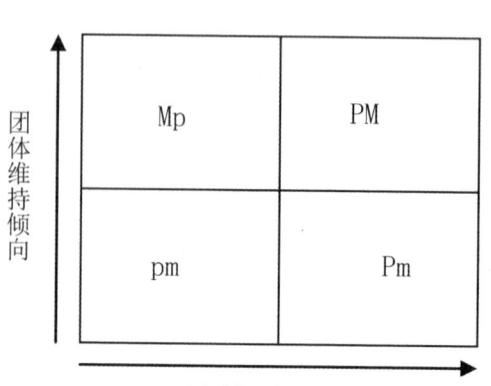

图 2-1　三隅二不二的 PM 领导类型图

授根据自己的总结划分了四种领导行为类型，即 PM 型、Pm 型（又称 P 型）、Mp 型（又称 M 型）及 pm 型，如图 2-1 所示。

PM 领导行为理论的思想不仅仅在于对两个职能分别进行评价，还要考虑到这两种职能之间的相互作用。三隅二不二教授及其他学者在实验室和生产现场都进行考察，发现这四种领导类型（PM、Pm、Mp、pm）中，PM 型领导行为是最佳的，这也是每个员工希望自己的领导者所成为的类型，它可以充分发挥两个职能的优势和功能。

## 二、市场调研主管领导行为评价模型——PM 量表

为了测量 PM 因素的作用程度，三隅二不二教授设计了 P、M 两职能的相关问卷。多次重复试验后，总结出一系列与 P、M 两职能相关的科学合理的问题。每个职能分别列出 10 个问题，而且所有问题的答案均采用五级分制，最后运用算术相加的方法分别计算 P、M 两职能的总分，并将计算结果在二维坐标系上显示出来，这样就可以很直观地知道某一领导者的领导行为属于哪种类型。

市场运行现场的管理活动不同于其他管理活动，本身具有复杂性、模糊性、难操作性等特点。因此，我们在问卷设计中充分考虑到市场调研主管的管理特点，结合管理人员的工作特性对三隅二不二的 PM 量表做了如下修订，把它作为研究市场调研主管领导行为的评价工具。

P 职能的测定项目

Q1：您的上级经常强调调研工作行为规范吗？

Q2：您的上级经常在现场调研过程中下达指令、命令吗？

Q3：您的上级在交给您工作时，明确告诉您完成日期吗？

Q4：您的上级是否要求下属在规定的时间内完成作任务？

Q5：您的上级对于现场员工的岗位职责都有明确分工吗？

Q6：您的上级经常关心现场的定置管理吗？

Q7：您的上级会按劳动定额、质量控制的标准要求下属吗？

Q8：您的上级经常强调调研现场的技巧使用吗？

Q9：对于市场调研过程中出现的废卷、虚假问卷、人员偷懒等行为，您

的上级是否能够及时地安排妥当？

  Q10：您的上级能教给下属工作中必备的知识或方法吗？

**M职能的测定项目**

Q11：在您提出意见或建议时，您认为您的上级能够耐心地倾听吗？

Q12：上级的意见和您的意见发生矛盾时，他们经常固执己见吗？

Q13：您的上级对工作中的重大问题，能够征求你们的意见吗？

Q14：在工作中，你们能和上级在宽松的气氛中谈话吗？

Q15：您的上级有在不和你们商量的情况下就调整下属的工作岗位吗？

Q16：您的上级有在不考虑下属情绪的情况下，强迫下属进行工作吗？

Q17：您的上级是否关心下属的个人烦恼、为下属的前途考虑？

Q18：您的上级对下属在工作中的成败能够给予恰当的表扬或批评吗？

Q19：您的上级对待下属公平吗？

Q20：对于下属组织的集体娱乐活动，您的上级都参加吗？

# 第二篇

# 市场调研主管业务应知

# 第三章 市场调研基础知识

## 第一节 市场调研工作认知

### 一、市场调研的产生和发展

1961年美国市场营销协会（American Marketing Association，AMA）对市场调查所下的定义为：市场调查是指系统地收集、记录和分析与产品和服务的市场营销问题有关的资料。市场调查为企业的决策提供依据，用系统化的信息指导企业的行为，是现代企业进行市场营销活动的客观需要。

市场调查作为一种获取市场信息的手段，是伴随着商品经济的产生而产生的，并随商品经济的发展而发展。在自然经济时代，生产力水平低下，劳动生产率低，劳动者生产出来的产品基本上只能满足自己的需要，交换经济不发达，市场得不到发展，市场调查也就没有用武之地。伴随着生产力水平和劳动生产率的提高，商品经济产生，劳动者生产出来的产品不仅可以用于自我消费，还可以进入市场进行交换和销售。市场出现后，市场信息收集工作的重要性就得到了显现，市场调查也就得以发展。17世纪的工业革命，使得西方资本主义市场经济快速发展，市场规模日益扩大，市场上的竞争也日趋激烈。对广大厂商来说，只有了解市场动态和市场信息才可以根据市场需要调整生产，在竞争中取胜，市场调查因此得到进一步发展。进入20世纪，市场调查作为一门学科得以建立和完善，并随着数学方法的改进和计算机的普遍应用得到快速发展。

1. 国外市场调研的产生和发展

20世纪初至30年代是市场调研的产生阶段。1907—1912年，美国的哈佛商业学校创建了市场调查所。1911年，美国纽约柯蒂斯出版公司经理佩林编写了《销售机会》一书，他率先把市场调研理论和实践结合起来，被推崇为市场调研学科的先驱。1915年，美国的橡胶公司成立了商业调研部。1917年，斯威夫特公司也成立了商业调研部。1918年，美国西北商业学校创建了商务调查所。1919年，美国芝加哥大学教授邓肯发表了《商业调研》一书，这是市场调研方面的第一本学术专著。1921年，怀特发表了《市场分析》一书，这是第一本市场调研手册。1929年，在美国政府的主持下，全美展开了一项分销调查，内容涉及市场结构、商品销售通道、中间商和分配渠道、中间商的经营成本等，为企业提供了较为系统和准确的市场活动资料，这次调查被视为美国市场调查史上的里程碑。1937年，美国市场营销协会资助的出版物《市场调查技术》问世，该书汇集了有关市场调查理论和实践两方面的知识，市场调查正式成为大学商学院的课程之一。同年，布朗的《市场调查与分析》一书出版，该书一经推出就作为有关市场调查方面的教材而被广泛使用。

20世纪30年代末到50年代初是市场调研的发展阶段。在这个阶段，市场调研的方法得到创新。20世纪30年代末和40年代初，样本设计技术获得很大进展，抽样调查兴起，调研方法的革新使市场调研方法应用得更为广泛。20世纪40年代，在罗伯特·莫顿（Robert Merton）的领导下，又创造了"焦点小组"方法，使得抽样技术和调研方法取得很大进展。1946年，著名社会学家莫顿和邓德尔在《美国社会学杂志》上发表专文，对"焦点小组"方法进行了系统的论述，并且在其后的几十年时间里，一直将其应用于商业性的市场调研中。20世纪40年代末至50年代初，有关市场调研的书籍陆续出版，越来越多的大学商学院开设了市场调研课程，教科书也不断翻新。在此期间，配额抽样、随机抽样、消费者固定样本调查、问卷访问、统计推断、回归分析、简单相关分析、趋势分析等理论也得到了广泛的应用和发展。

20世纪50年代后，市场调研学进入了一个规范和成熟阶段，调研方法和分析方法不断创新、电脑技术被广泛应用，形成了一股研究市场调研方法的热潮。"二战"结束后，西方资本主义国家进入经济迅速发展阶段，企业竞争激化，企业经营理念由生产导向转变为市场消费需求导向，企业更加重视对市场

的调查研究和市场情报的收集工作。西方国家大约 73% 的公司都设立有市场调查和研究部门。美国有 1300 多家公司直接从事市场调研和咨询服务业，企业每年花在市场调研方面的费用超过 100 亿美元。市场调研的结果在企业的决策中起着举足轻重的作用。

同时，社会和企业对市场调研的普遍重视和广泛应用，又反过来促进了学科的发展。很多大学已经把市场调研作为一门重要课程，有关市场调研的书籍、教材、报纸、杂志得到大量的出版发行。市场调研的理论、方法、技术越来越高级化、系统化、实用化。各种调研技术，如动态分析、运筹学运用、态度测量表、多元回归分析、数理模式、计算机模拟、经济计量模型、决策理论和方法都得到创新和发展。计算机的普及又促进了各种分析工具的应用，如 SPSS、SAS 等。这些都标志着市场调研进入了全面的推广、规范和成熟阶段。

2. 我国市场调研的产生和发展

我国市场调研的产生和发展，既部分继承了国外的发展方式，又由于我国的特殊国情和经济、政治体制，带有明显的中国特色。

中华人民共和国成立以后，政府部门是进行市场调研的主导力量。国家、地方、各部门都设立了统计机构，开始对国民经济、社会发展等资料进行全面收集、整理和分析工作，如 20 世纪 50 年代成立的城市抽样调研队伍，了解城市职工生活状况及市场变动。同时，少数企业也设立了专门的调研机构，并由专业的调研人员从事市场调研。由于我国在较长一段时间里一直处于计划经济体制阶段，对市场经济和市场信息的认识不足，市场调研的重要性一直得不到足够认识，业务范围也基本局限为政府市场调研的范围。

我国经济体制改革以后，市场调研工作得到了迅速的发展。一方面，1984 年，国家统计局中国统计信息服务中心开始向国内外客户提供统计信息资料和市场调研与咨询服务，这是我国市场调研作为一个行业的开端。2004 年 4 月，国家统计局成立了中国市场信息调查业协会，一些省级统计局纷纷成立了民意调研中心，政府部门在市场研究方面的投入逐渐增多。另一方面，企业也越来越重视对市场信息的收集和分析工作，促进了市场调研业的发展。1987 年 8 月，广州市研究公司作为我国第一家专业性市场调研公司正式注册。进入 20 世纪 90 年代，市场调研业在我国蓬勃发展。1992—1993 年，仅北京一地，就新增市场调研公司 200 多家。到 2005 年，我国已经有 2000 多家专业市场与媒介研究公司，服务于国内外各种营利和非营利机构。

## 二、市场调研的含义及特点

美国著名营销学家菲利普·科特勒认为，市场调研是为制定某项具体的营销决策而对有关信息进行系统的收集、分析和报告的过程。

本书对市场调研的概念界定如下：市场调研是运用科学的方式方法，对调查对象的各种信息进行系统的收集、记录、整理和分析的过程，从而为企业制定、评估和改进营销决策提供依据。

市场调查活动一般具有以下几个特点。

1. 目的性

市场调研总是在特定目的的指导下，来研究特定的市场问题，具有明显的目的性或针对性。

2. 过程性

市场调研要对生产经营活动中的市场状况进行整体的全程性的研究，包括事前、事中和事后，是一个包括调研书设计、调研方法选择、资料记录、资料收集、资料整理、资料分析和预测在内的完整过程。

3. 约束性

市场调研通常要受调研经费、调研时间、空间范围、信息项目等因素的约束。市场调研只能按客户的要求和约束条件"量体裁衣"，应尽可能使调研方案设计满足客户的信息要求和经费预算。

4. 广泛性

根据市场调研的目的不同，市场调研的内容涉及企业生产经营活动的各个方面，调研内容和研究范围较为广泛。

5. 科学性

市场调研收集、整理和分析资料的方法，都是在一定的科学原理指导下形成的，并被实践证明是行之有效的，具有科学性和可行性。

### 三、市场调研的作用

1. 有助于企业把握市场发展规律

通过选择合适的调研方式和方法,收集各个方面的资料,帮助企业更清晰地把握市场脉搏,认识市场需求动向,为产品的经营决策提供依据。例如,企业每一年度的市场需求调查,都能为企业下一步选择经营方向提供依据。

2. 有助于企业提高经营管理水平

当今世界,科技发展迅速,新发明、新创造、新技术和新产品层出不穷,通过市场调研,有助于及时了解市场经济动态和科技信息,为企业提供最新的市场情报和技术生产情报,以便学习同行的先进经验,提高产品质量,增强企业竞争力。

3. 有助于企业经营管理者进行科学决策

企业经营者进行决策时,一定要先了解市场情况,如改变产品策略、价格策略、分销策略或促销策略时,都要了解多方面的市场情况,而这些信息必须通过具体的市场调研才能获得。只有在充分调研的基础上,才能保证经营决策的成功实施。

4. 有助于增强企业的竞争力

市场是千变万化的,企业在调查研究市场动向的基础上,不断改变产品、更新换代、推陈出新,都有利于企业更好地满足消费者的需求,增强企业在同类产品中的竞争力,帮助企业在竞争中取胜。

5. 有利于企业开发新产品、开拓新市场

产品的不断丰富导致市场的不断细分,要想在竞争中取胜并赢得消费者,一定要比竞争者早发现市场的空白点。例如,海尔的"大地瓜"洗衣机,就是在产品经营过程中发现了全新的市场需求,不仅开发出新的产品,而且满足了新的市场需求,拓宽了产品的销售市场。

## 第二节 市场调研内容认知

市场调研主要是对能够决定或影响企业营销活动以至生存和发展的所有因素的调研,包括与企业经营活动相关的方方面面。根据调研的侧重点不同,分别从环境调研、广告效应调研、市场满意度调研及市场机会调研几个方面,介绍市场调研的内容。当然,根据企业不同的调查目的,市场调研的内容也要灵活加以调整。

### 一、宏观环境调研

宏观环境也称总体环境,是决定或影响企业市场营销活动的外在力量。对企业宏观环境的调研主要是指对一个地区的社会环境因素的调研,这些因素往往是企业自身难以驾驭和影响的。宏观环境调研的具体内容包括以下几个方面。

1. 政治法律环境

政治环境是指企业面临的外部政治形势、状况和制度。政治环境调研主要是对企业市场营销活动的外部政治形势和状况以及国家方针政策的变化对市场营销活动带来的或可能带来的影响等方面的调研。

法律环境的调研,是指分析研究国家和地区的各项法律、法规,尤其是经济法律、法规。企业开展市场营销活动,必须了解并遵守国家或政府颁布的有关经营、贸易、投资等方面的法律、法规。企业从事国际营销活动,还要了解和遵守市场国的法律制度和有关的国际法规、国际惯例和准则

2. 经济环境

经济环境是指企业面临的社会经济条件,其运行状况和发展趋势会直接或间接地对企业营销活动产生影响。

（1）经济发展水平。

企业的市场营销活动会受到一个国家或地区的整体经济发展水平的制约。经济发展阶段不同，居民的收入不同，顾客对产品的需求也不一样。例如，经济发展水平比较高的地区，强调产品款式、性能及特色，品质竞争多于价格竞争；而经济发展水平低的地区，则较侧重于产品的功能性及实用性，价格因素比产品品质更为重要。因此，对于不同经济发展水平的地区，企业应采取不同的市场营销策略。

（2）消费者收支状况

第一，消费者收入水平。消费者收入，是指消费者个人从各种来源中所获得的全部收入，包括消费者个人的工资、退休金、红利、租金、受赠等。消费者的购买力来自消费者的收入，但消费者并不是把全部收入都用来购买商品或劳务，购买力只是收入的一部分。因此，在研究消费者收入时，要注意个人可支配收入和个人可任意支配收入的大小。个人可支配收入是指在个人收入中扣除税款和非税性负担后所得余额，它是个人收入中可以用于消费支出或储蓄的部分，构成实际的购买力。个人可任意支配收入是指在个人可支配收入中减去用于维持个人与家庭生存不可缺少的费用（如房租、水电、食物、燃料、衣着等项开支）后剩余的部分，这部分收入是消费者需求变化中最活跃的因素，一般用于购买高档耐用消费品、旅游、储蓄等，是企业开展营销活动时考虑的主要对象。

第二，消费者支出模式。随着消费者收入的变化，消费者支出模式也会发生相应变化。西方一些经济学家常用恩格尔系数来反映这种变化。恩格尔系数表明，在一定的条件下，当家庭个人收入增加时，收入中用于食物开支部分的增长速度要小于用于教育、医疗、享受等方面的开支增长速度。食物开支占总支出的比重越大，恩格尔系数越高，生活水平越低；反之，食物开支所占比重越小，恩格尔系数越低，生活水平越高。

第三，消费者储蓄情况。消费者的个人收入不可能全部花掉，总有一部分以各种形式储蓄起来。消费者储蓄一般有两种形式：一是银行存款，增加现有银行存款额；二是购买有价证券。当收入一定时，储蓄越多，现实消费量就越小，但潜在消费量越大；反之，储蓄越少，现实消费量就越大，但潜在消费量越小。企业调查人员应当全面了解消费者的储蓄情况，尤其是要了解消费者储蓄目的的差异。储蓄目的不同，往往影响到潜在需求量、消费模式、消费内容、消费发展方向的不同。

3. 人口环境

（1）人口数量与增长速度。

人口越多，如果收入水平不变，则对食物、衣着、日用品的需求量也越多，那么市场也就越大。因此，按人口数量可大略推算出市场规模。我国人口众多，这无疑会形成一个巨大的市场。

人口增加，消费需求也会迅速增加，市场潜力变大，消费规模和消费结构会产生变化。例如，随着人口增长，人均耕地减少，粮食供应不足，人们对食物的消费模式将发生变化，这就可能对我国的食品加工业产生重要影响；随着人口增长，能源供需矛盾将进一步扩大，研制节能技术和产品成为必需；人口增长将使住宅供需矛盾日益加剧，给建筑业及建材业的发展带来机会。

（2）人口结构。

人口结构主要包括人口的年龄结构、性别结构、家庭结构、社会结构以及民族结构。人口结构不同，市场需求也不一样。例如，2000年我国就已经进入老龄化社会，老年人保健用品、营养品、生活必需品的需求呈现高峰；同时，我国"四代同堂"现象已不多见，"三位一体"的小家庭模式则很普遍，并逐步由城市向乡镇发展。家庭数量的剧增必然会引起对炊具、家具、家用电器和住房等产品的需求增长。

（3）人口的地理分布及区间流动。

地理分布指人口在不同地区的密集程度。由于自然地理条件以及经济发展程度等多方面因素的影响，人口的分布绝不会是均匀的。从我国来看，人口主要集中在中部及东南沿海一带，而且人口密度逐渐由东南向西北递减。另外，城市的人口比较集中，尤其是大城市人口密度很大，而农村人口则相对分散。人口的集中程度不同，则市场大小不同；消费习惯不同，则市场需求特性不同。例如南方人以大米为主食，北方人以面粉为主食；江浙沪沿海一带的人喜食甜，而川湘鄂一带的人则喜辣；在我国，人口的流动主要表现在农村人口向城市或工矿地区流动，内地人口向沿海经济开放地区流动。另外，经商、观光旅游、学习等也会使人口流动速度加快。

4. 文化环境

文化是一个复杂的整体概念，它通常包括价值观念、信仰、兴趣、行为方式、社会群体及相互关系、生活习惯、文化传统和社会风俗等，在不同国家、民族和地区之间的差异要比其他特征更为深刻，它决定着人们独特的生活方式和行为规范。文化环境不仅建立了人们日常行为的准则，也形成了不同国家和地区市场消费者购买态度和动机的取向模式。在研究文化环境时，要重视文化、亚文化群对消费需求的影响。

5. 自然地理环境

一个国家和地区的自然地理条件也是影响市场的重要环境因素，与企业经营活动密切相关。自然地理环境主要包括气候、季节、自然资源、地理位置等，它们从多方面对企业的市场营销活动产生影响。一个国家和地区的海拔高度、温度、湿度等气候特征，影响着产品的功能与效果。人们的穿着、饮食习惯也受气候的明显影响。地理因素不仅影响着人们的消费模式，还会对经济、社会发展、民族性格产生复杂的影响。

6. 技术环境

科学技术的发展使商品的市场生命周期迅速缩短，生产量的增长也越来越多地依赖科技的进步。以电子技术、信息技术、新材料技术、生物技术为主要特征的新技术革命，不断改造着传统产业，使产品的数量、质量、品种和规格有了新的飞跃，同时也使一批新兴产业建立和发展起来。新兴科技的发展和新兴产业的出现，可能会给某些企业带来新的市场机会，也可能会给某些企业带来环境威胁。

## 二、微观环境调研

微观环境是在营销过程中与企业发生着直接联系的因素。

1. 企业自身

针对企业自身情况的调研，包括企业物质基础的调研、企业组织机构的调研及企业文化的调研，这些内容不仅能够显示企业资源的整体优势、企业组织机构及职能的配合效率，而且能观察企业的价值标准、企业精神、管理制度、行为规范等，为企业制定决策提供依据。

## 2. 供应商

供应商就是向企业及其竞争者提供资源的企业和个人。这方面的调研应侧重于供应商的资金实力、生产规模与能力、技术进步情况，所提供产品的质量、数量、品种、规格的发展情况，原材料、零配件的供应变化趋势情况，供应商的整体服务水平情况等。对于企业来说，首先应选择那些企业形象好并有实力的供应商，其次要避免选择独家供应商。许多企业对某些重要材料过于依赖同一家供应商，导致供应商常常能左右价格，对企业施加极大的压力。这就要求企业在采购同种商品时，最好选择 2~3 家供应商。

## 3. 营销中介

营销中介是指协助企业促销、销售和配销其产品给最终购买者的企业或个人，包括中间商、物流企业、营销服务机构和财务中间机构。它们是市场营销不可缺少的环节，大多数企业的营销活动，都需要通过它们的协助才能顺利进行。例如生产集中与消费分散的矛盾，就必须通过中间商的分销来解决；资金周转不灵，则必须求助于银行或信托机构等。

## 4. 竞争者

竞争者调研主要包括同行业或相近行业各企业的经济实力、技术和管理方面的进步情况；竞争性产品销售和市场占有情况、竞争者的主要竞争方式；竞争性产品的品质、性能、用途、包装、价格、交货期限以及其他附加利益等；先进入市场的企业的一些经济技术指标、人员培训方法、重要人才进出情况、新产品的开发计划等情报。

## 5. 顾客

顾客的需求应该是企业从事一切活动的中心和出发点，因而调查顾客或用户的需求，就成了市场调查的重点内容。其主要包括：顾客的人口总数或用户规模、人口结构或用户类型、购买力水平和购买规律、消费结构和变化趋势、购买动机和购买行为、购买习惯和潜在需求，以及对产品的改进意见和服务要求等。

## 6. 公众

公众是指与组织利益相关的个人、群体组织集合而成的集体，是组织生存和发展的社会环境，对于企业来说，公众可以分为内部公众和外部公众。内部公众包括组织内部全体成员，包括管理人员和基层员工。内部公众调研是在掌

握了企业内部的基本情况后，调查企业内部成员，掌握全体成员对本企业的态度、看法和评价等，了解全体成员对企业的意见、希望和要求。外部公众主要包括社区公众、媒介公众、政府公众、国际公众及名流公众等。

# 第三节　市场调研类型认知

### 一、按调研性质分类

根据市场调研的不同性质，可以分为探索性市场调研、描述性市场调研、因果性市场调研和预测性市场调研几种类型。

1. 探索性市场调研

探索性市场调查，是指为了界定调查问题的性质以及更好地理解问题的环境而进行的小规模的调查活动。探索性市场调查常常用于帮助调研者将问题定义得更准确些、帮助确定相关的行动路线或获取更多的有关资料。这一阶段所需的信息是不精确的，研究过程具有灵活性。例如，向行业专家咨询就是一种探索性的市场调查。样本量一般较小，没有什么代表性。原始数据一般是定性的。探索性调研的结果一般只是试验性、暂时性的，或作为进一步研究的开始。

2. 描述性布场调研

描述性市场调研，是指在收集、整理市场资料的基础上，描述某一总体或现象的基本特征的调查活动。它主要解决"是什么"的问题。例如，在销售研究中，收集不同时期的销售量、广告支出、广告效果等资料，经统计分析能说明广告支出增加了多少个百分点、销售量有多少个百分点的变化。

3. 因果性市场调研

因果性市场调研，是指为了研究市场现象与影响因素之间客观存在的联系而进行的市场调研。通常是在描述性市场调研的基础上，对影响市场现象的各种因素进行资料收集，研究市场现象间的相互联系的趋势和程度，进而研究这种联系的规律性。它主要解决"为什么"的问题。例如，快餐店的销售额受地点、价格、广告等因素的影响，通过明确因变量与自变量之间的关系，改变其中一个重要的自变量来观察因变量受到影响的程度。

4. 预测性市场调研

预测性市场调研，是指在收集研究对象过去和现在的资料的基础上，预测市场趋势的调研活动。它主要解决"怎么样"的问题。例如，根据2010—2015年的销售资料，找出变化规律，预测2016年的销售量。

## 二、按调研对象分类

根据市场调研的不同对象，可以分为消费者市场调研和产业市场调研。

1. 消费者市场调研

消费者市场也称为生活资料市场，其购买目的是满足个人或家庭的生活需要，是社会再生产消费环节的实现。对消费者市场进行调研，除直接了解消费者的需求数量及其结构外，还必须对其他的影响因素进行调研，如人口、经济、社会文化、购买心理和购买行为等。

2. 产业市场调研

产业市场也称为生产者市场或工业市场，是由那些购买货物和劳务用来再生产，以出售、出租给其他人的个人或组织构成的。对产业市场的调研主要从市场商品供应量、产品的市场寿命周期、商品流通渠道等方面进行。

## 三、按调研方法分类

根据市场调研的不同方法，可以分为文案调研和实地调研。

1. 文案调研

文案调研，是指通过收集各种历史和现实的动态统计资料，从中摘取与市场调研课题有关的信息进行研究分析的调研方法。文案调研具有简单、快速、成本低等特点，它既可作为一种独立方法使用，也可作为实地调研的补充。

2. 实地调研

实地调研，是指调研者收集第一手市场资料的方法，包括观察法、实验

法、访问法以及网络调研法。为了得到更为丰富真实的调研资料，经常会使用实地调研方法，在借助科学方法的基础上，能够得到比较真实的统计分析资料。

## 四、按调研时间分类

根据市场调研的不同时间，可以分为一次性调研、定期调研和经常性调研。

1. 一次性调研

一次性调研又称临时性调研，是指为了研究某一特殊问题而进行的一次性的市场调研。

2. 定期性调研

定期性调研是指每隔一段时间对市场情况或业务经营情况所进行的调研。

3. 经常性调研

经常性调研是指在选定调研的课题和内容之后，组织长时间的不间断的调研，以收集具有时间序列化的信息资料。

## 五、按调研的组织方式分类

根据市场调研的不同组织方式，可以分为全面调研和非全面调研。

1. 全面调研

全面调研又叫普查，它是指调查者为了收集一定时空范围内调查对象的较为全面、准确、系统的调研资料，对调研对象的全部个体单位进行逐一、无遗漏的调研。比如国家按照一定周期组织的经济普查、工业普查、农业普查、第三产业普查和人口普查等。

2. 非全面调研

与全面调研相对的是非全面调研，这类调研是指仅调研对象总体中的一部分个体，而不进行逐一调研。非全面调研方式有重点调研、典型调研和抽样调研几种。

# 第四节　市场调研应用认知

## 一、广告效应调研

在市场营销活动中，广告不仅帮助企业推销商品或服务，而且也改变着人们的生活方式，引领人们的购买行为。

广告效应是广告作品通过广告媒体的传播，对信息传播、生产销售及社会等产生影响的总和。

广告效应调查主要从三个方面进行：广告的经济效益、广告的社会效益和广告的心理效益。广告的经济效益是指广告活动促进商品销售或劳务销售和利润增加的程度；广告的社会效益是指其社会教育作用；广告的心理效益主要是指广告在消费者心理上的反应程度，即产品所树立的品牌印象对促进消费者购买的影响程度。其具体调查内容主要有：品牌知名度、广告接触率、对广告的理解程度、对广告的美誉度、购买行为等。

## 二、客户满意度调研

客户满意度调研近年来在国内外得到了普遍重视，特别是服务性行业的客户满意度调查已经成为企业发现问题、改进服务的重要手段之一。

客户满意度是指客户期望值与客户体验的匹配程度。顾客满意是一个人通过对一个产品的可感知的效果（或结果）与他的期望值相比较后，所形成的愉悦或失望的感觉状态。消费者的满意或不满意的感觉及其程度，主要受到产品让渡价值的大小、消费者的情绪、对服务成功与失败的归因及消费者对平等和公正的感知的影响，其中，让渡价值的大小是关键因素，如果消费者得到的让渡价值高于他的期望值，他就倾向于满意，差额越大就越满意；反之，如果消费者得到的让渡价值低于他的期望值，他就倾向于不满意，差额越大就越不

满意。

客户满意度调研用来测量一家企业在满足顾客对购买产品的期望方面所达到的程度。测量客户满意度的过程就是客户满意度调查。通过调查，明确顾客的需要、需求与期望，从而找出让客户不满意的原因，诊断出企业存在的问题并采取纠正措施。测量客户满意度是为了改善客户体验，最终达到增强企业市场竞争能力和盈利能力的目的。

针对顾客满意度的调查方法即顾客满意度专项调查，通常情况下，公司在现有的顾客中随机抽取样本，向其发送问卷或打电话询问，以了解顾客对本公司及其竞争对手在运营中的各方面的印象。满意度研究的问题类型通常采取等级型封闭式问题，例如：请问您对本公司的维修速度是否满意？选项为完全不满意、不满意、尚可、满意、完全满意。答案的等级可以根据需要进行调整，有时为了得出最终得分，以便对不同的调查结果进行比较，可以用 1~5 分来区别 5 个等级。

### 三、市场机会调研

市场机会是指在特定的营销环境条件下，企业可以通过一定的营销活动创造利益的机会。市场机会的价值越大，能为企业带来的利益就越高。市场机会来自营销环境的变化，比如新市场的开发、竞争对手的失误以及新产品、新工艺的采用等。市场机会调研主要从以下几个方面进行。

1. 市场机会的吸引力

市场机会的吸引力是指企业利用该市场机会可能创造的最大利益。它表明企业在理想条件下充分利用该市场机会的最大收益。反映市场机会吸引力的指标主要有市场需求规模、利润率、发展潜力。

（1）市场需求规模。

市场需求规模是表明市场机会当前提供的待满足的市场需求总量的大小，通常用产品销售数量或销售金额来表示。事实上，市场机会提供的需求总量往往由多个企业共享，对于特定企业，若提供的市场需求规模大，则该市场机会使每个企业获得更大需求份额的可能性也大一些，该市场机会对这些企业的吸引力也更大一些。

（2）利润率。

利润率是指市场机会提供的单位市场需求量可以为企业带来的最大利益。不同经营现状的企业其利润率是不一样的。利润率反映了市场机会所提供的市场需求在利益方面的特性。它和市场需求规模共同决定了企业当前利用该市场机会可创造的最大利益。

（3）发展潜力。

发展潜力反映市场机会为企业提供的市场需求规模、利润率的发展趋势及速度情况。发展潜力同样也是确定市场机会吸引力大小的重要依据。即使企业当前面临的某一市场机会所提供的市场需求规模很小或利润率很低，但由于整个市场规模或该企业的市场份额或利润率有迅速增大的趋势，则该市场机会对企业来说仍可能具有相当大的吸引力。

2. 市场机会的可行性

市场机会的可行性调查，是指对企业把握住市场机会并将其转化为具体利益的可能性的调查。从特定企业的角度来讲，只有吸引力的市场机会并不一定能成为本企业实际上的发展良机，具有强大吸引力的市场机会必须同时具有强可行性才会成为企业高价值的市场机会。例如，某公司在准备进入数据终端处理市场时，意识到尽管该市场潜力很大（吸引力大），但公司缺乏必要的技术能力（可行性差），所以一开始并未进入该市场，后来，公司通过收购另一家公司具备了应有的技术（可行性增强），这时公司才正式进入该市场。

市场机会的可行性调研主要从以下两个方面进行。

（1）企业内部环境条件。

企业内部环境条件是企业能否把握住市场机会的主观决定因素。它对市场机会可行性的决定作用表现在三个方面：一是市场机会只有适合企业的经营目标、经营规模与资源状况，才会具有较大的可行性。二是市场机会必须有利于企业内部差别优势的发挥才会具有较大的可行性。所谓企业的内部差别优势，是指该企业比市场中其他企业具有更优越的内部条件，通常包括先进的工艺技术、强大的生产力、良好的企业声誉等。企业应对自身的优势和弱点进行正确分析，了解自身的内部差别优势所在，并据此更好地弄清市场机会的可行性大小；企业还可以有针对性地改进自身的内部条件，创造出新的差别优势。三是

企业内部的协调程度也影响着市场机会可行性的大小。市场机会的把握程度是由企业的整体能力决定的。针对某一市场机会，只有企业的组织结构及所有部门的经营能力都与之相匹配时，该市场机会才会对企业有较大的可行性。

（2）企业外部环境条件。

企业的外部环境从客观上决定着市场机会对企业可行性的大小。外部环境中每一个宏观和微观环境要素的变化都可能使市场机会的可行性发生很大的变化。即使企业的内部条件没有发生变化，但由于一些外部因素发生了重要变化，也会使该市场机会的可行性大为降低。

### 四、产品生命周期调研

任何进入市场的产品都有其市场寿命，即产品的生命周期，它包括引入期、增长期、成熟期和衰退期四个阶段。企业首先要明确自己生产和经营的产品处于生命周期的哪一个阶段，所以，需要对产品的销售量、利润率、经营者和消费者对产品的兴趣等方面进行调研。

1. 引入期

产品处于引入期，这时产品初次进入市场，具有一定的风险性，必须经消费者认可才能在市场上站稳脚跟，此时，市场调研的重点应该是消费者选择此种产品的动机、消费者对此种产品价格的承受力、市场上有无类似产品、消费者对此种产品的需求程度、产品的特殊优势等。

2. 增长期

产品处于增长期，说明产品已在市场上保住了自己的阵地，这时的调研内容应包括：产品受欢迎的原因；产品在那些地方尚有不足，还需要改进；是否出现竞争产品；前者的消费需求量有多大等。

3. 成熟期

产品处于成熟期，说明产品已经入销售的最高点，市场上出现众多竞争者，销售量很难再提高，并且还有下降的趋势，此时，企业应考虑转向或改进产品，因而对市场的调研应着重于消费者减少购买的原因和竞争产品的优势等。

### 4. 衰退期

产品处于衰退期，产品的销售量和利润呈现下滑趋势，有些企业退出了市场，留下来的企业可能会减少产品供应量。这时的调研内容应包括：产品实际的销售量和利润；同类竞争产品的数量；是否出现换代产品；实际的消费需求量有多大等。

### 五、市场细分调研

市场细分调研可以帮助企业找到最合适发展的目标市场。所谓市场细分，是指根据消费者购买行为的差异性，把消费者总体市场划分为许多类似性购买群体的细分市场。其目的是使企业选择和确定目标市场，实施有效的市场营销组合，从而以最少、最省的营销费用取得最佳的经营成果。

市场细分在企业规划和市场营销的过程中一直处于重要地位，对于企业规划来说，它是判断公司专长与市场机会是否匹配的前提条件；是决定进入一个新市场或退出一个老市场的依据；是分析市场优先级与重要性的有效工具；是确切地描述竞争对手战略战术的先决条件。对于企业的市场营销运作来说，它是确定产品特征、定价、宣传、销售渠道的依据；是指引销售队伍主攻方向的有力工具；是分配人力资源、技术资源和资金的参考标准；是量化市场与用户进行市场调研、把握市场趋势的关键。如果市场细分做好了，那么市场营销就成功了一半。

通常，在调研实践中，调研者可以根据一定的事先标准进行市场细分调研，它是建立在便利和传统的基础之上，而不是建立在调研数据的基础上。也可以根据实地调研的数据结果，识别出细分市场的类型。可以调研的基本变量有产品购买方式、产品或者服务的预期、价格敏感度、消费者社会经济地位、消费者生活方式、产品偏好度、产品使用程度、品牌倾向、价值倾向、消费者购买意图、消费者态度与行为等。

# 第五节　市场调研程序

市场调研是一项复杂、细致的工作，涉及面广，对象不稳定，为了使整个调研工作有节奏、高效率地进行，进而取得良好的预期效果，必须加强组织工作，制订周密的调查计划，合理安排调查程序，循序渐进，认真落实，才能保证调查质量。由于市场调研的课题不同，其具体的调研过程和作业程序也不完全一致，但一般包括以下阶段。

## 一、确定调研课题

确定调研课题，即明确市场调研应该调查研究什么问题、达到什么目的。市场调研的课题一般来自生产经营决策的信息需求，因此，应注意了解生产经营活动中出现的新情况、新问题，了解企业管理决策层最需要什么样的信息以满足决策的需要。调研课题的确定既要考虑管理的信息需求，又要考虑信息的可行性以及信息的价值，以保证所确定的调研课题具有针对性、可行性和价值性。确定调研课题一般包括明确调研问题、明确调研目标、明确约束条件和调研课题最后评审等内容。

1. 明确调研问题

调研问题是市场调研所要说明或解决的具体问题，直接决定着调研方案的内容。正确提出问题是正确认识问题、解决问题的前提。调研的问题必须具体、明确，不能过于笼统。调研问题可以有很多，例如，当企业需要了解某种新型化妆品有多大市场时，可以提出如下问题："消费者喜欢什么样的化妆品？""消费者使用化妆品的目的是什么？""消费者愿意花多少钱去购买化妆品？""如果推出一种抗衰老的护肤品，市场会有多大？""消费者愿意到什么地方去购买化妆品？"组织者必须根据一定的目的，确定每一次市场调研的问题。不同的调研问题，其调研的内容、方法、对象和范围也是不同的，调研人员的选择、调研队伍的组建等也是不同的。这就要求企业营销管理者必须善于把握问题，对问题的规定要适当，既不能太宽也不能太窄。若规定得太宽，就可能无法为调查项目设计提供明确的指引路线；若规定得太窄，则可能使信息获取不完全，甚至忽略了管理决策信息需求的重要部分。为了防止对问题规定得太宽或太窄，可以先用比较宽泛的、一般性的术语来陈述调研问题，然后再具体规定问题的各个组成部分，为进一步的操作提供清晰的路线。

2. 明确调研目标

明确调研目标就是研究本次调研的直接目的，或者提出这次调研要解决的主要问题，一般可以采用设问的方法来进行，比如：为什么要进行这次调研？通过调研想要了解什么情况？调研结果有什么具体用途？如果能够准确回答这些问题，那么这次调研就有了进行的必要依据，就能期望获得良好的效果。

为了明确调研目标，一般要进行初步调研，初步调研的主要目的不是直接回答调研主体所要解决的问题，而是为回答调研主体提出的问题寻找方向，为设计调研方案提供可靠的客观依据。初步调研的内容包括：确定市场调研的起点和重点；研究调研的指标、方法和实施的具体步骤。这些都是设计调研方案的重要内容。

3. 明确约束条件

调研课题明确后，为了保证调研课题的有效实施，应建立调研课题的约束。一是时间约束，即获取何时的信息；二是空间约束，即调研对象的范围和地理边界约束；三是调研内容约束，即明确调研的主要内容，规定需要获取的信息项目，或列出主要的调研问题和有关的理论假设。

4. 调研课题最后评审

对调研课题做出最后的评审，以决定是否有必要做本项目的调查研究。评审的内容主要包括：调研课题的必要性如何，调研项目是否明确，调研课题的约束是否明确，该项调研的信息价值如何，能否有效支持管理决策的信息需求，调研结果可能带来的经济效益或社会效益如何等。

## 二、制订调研计划

调研计划制订得是否充分周密，对今后的市场调研的开展和调研质量影响

很大。这一阶段主要是运用定性研究和系统规划的方法，对调研项目、调研方法、调研问卷、调研经费预算、调研组织安排等做出具体的规定和设计。

1. 确定调研项目

调研项目是指对被调研单位的哪些方面进行调研。调研项目的确定取决于调研的目的和任务，以及调研对象的特点和数据资料收集的可能性。调研项目包括调研对象的基本特征项目、调研主题的主体项目、调研问题的相关项目。例如，对消费者的需求调研，既要调研消费者的基本项目，即消费者的年龄、性别、职业、文化程度、家庭人口等，还要调研消费者的主体项目，即消费者的需求量、购买动机、购买行为等，还要调研消费者的相关项目，即消费者的收入、储蓄、就业、产品价格等。但要注意每个项目要有确切、具体的说明，并注意项目之间的相互联系。

2. 确定调研方法

确定调研方法主要是指选择适当的组织调研方式和采集资料的方法。目前，组织调研的方式主要有普查和抽样调研。抽样调研包括概率抽样调研和非概率抽样调研，调研方式的选择取决于调研的目的、内容以及时间、地点、经费等条件下市场的客观实际情况。采集资料的方法有文案调查法和实地调查法，主要根据调查资料收集的难易程度、调查对象的特点、数据取得的源头、数据的质量要求等做出选择。

3. 设计调查问卷

调查问卷是收集市场调研资料的工具，它既可以作为书面调研的记载工具，也可以作为口头询问的提纲。调查问卷的设计应以调研项目为依据，力求科学、完整、系统和适用，能够确保调研数据和资料的有效收集，提高调查质量。

4. 确定调研经费预算

每次市场调研活动都需要支出一定的费用，因此，在制订调研计划时应编制调研费用预算，合理估计调研的各项开支，申请划拨经费。

编制调研经费预算的原则是节约、有效，即在保证实现调研目标的前提下，力求使调研费用最省，以有效地使用调研费用。调研费用应包括：印刷费、资料费、交通费、选择样本支出、人员开支和杂费等，调研经费的开支项目依据每次调研的具体情况而定。

5. 调查组织安排

调研组织安排是调研工作顺利开展的有力保证，具体包括调研人员的确定、调研人员的培训、对调研人员的考核、调研工作进度日程、工作进度监督检查等内容。

## 三、收集数据

市场调研方案得到企业决策层批准之后，则可以按照市场调研方案设计的要求，由调研人员深入调研单位收集数据和有关资料，包括现成资料和原始资料。其中，现成资料包括内部资料和外部资料，主要是二手资料；原始资料是通过实地调研向被调研单位收集的一手资料。在整个市场调研的过程中，调研资料的收集是由定性认识过渡到定量认识的起点，是信息获取的阶段，关系到市场调研的质量和成败。因此，必须科学细致地组织正式调研，严格控制调研过程，使数据的收集做到准确、及时、全面、系统，确保调研质量。

## 四、整理调研资料

市场调研收集的各项数据和有关资料，大多数是分散的、零星的、不系统的，某些资料还可能是片面的、不准确的。为了反映研究对象总体的数量特征，必须对调研资料进行整理加工，使之系统化、条理化，符合客观逻辑，这样才能揭示事物的本质和内在联系。整理调研资料包括审校与校订、分组与汇总、制表等工作。小型市场调研一般采用手工汇总处理；大型市场调研一般采用计算机汇总处理，包括编程、编码、数据录入、逻辑检查、自动汇总、制表打印等环节。整理调研资料是对调研信息的初加工和开发，因此，应该按照综合化、系统化、层次化的要求，对调研获得的信息资料进行加工整理和开发。

## 五、分析研究

对调研资料进行分析研究是市场调研成果形成的重要环节。可以运用统计分析方法，如综合指标法、时间系列分析法、指数分析法、相关与回归分析

法、方差分析法、判别分析法等，对大量数据和资料进行系统的分析与综合，借以揭示被调研对象的实际情况与问题，掌握事物发展变化的特征与规律性，找出影响市场变化的各种因素，提出切实可行的解决问题的措施。

### 六、撰写调研报告

市场调研报告是根据调研资料和分析研究的结果而撰写的书面报告。它是市场调研的最终成果，其目的在于为市场和生产经营决策提供依据。调研报告一般有两类：一类是专业性报告，读者对象是市场研究人员。内容要求详尽，并介绍调研的全过程，说明采用何种调研方式、方法，如何对信息资料进行取舍，如何得到调研结果。一类是一般性调研报告，读者对象是经济管理部门、职能部门的管理人员以及企业的领导者。内容要求重点突出，介绍情况客观、准确、简明扼要，避免使用调研专门性术语。这两类报告均可以附有必要的图表，以便直观地说明市场情况。调研报告的基本内容有：交代市场调研的基本情况、调研结论和主要内容的阐述、情况与问题、结果与原因、启示与建议等。具体内容的确定应依据调研课题性质、内容、要求而定。调研报告一般由标题、开头、正文、结尾和附件等要素组成。

# 第四章 市场调研方案设计

## 第一节 市场调研方案的含义及其设计意义

市场调研方案是市场调研活动的指导书。市场调研方案的正确设计,为市场调研工作的顺利开展提供了整体思路和方向,是保证市场调研工作成功的第一步。

### 一、市场调研方案的含义

市场调研方案又可以称为市场调研计划书,它是在进行正式的市场调研之前,根据调查研究的目的和调研对象的性质等要求,对调研的各个方面和各个阶段进行全方位的考虑和安排,提出相应的调研实施方案,制定科学、合理的调研工作程序的过程。

市场调研方案包括横向设计和纵向设计两个大的方面。横向设计指的是调研工作的各个方面,即调研所要涉及的各个组成项目,例如对某行业企业的竞争能力进行调研,就应将所有该行业企业的经营品种、质量、价格、服务等作为一个整体,对各个相互区别又有密切联系的调研项目进行整体考虑,避免出现调研内容的重复和遗漏。纵向设计是指调研工作所需经历的各个阶段和环节,即调研资料的收集、整理和分析等,是为了保证调研工作有序进行、减少调研误差、提高调研质量,对调研工作所做的统一考虑和安排。

## 二、市场调研方案设计的意义

市场调研方案设计是保障调研工作有序开展、使调研工作各个环节实现连贯性和协同性而做的统筹安排，对整个市场调研工作具有指导作用。具体来讲，市场调研方案设计的意义有以下几个方面。

1. 它是整个市场调研过程的行动纲领

市场调查方案设计起着统筹兼顾、统一协调的作用。现代市场调研是一项很复杂的系统工程，在调研中会遇到很多问题。例如抽样调研中样本量的确定，抽样样本数越多，那么样本指标的代表性越强，但是这样会延长调查时间，增加调研费用，所以，在方案设计中就应该把握调研程度和费用两方面的因素，提高调研工作的经济效益。

2. 它是对市场从定性认识过渡到定量认识的开始阶段

任何调研工作都是先从问题的定性认识开始的，比如在具体调研之前，首先要对该企业的生产经营活动状况、特点等有一个详细的了解，然后明确调研什么和怎样调研，解决什么问题和如何解决，所有这些都是研究者的定性考虑。在此基础上设计相应的指标以及收集、整理资料的方法，然后实施。所以说，市场调研方案设计是从定性认识到定量认识的过渡。

3. 它能够适应现代市场调研发展的要求

现代市场调研已经从单纯的收集资料活动发展到以调研对象作为整体来反映的调研活动。与此相适应，市场调研过程也应被视为市场调研方案设计、资料收集、资料整理和资料分析的一个完整的工作过程，调研方案设计正是这个整体过程的第一步。

# 第二节　市场调研方案设计的内容及技巧

市场调研方案的设计是对市场调研工作各个方面的通盘考虑，涉及调研工作的全部内容，调研方案的设计是否科学、可行，是整个调研工作成败的关键。市场调研方案设计的内容主要包括以下几个方面。

## 一、确定市场调研的目标

明确市场调研的目标是调研方案设计的首要问题，只有确定了调研目标，才能确定调研范围、内容和方法，否则就可能会列入一些无关紧要的调研项目，而遗漏一些重要的调研项目，导致无法满足市场调研的需求。具体而言，确定调研目标就是要明确为什么要进行调研，即调查的意义；想通过调研获得什么信息，即调研的基本内容；获得这些信息想要做什么，即通过调研获得的信息能否解决客户所面临的问题。

衡量一个调研方案是否科学、标准，主要就是看市场调研方案的设计是否能体现调研目标的要求，是否能够解决客户所面临的问题。

## 二、确定调研对象和单位

确定了调研目标以后，就要确定调研对象和调研单位。这主要是为了解决向谁调研和由谁来提供资料的问题。调研对象是根据调研目标、任务而确定的调研范围以及所要调查的总体，它是由具有某一共同性质的许多个体单位所组成的整体。确定调研对象即解决向谁调研的问题，例如2000年第五次人口普查规定："人口普查对象是具有中华人民共和国国籍并在中华人民共和国境内常住的人"；再如，对某地区小学的学生基本情况进行普查，则调研对象是该地区各小学的全部学生。

调研单位是调研对象的个体单位，是调研实施中调研问题的承担者。例如人口普查中的每个人都是调研单位；再如，对某地区小学的学生情况进行普查，则调研单位是该地区各小学的每一位学生。

## 三、确定调研项目

调研项目是指对调研单位所要调研的主要内容，确定调研项目就是要明确向被调研者了解一些什么问题。在确定调研项目时，具体要注意以下几个方面

的问题。

第一，调研项目的确定既要满足调研目标和任务的要求，又要能够获得数据，包括在哪里获得数据和如何获得数据，凡是不能获得数据的调研项目都应舍去。

第二，调研项目应包括调研对象的基本特征项目、调研课题的主体项目和调研课题的相关项目。例如对消费者需求的调研，其基本特征项目包括年龄、性别、职业、行业、文化程度、家庭人口、居住地等；主体项目包括为何买、买什么、买多少、在哪里买、由谁买、何时买等要素；相关项目包括消费者收入、消费结构、储蓄状况、就业情况、产品价格等。

第三，调研项目的表达必须明确，答案选项具有确定的表示形式，如数值式、文字式等，否则，会使调研者因产生不同理解而做出不同的答案，造成汇总的困难。

第四，调研项目之间应尽可能相互关联，使获得的资料能够互相对应，具有一定的逻辑关系，以便于了解调研现象发展变化的原因、条件和后果，检查答案的准确性。

第五，调研项目的含义必须明确、肯定，必要时可附加调研项目或指标解释及填写要求。

## 四、制定调研提纲和调研表

当调研项目确定后，可将调研项目进行科学的分类、排列，制定调研提纲或者调研表，以方便调研登记和汇总。调研表一般由表头、表体和表脚三个部分构成。

1. 表头

表头包括调研表的名称，调研单位（填报单位）的名称、性质和隶属关系等。表头上填写的内容一般不作为统计分析之用，但它是核实和复查调研单位的依据。

2. 表体

表体包括调研项目、栏号和计量单位等，它是调查表的主要组成部分。

### 3. 表脚

表脚包括调研者或者填报人的签名和调研日期等，其目的是明确责任，一旦发现问题，便于查寻责任人。

调研表分单一表和一览表两种。单一表是每张调研表只登记一个调研单位的资料，常在调研项目较多时使用。它的优点是便于分组整理；缺点是每张表都注有调研地点、时间及其他共同事项，造成人力、物力和时间的消耗较大。一览表是一张调研表可以登记多个调研单位的资料。它的优点是当调研项目不多时，应用该表能使人一目了然，并且便于将调研表中有关单位的资料进行相互核对；缺点是对每个调研单位不能登记更多的项目。调研表拟定后，为便于正确填写、统一规格，还要附填表说明，其内容包括对调研表中各个项目的解释、有关计算方法及填表时应注意的事项等。填表说明应力求准确、简明扼要、通俗易懂。

### 五、确定调研方式和方法

在调研方案设计中，还要规定采用什么组织方式和方法来获取调研资料。调研的组织方式即市场调研方式，通常包括市场普查、重点市场调研、典型市场调研、抽样市场调研、非概率抽样调研等。在调研时，采用何种方式、方法不是固定和统一的，而是取决于调研对象和调研任务。为了准确、及时、全面地获得市场信息，完成调研目标，调研方式的选择往往不是单一的，常常是根据实际需要选择几种方式相结合，但是需要注意的是针对某项调研任务，其市场调研方式是单一的，必须在方案中明确。

市场调研方法是指在调研方式既定的情况下收集资料的具体方法，通常有观察法、访问法、实验法、网络调研法、文案调研法等。调研方法如何选择，在调研计划书中没有硬性规定．通常是以能获取所需要的调研资料为原则，灵活掌握。

### 六、确定时间进度表

时间进度表是将调研工作每个阶段需要完成的任务做出具体的时间规定。

严谨的时间进度计划，一方面可以指导调研小组和调研人员正确把握工作的时间进度和活动的目标要求；另一方面可以使各调研小组和调研人员在各项调研活动中保持时间上的衔接，减少和避免在调研与预测过程中由于时间的错误分配而造成人力资源及财力的浪费与损失。设计时间进度表时，最好要为补充调研留有一定的时间，因为工作中常常会出现关键项目调研不完全的情况，这就需要进行补充调研才能保证调研任务的圆满完成。

### 七、确定预算表

市场调研费用预算是保障调研工作顺利开展和调研方案设计成功的重要因素，预算表的制定依据调研项目和调研内容的不同而不同。在美国，单项小规模的调研要花费约5000美元，大规模的调研则可能超过10万美元。在我国，小规模的调研一般是几千元或上万元，大规模的调研为几十万元。制定预算时，方案设计者应制订一个较为详细的分工费用计划，这既能使客户明白所支出的每笔费用额是必需的，也是调研实施过程中控制支出的重要手段。一般来说，市场调研所需的费用包括以下几个方面：总体方案策划费和设计费；抽样设计费；调研问卷设计费；调研问卷印刷费、邮寄费；调研实施费（包括选拔、培训调研员费，试点调研交通费，调研员劳务费、差旅费，被调研者的礼品费等）；数据录入（包括编码、录入、查错等）费；数据统计分析（包括上机、统计、制作、做图、购买必需品等）费；调研报告撰写费；资料费、复印费、通信联络等办公费用；专家咨询费；劳务费（公关、协作人员劳务费等）；上缴管理费或税金；鉴定费、新闻发布会费及出版印刷费等。在进行预算时，要将可能需要的费用尽可能地全面考虑，以免将来出现一些不必要的麻烦而影响调研的进度。

### 八、确定调研资料的整理和分析方法

确定调研资料的整理和分析方法主要涉及对调研所获得的资料进行研究分析，包括对资料进行分类、编号、整理、汇总、分析等一系列资料研究工作。一般来说，要在调研方案设计中明确规定调研所获得的资料由谁负责整理，怎

样整理，整理后原始资料如何汇总，谁来分析，采用什么方法进行分析等。

## 九、确定调研报告的提交方式

主要包括报告的形式和份数、报告的基本内容、报告的图表要求等。

## 十、确定市场调研组织计划

市场调研是一项有计划、有组织的调研活动，为保障调研工作的顺利实施，必须制订调研组织计划、成立专门的调研组织机构、配置相应的工作人员。市场调研组织计划主要包括调研的组织领导、调研机构的设置、调研员的选择与培训、课题负责人及成员的确定、各项调研工作的分工等。调研工作的组织实施是一项非常考究的事情，调研方案设计者应充分考虑每位调研人员的自身素质和能力，做到知人善任，这样才能充分挖掘调研队伍中每个队员的潜力，并发挥其作用。比如需要在网络上收集公开的数据时，应该安排电脑使用比较熟练、对网络比较熟悉的人员去做；而收集政府部门的相关数据时，则应该安排人脉较广、对政府部门较为熟悉的人员去做。

企业委托外部的市场调研机构进行市场调研时，还应对双方的责任人、联系人做出相应的规定。

## 第三节　市场调研方案设计的可行性研究

在对复杂的社会经济现象进行的调研中，设计的调研方案通常不是唯一的，需要从多个调研方案中选取最优方案。同时，调研方案的设计也不是一次完成的，而是要经过必要的可行性研究，进行总体评价并对方案进行试点和修改，才能最终确定最优调研方案。

## 一、可行性研究的三种方法

可行性研究是科学决策的必经阶段，也是科学设计市场调研方案的重要步骤。对市场调研方案进行可行性研究的方法有很多，这里主要介绍三种方法。

1. 逻辑分析法

逻辑分析法是指从逻辑的层面对调研方案进行把关，考察其是否符合逻辑和情理，即用逻辑的方法检验调研设计的可行性。

2. 经验判断法

经验判断法是指通过组织一些具有丰富市场调研经验的人士或专家，对设计出来的市场调研方案进行初步判断和研究，以论证调研方案的合理性和可行性。经验判断法能够节省人力和时间，在比较短的时间内做出结论。但这种方法也有一定的局限性，这主要是因为人的认识是有限的、有差异的，事物在不断发生变化，各种主客观因素都会影响人们判断的准确性。

3. 试点调研法

试点调研法是通过在小范围内选择部分单位进行试点调研，对调研方案进行实地检验，以说明调研方案的可行性，并根据试点调研结果来修改和完善原调研方案的方法。

实施试点调研是为了检验方案中调研目标的设计是否明确、调研内容和调研方法的设计是否适用、调研人员和调研对象的选择是否恰当，以及调研工作的安排是否合理等。试点调研的主要目的既不是收集资料，更不是解决调研所要解决的问题，而是对设计的方案进行可行性研究。在进行试点调研时，要做到：调研队伍要精干、调研对象要适当、调研方法要灵活，要多点对比试验、要做好试点调研工作总结。

（1）试点调研的两大主要任务。

一是对调研方案进行实地检验。调研方案的设计是否切合实际，还要通过试点进行实地检验，检查目标制定是否恰当，调研指标设计是否正确，哪些需要增加，哪些需要减少，哪些规定和说明需要修改和补充。试点后，要分门别类地提出具体意见和建议，使调研方案的制定既科学合理又具有可操作性。二是作为实战前的演习，通过试点调研可以了解调研工作安排是否合理，哪些薄弱环节需要加强。

（2）试点调研法需要注意的四个问题。

①应建立精干有力的调研队伍，队伍成员应包括有关负责人、调研方案的设计者和调研骨干，这是搞好试点调研工作的组织保障。

②应选择适当的调研对象，要选择规模较小、代表性较强的试点单位。必要时可以采用少数单位先试点、再扩大试点范围，然后全面铺开的做法。

③应采取灵活的调研方式和方法。调研方式和方法可以多用几种，经过对比后，从中选择合适的方式和方法。

④应做好试点的总结工作，既要认真分析试点的结果，又要找出影响调查结果的主客观原因；不仅要善于发现问题，更要结合实际探求解决问题的方法，充实和完善原有调研方案，使之更加科学和易于操作。

## 二、市场调研方案的模拟实施

调研方案的模拟实施只针对那些调研内容很重要、调研规模又很大的调研项目才采用，并不是所有的调研方案都需要进行模拟调研。模拟调研的形式有很多，比如客户论证会和专家评审会等。

## 三、市场调研方案的总体评价

调研方案通过可行性研究后，还要对其进行总体评价，以保证获得最优方案。

1. 调研方案总体评价的内容

调研方案可以从不同角度来衡量，但是，一般情况下，对调研方案进行评价应包括四个方面的内容。

（1）调研方案是否体现调研目的和要求。

（2）调研方案是否具有可操作性。

（3）调研方案是否科学、完整和适用。

（4）调研方案是否能保证调研质量高、效果好。

2. 调研方案总体评价的角度

（1）调研方案设计是否科学、完整和适用。

（2）方案设计能否使调研质量有所提高。影响调研数据质量高低的因素是多方面的，但调研方案是否科学、可行，对最后的调研数据质量有直接的影响。

（3）一项方案的设计是否科学、准确，最终还要通过调研实施的效果进行评价。通过实践来观察方案中哪些符合实际、哪些不符合实际，找出不足之处并寻求改进方法，这样就可以使今后的方案设计更加科学、合理。

调研方案通过总体评价，并进行多次修改和完善后，才能得到最终确认，成为一份可行的市场调研方案，进而进入工作细化、实施操作阶段。

## 第四节　市场调研方案设计需注意的问题

从营销的角度出发，市场调研方案的设计必须紧扣客户的需求，调研结果也必须能够真正帮助客户制定正确的决策。要做到这些，在进行市场调研方案设计时还需要注意一些问题。

### 一、市场调研方案设计的注意事项

1.确定调研对象和调研单位

在确定调研对象和调研单位时，应该注意以下四个方面的问题。

（1）必须用科学的理论为指导，严格规定调研对象的含义。

由于市场现象具有复杂多变的特点，因此，在许多情况下，调研对象也是比较复杂的。必须用科学的理论为指导，严格规定调研对象的含义，并指出调研对象与其他非调研对象的界限，以免造成调研登记时由于界限不清而发生差错。例如，以城市职工为调研对象，就应明确职工的含义，划清城市职工与非城市职工、职工与居民等概念的界限。

（2）调研单位要随调研目的和对象的变化而变化。

调研单位的确定取决于调研目的和对象，调研目的和对象变化了，调研单位也要随之改变。例如，要调查城市职工本人的基本情况时，调查单位就不再是每一户城市职工家庭，而是每一个城市职工了。

（3）调研单位与填报单位是有区别的。

要分清调研单位和填报单位。调研单位和填报单位是有区别的，调研单位是调研项目的承担者，而填报单位是调研中填报调研资料的单位。例如，对某地区工业企业设备进行普查，调研单位为该地区工业企业的每台设备，而填报单位是该地区的每家工业企业。但是在有的情况下，两者又是一致的。例如，在进行职工基本情况调研时，调研单位和填报单位都是每一位职工。在调研方案设计中，当两者不一致时，应当明确从何处取得调研资料并防止调研单位重复和遗漏。

（4）不同的调研方式会产生不同的调研单位。

比如，采用普查方式，调研总体内所包含的全部单位都是调研单位。再如，如果采取重点调研方式，则只选定少数重点单位作为调研单位；如果采取典型调研方式，则只有选出的有代表性的单位是调研单位；如果采取抽样调研的方式，则用各种抽样方法抽出的样本单位是调研单位。

2. 确定调研项目

在确定调研项目时，除要考虑调研目的和调研对象的特点外，还要注意以下几个方面的问题。

（1）确定的调研项目应当既是调研任务所需，又是能够取得答案的，必须要充分满足这两点，否则不应列入。

（2）调研项目的表达必须明确。要使答案具有确定的表示形式，如数字式、是否式或文字式等。否则，会使被调研者产生不同理解而做出不同的答案，造成汇总时的困难。

（3）调研项目之间应相互关联。确定调研项目应尽可能做到项目之间相互关联，使取得的资料相互对照，以便了解现象发生变化的原因、条件和后果，便于检查答案的准确性。

（4）调研项目的含义要明确、肯定，必要时可以附以调研项目解释。

3. 确定调研方式

为了准确、及时、全面地收集市场调研资料，应注意多种调研方式的综合运用。

（1）根据调研问卷内容和要求，确定调研方式。在调研方案设计中，可以根据调研问卷的内容和要求，事先确定采用何种组织方式和方法取得调研资料。

（2）确定具体的实施方法，包括访问法、观察法、座谈法等市场调研方法以及上述方法的有机组合。

（3）评价一项市场调研结果的科学性、客观性，最重要的是检查调研方法的科学性和合理性。要获得可靠的调研结果，就必须将调研方案设计得正确合理。

4. 市场调研项目的进度安排

对于一个市场调研项目的进度安排，应注意以下几个问题。

（1）总体方案的设计、论证。

（2）抽样方案的设计。

（3）问卷设计、测试、修改和定稿。

（4）调研人员的挑选和培训。

（5）调研方案实施，收集资料。对于大型抽样调研方案，在实施之前还需要进行试点调研。

（6）数据的审核、录入、整理和分析。

（7）调研报告的撰写。

（8）有关鉴定、发布会和资料出版。

（9）调研工作的总结。

其中，调研人员职业素质的高低对市场调研的成功与否十分重要，因此，在市场调研中调研人员必须具备以下基本的职业素质。

（1）具有较强的观察能力。

（2）避免表现自己的权威和优越感，要让被调研者放松。

（3）在调研的过程中，要客观公正，不可个人主观化。

（4）对一些深入的问题要及时追问被调研者，刺探被调研者的内心。

5. 设计调研问卷

设计调研问卷的最终目的是寻求应答者的真实答案，所以要避免不当的问句给被调研者带来不便。一般而言，调研问卷的设计者对问卷的设计都极其重视，对每一个问句的用词都要仔细推敲。

（1）问句必须是与调研主题有密切关联的问题。这就要求在设计问卷时必须始终以调研主题为中心，重点突出，避免可有可无的问题。根据调研目的，找出与调研主题相关的要素，并将其逐次分解为具体的、明晰的问题。

（2）问句所提出的问题比较容易让被调研者接受。由于被调研者对是否参加调研有着绝对的自由，调研对他们来说是一种负担，他们既可以采取合作的态度，也可以采取对抗的行为，所以应最大限度地减轻被调研者的负担。

（3）避免使用含糊的形容词、副词，特别是在描述时间、数量、频率、价格等情况时。

（4）避免出现诱导性倾向，提问尽量客观。当存在外界压力时，被调研者提供的往往是符合压力施加方偏好的答案，而不是他自己真正的想法。因此，提问时应创造能够让被调研者自由回答的气氛，避免诱导性倾向。

（5）合理安排问题顺序。合理的顺序意味着问卷条理清楚，顺理成章，这样不但可以使各个问题紧密衔接，而且有助于创造融洽的气氛，以提高回答问题的效率。

（6）适当加入相倚问题。在设计问题时，有些问题只适用于一部分被调研对象，而被调研对象是否需要回答这一问题，经常会依据他对该问题前的其他问题的回答，这就是所谓"相倚问题"。

（7）所列答案应当满足互斥性与全面性的要求。

（8）所列答案是中立的，不应出现偏颇。

6.确定调研经费预算

确定调研经费预算时应充分考虑各项费用，以便于准确计算经费，获得审批，保证市场调研活动的顺利开展。调研经费预算一般应包括以下项目：总体方案策划费或设计费；抽样方案设计费；调研问卷设计费；调研问卷印刷费；调查实施费；数据录入费；数据统计分析费；调研报告撰写费；资料费、复印费、通信费等办公费用；专家咨询费；劳务费；上缴管理费或税费；鉴定费、新闻发布会以及出版印刷费用等；其他不可预见的费用。

## 二、市场调研方案设计中应避免的问题

1.市场调研目的不明

（1）决策者不明白自己要了解什么、调研要起到什么作用，调研目的模糊。

（2）决策者对调研目标要求过多，希望一次调研能解决所有问题，结果使市场调研不能在任何一个点上达到目的，最终不能解决任何问题。

2. 市场调研方法不合适

一般而言，调研不同的问题应当选择不同的调研方法，这需要由专业人士根据调研目的确定最合适的调研方法。

3. 市场调研内容不恰当

（1）调研内容与调研目的不一致，如打算了解消费者口味，却在调研中过多涉及产品价格和包装内容。

（2）内容设计不合理，如涉及被调研者隐私或敏感问题，造成其不愿意回答、无法回答或不能准确回答，或者内容过多、过长造成被调研者敷衍了事，使调研结果不能反映调研的真实目的。

4. 市场调研人员不得力

调研人员的素质决定市场调研的成败。一些企业进行市场调研时往往是简单地招一批人，未经过系统培训，直接就开展调研工作，导致其做出的市场调研结果多数不够理想。所以，应仔细甄选市场调研人员，对行业情况进行充分分析，做好系统培训，进行模拟训练，让其充分掌握调研方法、技巧、行业情况后再进行工作，这样才能保证得到一个满意的调研结果。

## 第五节　市场调研方案实例

### 关于×××超市的市场调研策划方案

1. 前言

随着我国经济的快速发展，"超市"这一名词在人们的心目中变得越来越亲切，超市已成为生活中不可缺少的组成部分，更是消费者日常生活购物的首选之处。据宏观预测，该市场的成长曲线呈上升之势。

为配合××市×××超市进军××高教园区市场，评估×××超市行销环境、制定相应的广告策略及营销策略，预先对××市××高教园区进行市场调查，显然大有必要。

**2. 调研目的**

（1）为×××超市进军××高教园区市场进行广告策划提供客观依据。

（2）为×××超市连锁经营和销售提供客观依据。

（3）为×××超市连锁经营服务策划提供客观依据。

具体包括以下几个方面。

（1）了解××高教园区市场状况。

（2）了解××高教园区消费者的消费特点、习惯、偏好等，预测市场容量及潜力。

（3）了解××高教园区便利店、杂货店、超市的消费者情况。

（4）了解竞争对手的广告策略及销售策略。

（5）了解目标市场消费者所需的相关服务。

**3. 市场调研内容**

本次市场调研将围绕三个立足点即消费者、市场和竞争者来进行。

（1）消费者。

①消费者统计资料（性别、籍贯、所在院校）。

②消费者日常消费形态（花费、习惯、看法等）。

③消费者购买形态（购买地点、购买什么物品、选购标准等）。

④消费者对理想中的连锁超市的描述。

⑤消费者对连锁超市的商品广告、促销的反应。

⑥消费者对连锁超市服务质量的反馈。

（2）市场。

①××高教园区连锁超市、便利店、杂货店的数量、品牌、销售状况。

②××高教园区目标市场消费者需求及购买力状况。

③××高教园区市场潜力测评。

④××高教园区目标市场销售通路状况。

（3）竞争者。

①××高教园区便利店、超市、杂货店的数量，及其品牌、定位、档次、规模情况分别如何。

②××高教园区现有商品的销售状况。

③竞争对手的广告策略及销售策略。

④竞争对手的服务质量。

4.调研对象及抽样

随着高校的大规模扩招，××高教园区的市场潜力是无限的。目前，××高教园区有很多超市、便利店、杂货店，其经营形式各不相同，所以在确定调研对象时，应适当地针对目标消费者，点面结合、有所侧重。

调研对象组成及抽样如下。

（1）消费者：××市××高教园区的所有人群（其中西区占40%，东区占50%，其他地区占10%）。

（2）竞争对手：连锁超市、便利店、杂货店。

（3）消费者样本要求：不能在市场调研公司工作，也不能在目标市场竞争者的岗位工作。

5.市场调研方法及对调研工作者的要求

市场调研方法以问卷调研法为主，辅以观察法、访谈法、抽样调研法。对调研工作者的要求如下。

（1）仪表端庄、大方。

（2）举止谈吐得体，态度亲切、热情，具有把握谈话气氛的能力。

（3）经过专门的市场调研培训，专业素质较好。

（4）具有市场调研经验。

（5）具有认真负责、积极工作的精神及职业热情。

6.市场调研程序及安排

第一阶段（初步阶段）：2天（3月22日—3月23日）。

第二阶段（计划阶段）：制订计划2天（3月25日—3月26日）；审定计划1天（3月28日）；确定、修正计划1天（3月30日）。

第三阶段（问卷阶段）：问卷设计1天（4月1日）；问卷调整、确认2天（4月2日—4月3日）；问卷印制1天（4月11日）。

第四阶段（实施阶段）：访问员培训2天（4月12日—4月13日）；实施执行11天（4月14日—4月24日）。

第五阶段（研究分析阶段）：数据输入处理2天（4月25日—4月26日）；数据研究、分析2天（4月27日—4月28日）。

第六阶段（报告阶段）：报告书写2天（5月8日—5月9日）；报告打印1天（5月10日）。

调研的实施，自方案、问卷确认后第4天执行。

7.经费预算

（略）

8.小组成员确定及工作安排

小组人数：5人。

开展市场调研前，2人负责制订总体计划方案，3人负责调研项目、调研问卷的设计、修改和制作；开展市场调研时，5人全部参与实地调研；市场调研结束后，2人负责统计调研资料，2人负责分析调研结果，撰写调研报告。

# 第五章　市场调研方法选择

## 第一节　二手资料调研法

### 一、二手资料调研法的特点和作用

1. 二手资料调研法的概念与特点

二手资料是指经过他人收集、记录、整理所积累的各种数据和资料的总称。二手资料调研法又称为文案调研法，就是通过查看、阅读、检索、筛选、剪辑、购买、复制等手段收集二手资料的一种调研方法。

主要优点：资料收集过程比较简单，组织工作简便，二手资料比较容易得到，相对来说比较便宜，并能较快地获取，节省人力、调研经费和时间。

主要缺点：二手资料是为原来的目的收集整理的，不一定能满足调研者研究特定市场问题的数据需求；二手资料主要是历史性的数据和相关资料，往往缺乏当前的数据和情况，存在时效性缺陷；二手资料的准确性、相关性也可能存在一些问题。

2. 二手资料的作用

第一，二手资料调研可以发现问题并为市场研究提供重要参考依据。

（1）市场供求趋势分析，即通过收集各种市场动态资料并加以分析对比，以观察市场发展方向。

（2）相关和回归分析，即利用一系列相关联系的现有资料进行相关和回归分析，以研究对象之间相互影响的方向和程度，并可在此基础上进行预测。

（3）市场占有率分析，即根据各方面的资料，计算出本企业某种产品的市场销售量占市场上同种产品总销售量的份额，以了解市场需求及本企业所处的市场地位。

（4）市场覆盖率分析，即通过本企业某种商品的投放点与全国该种商品市场销售占总数的比较，来反映企业商品销售的广度和深度。

第二，二手资料调研可为实地调研创造条件。

（1）通过文案调研，可以初步了解调研对象的性质、范围、内容和重点等，并能提供实地调研无法或难以取得的市场环境等宏观资料，便于进一步开展和组织实地调研，取得良好的效果。

（2）文案调查所收集的资料还可以用来证实各种调研假设，即可以通过对比以往类似调研资料的研究来指导实地调研的设计，用文案调研资料与实地调研资料进行对比，鉴别和证明实地调研结果的准确性和可靠性。

（3）利用文案调研资料并经适当的实地调研，可以推算所需掌握的数据资料。

（4）利用文案调研资料，可以帮助探讨现象发生的各种原因并进行说明。

第三，二手资料调研可用于有关部门和企业进行经常性的市场调研。

实地调研与文案调研相比更费时、费力，组织起来也比较困难，故不能或不宜经常进行，而文案调研如果经调研人员精心策划，尤其是在建立企业及外部文案市场调研体系的情况下，具有较强的机动性和灵活性，能够随时根据企业经营管理的需要，收集、整理和分析各种市场信息，定期为决策者提供有关市场调研报告。

## 二、二手资料的来源和类型

二手资料的来源可分为调研主体外部公开资料（外部资料）和调研主体内部非公开资料（内部资料）。

1. 内部资料

企业内部的资料，主要是企业在经营活动中所做的各种形式的记录，包括与企业经营活动有关的各种书面的和存储在各种仪器、设备中的资料。这些资料可以由企业的营销信息系统来提供，该系统中存储了大量的有关市场经营的

数据资料；也可以由本企业的各种记录来提供，如各种业务资料、统计资料、财务资料，以及平时积累的各种各样的报告、总结、会议记录、用户来信、营销活动的照片与录像等。

2. 外部资料

企业外部的信息来源很多，信息量更大，包括政府机构行业协会、各种经济信息中心、专业信息咨询机构、银行、消费者组织公布和提供的各方面的信息资料。随着互联网的发展，互联网上的信息成为文案调研又一重要的外部信息来源。

### 三、二手资料的利用

1. 二手资料的利用方法

要想研究现有资料，必须先查找现有资料。对于文献性资料来说，科学地查寻资料具有十分重要的意义。从某种意义上讲，二手资料调研方法也就是对资料的查寻方法，下面主要介绍一下文献性资料的查寻方法。

（1）参考文献查找法。

参考文献查找法是利用有关著作、论文的末尾所开列的参考文献目录，或者是文中提到的某些文献资料，以此为线索追踪、查找有关文献资料的方法。采用这种方法可以提高查找效率。

（2）检索工具查找法。

检索工具查找法是利用已有的检索工具查找文献资料的方法。依据检索工具的不同，检索方法主要有手工检索和计算机检索两种，现分别介绍如下。

第一，手工检索。进行手工检索的前提，是要有检索工具。因收录范围不同、著录形式不同、出版形式不同而有多种多样的检索工具。以著录方式来分类的检索工具主要有三种：一是目录，它是根据信息资料的题名进行编制的，常见的目录有产品目录、企业目录、行业目录等；二是索引，它是将信息资料的内容特征和表象特征加以列出，标明出处，按一定的排检方法组织排列，如按人名、地名、符号等特征进行排列；三是文摘，它是对资料主要内容所做的一种简要介绍，能使人们用较少的时间获得较多的信息。

第二，计算机检索。与手工检索相比，计算机检索不仅具有检索速度快、效率高、内容新、范围广、数量大等特点，而且还可打破获取信息资料的地理障碍和时间约束，能向用户提供完善、可靠的信息，在市场调研电脑化程度提高之后，将主要依靠计算机来检索信息。应当指出的是，文案调研所收集的二手资料，有些十分真实、清楚明了，可直接加以利用，也有一些杂乱无章，且有失真情况发生，对此还应该经过加工和筛选，才能最终得出结论。

2. 二手资料调研的步骤

（1）确定信息需求。

在收集二手资料时，首先要明确调研的目的，清楚资料收集是用于对社会环境及市场环境的分析，还是用于区域的分析及销售数据的分析。

（2）确定收集内容（以体育市场的动向分析为例）。

①社会环境：按年龄划分的人口变迁；休闲人口变迁。

②经济环境：家庭消费动向；主要商品的普及率；国内生产总值；相关行业的市场规模；体育设施数量。

③政策环境：国家有关体育的政策。

④技术环境：体育科技的发展动向。

（3）确定收集方法。

二手资料的来源总体可以分为企业内部和企业外部。内部资料的收集相对比较容易，调研费用低，调研的各种障碍少，能够正确把握资料的来源和收集过程。因此，一般来说应尽量利用内部资料。

对于外部资料的收集，可以依不同情况采取不同的方式：对于具有宣传广告性质的资料，如产品目录、使用说明书、图册、会议资料等，可以无偿取得。对于需要采取经济手段获得的资料，只能通过有偿方式获得。有偿方式取得的资料构成了调研成本，因此，要对其可能产生的各种效益加以考虑。对于公开出版发行的资料，一般可通过订购、邮购、交换、索取等方式直接获得。对使用对象有一定限制或具有保密性质的资料，则需要通过间接的方式获取。随着国内外竞争的日益加剧，获取商业秘密已成为调研的一个重要内容。

（4）二手资料的评价。

对所收集的二手资料要进行评价，去除误差大、价值小的，保留误差小、价值大的。评价主要从以下几个方面进行。

①技术要求：收集数据所用的方法。

②误差：数据的准确性。

③时效性：数据的收集时间。

④目的性：收集数据的目的。

⑤可靠性：数据是否可以信赖。

（5）综合和汇集。

二手资料收集工作完毕后，就要对资料进行汇总并制成图表，为分析做准备。在开始汇总前一般应对资料进行复制，因为原始数据一旦被剪切，就很难再次分辨出资料的出处。在整理时一般采用人工整理和计算机整理两种方法，后者由于操作方便，易于保存，应用较多。汇总时，需要按照资料项目、资料名称、调研主体、发行年份、调研年份、资料编号等进行保存。

## 第二节　实地调研法

实地调研法是在没有明确理论假设的基础上，研究者直接参与调研活动，收集资料，依靠本人的理解和抽象概括，从收集的资料中得出一般性结论的研究方法。实地调研所收集的资料常常不是数字而是描述性的材料，而且研究者对现实的体验和感性的认识也具有实地研究的特色。与人们在社会生活中的无意观察和体验相比，实地调研是有目的、有意识和更系统、更全面的观察和分析。

实地调研的收集方法有访问调研法、观察法、实验法三种。选择哪种方法，与调研目标、调研对象和调研人员的素质等有直接关系。每种调研方法，其反馈率、真实性和调研费用都有不同的特点。

### 一、访问调研法

访问调研法又称为询问调研法，是指调研人员将所要调研的事项，以当面、电话或书面的不同形式向被调研者提出询问，以获得所需调研资料的一种调研方法。它是市场调研中最常用、最基本的调研方法。

访问调研法的特点是通过直接或间接的问答方式来了解被调研者的意见和看法。整个访谈过程是调研者与被调研者相互影响、相互作用的过程，也是人际沟通的过程。

访问调研法根据调研者与被调研者接触的方式不同，可分为面谈访问调研、电话调研、邮寄调研、留置调研。

1. 面谈访问调研

面谈访问调研是调研人员直接向被调研者口头提问，并当场记录答案的一种面对面的调研。也就是说，面谈访问调研一般都是访问者向被访问者所做的面对面的直接调研，是通过口头交流的方式获取市场信息的调研方法。当面询问有关问题，既可以是个别面谈，主要通过口头询问，也可以是群体面谈、座谈会等形式。

面谈访问调研一般包括以下几种形式：入户访问、街头拦截式面访调研、计算机辅助个人面访调研、小组座谈法、深层访谈调研。

（1）入户访问。

入户访问是指调研员到被调研者的家中或工作单位进行访问，直接与被调研者接触。然后或是利用访问式问卷对逐个问题进行询问，并记录下对方的回答，或是将自填式问卷交给被调研者，讲明方法后，等对方填写完毕再回来收取问卷。

在决定采用入户访问方式之前，企业首先要决定对哪些用户（单位）进行访问。企业应该尽可能详细具体地规定选取抽样用户的办法。同时，要求调研员必须严格地按照规定进行抽样，绝对不可以随意地、主观地选取调研用户。

入户以后要具体确定访问的对象。根据研究目的的不同，确定的访问对象也不同，如果调研的内容主要涉及整个家庭，则一般是访问户主；如果调研的内容主要涉及个人的行为，一般是访问家庭中某个年龄段的成员，或是按某种规定选取一位家庭成员进行访问。不管是哪一种情况，抽样方案中都要规定具体的方法，使调研员有据可依。在调研结束时，通常要赠送小礼品表示感谢。

入户调研时，若家中无人或对方拒绝接受访问时，应该有具体的处置办法。例如，通常可规定，家中无人时应再访，三次均不成功才能放弃；对于拒访家庭经过耐心的说服后仍无效者可以放弃，改访最邻近的家庭。

另外，要求经过培训的调研员严格按照访问问卷和辅助的卡片、表格、产

品样本等对抽中的对象进行面对面的提问，准确记录下每个问题的答案，对开放式的问题要进行充分的追问。

入户调研的优点是：面对面的入户调研，有效回答率较高，能够对复杂的问题进行解释说明；在调查中严格规定抽样方法，使样本更具有代表性；能够使被访问者在一个自己熟悉、安全的氛围中接受访问。

入户访问的缺点是：人力、时间和费用消耗较大；对访问人员的要求较高，特别是访问人员要认真负责，诚实可靠，善于与别人沟通，具有沟通的能力和技巧。

（2）街头拦截式面访调研。

拦截访问是指在某个场所拦截在场的一些人进行面访调研。一般在人流量较大的区域如大型超市、车站、写字楼等，拦截在场的一些人进行面谈访问调研。这种方法常用在商业性的消费者意向调查中。拦截式面访的好处在于效率高，但是，无论如何控制样本及调研的质量，收集的数据都无法证明对总体有很好的代表性。

街头拦截式面访调研主要有两种方式。

第一种是街头流动拦截访问，是由经过培训的访问员在事先选定的若干个地点选取访问对象，征得其同意后在现场按照问卷进行简短的面访调研。这种方式常用于需要快速完成的小样本的探索性研究。例如，对某种新上市商品的反映，或反馈某类商品的使用情况等。

第二种是街头定点拦截访问，即在事先选定的场所内，租借好访问专用的房间或厅堂，根据研究的要求，可能还要摆放若干供被访者观看、品尝或试用的物品，然后按照一定的程序和要求，在事先选定的若干场所的附近拦截访问对象，征得其同意后，带到专用的房间或厅堂内进行面访调研。这种方式常用于需要进行实物显示或特别要求有现场控制的探索性研究，或需要进行实验的因果关系研究。例如，广告效果测试、某种新产品的试用实验等。

街头拦截式面访调查的优点是：避免入户困难，在公开场所，被调研者没有怕露底的心理，所以相对来讲比较容易接受访问；费用低，由于被访者自己出现在访问员的面前，访问员可将大部分时间用于访谈，而且节省了时间及差旅费；便于对访问员进行监控，访问员是在指定的地点完成访问工作，所以需派督导员在现场进行监督，以保证调研的质量。

街头拦截式面访调研的缺点是：局限性，由于调研对象在调研地点出现带有偶然性，访问样本的代表性有一定的局限性，从而影响调研的精确度；拒访率较高，街头访问的环境比较嘈杂，被调研者会产生不安、压力，这样会影响收集信息的质量。

此方法不适合内容较长、较复杂或不能公开的问题的调查，为了能顺利实施街头拦截式面访调研，可附带一定的物质奖励。

在进行街头拦截式面访调研时，要注意做好调研前的准备工作：准备问卷；准备相关的调研知识；预先观察调研地点；准备调研所需的物品。

另外还要注意一些具体的操作技巧，例如：准确寻找调研对象；上前询问，注意姿态；开口询问，积极应对；随步询问，灵活处理；对于被调研者的信息收集须加小心。

进行街头拦截式面访调研，还要注意完成一些调研后的必要工作：浏览一遍问卷，不要有所遗漏；对于回答不明确的答案，应当再加追问；先向被调研者表示感谢，再与其告别；所有的问卷都完成后，需要做好整理工作。

（3）计算机辅助个人面访调研。

计算机辅助个人面访调研（Computer Assisted Personal Interviewing，CAPI）在一些发达国家使用比较广泛。计算机辅助个人面访调研可以入户进行，也可以采取街头拦截的方式。在访问时，主要有两种形式。

第一种是由经过培训的调研员手持笔记本电脑，向被访对象进行面访调研。调研问卷事先已经存放在计算机内，调研员按照屏幕上显示的问题的顺序逐题提问，并及时将答案输入计算机内。目前，CAPI软件可以十分方便地处理开放式的问答题，并将被访者的回答输入计算机。

第二种是对被访者进行简单的培训或指导后，让被访者面对电脑屏幕上的问卷，逐题将自己的答案亲自输入计算机内。调研员不参与回答，也不知道被访者输入的答案，但是调研员可以待在旁边，以便随时提供必要的帮助。

（4）小组座谈法。

小组座谈法又称焦点小组讨论法，是由一个经过训练的主持人以一种无结构的自然的形式与一个小组的被调研者交谈，主持人负责组织讨论。该方法借用心理学的有关知识，是一种重要的定性调研方法，在国内外被广泛采用。这种方法不只是一问一答式的面谈，而是多人同时被调研。座谈的时间最好控制

在一个半小时至两小时之间，如时间过长会使受访者出现厌烦情绪，或者提前离开会场。

进行小组座谈的步骤一般为：做好座谈前的准备工作；组织并控制好座谈会过程；做好座谈会的各种后续工作。

小组座谈法的优点是：在主持人的引导下受访者能相互启发，容易激发灵感，集思广益；由于同一时间内同时访问了多个被调研者，因此数据的收集和分析过程相对比较快；小组座谈法相对来说更节省费用。这种方法的价值在于，从自由进行的小组讨论中，常常会有一些意想不到的发现。

小组座谈法的缺点是：获取的信息可能会存在偏激和不全面；调研的结果仅属于定性的范围，但准确的信息应来自定量研究；对主持人和场地的要求较高，场地不适合，或缺乏灵活控制场面的主持人，调研的结果质量就难以保证。因此，要想取得预期的效果，不仅要求调研者做好各种调研准备工作，熟悉掌握访谈技巧，而且最好要有驾驭会议的能力。

此方法可以应用于了解消费者对某种产品的认知、喜好及行为，研究广告创意，获取消费者对具体市场营销计划的初步反应。

（5）深层访谈调研。

深层访谈调研是一种无结构的、直接的、个人的访问，在访问过程中，一个掌握高级技巧的调研员深入地访谈一个被调研者，以揭示被调研者对某一问题的潜在动机、信念、态度和感情。

深层访谈调研常用的技巧有阶梯前进、隐蔽问题寻探、象征分析三种。

阶梯前进是顺着事物本身一定的逻辑顺序进行探索，如从产品的特点一直到使用者的特点，使得调研员有机会了解被访者思想的脉络。

隐蔽问题寻探是将访谈重点放在个人的"痛点"而不是社会的共同价值观上，放在个人深切相关的而不是一般的生活方式上。

象征性分析是通过反面比较来分析对象的含义，即要想知道"是什么"，先要知道"不是什么"。

在深层访谈调研中，调研人员起着重要的作用、因而对调研人员的要求也较高。调研人员在调研中要特别注意：避免表现自己的优越和高高在上，要让被访者放松；超脱并客观，但又要有风度和人情味；以提供信息的方式问话；不要接受简单的"是"或"不是"的回答；刺探被访人的内心。

深层访谈调研法的优点是：深层访谈比小组座谈能更深入地探索被访者的内心思想与看法，而且深层访谈可将反应与被访者直接联系起来。深层访谈可以更自由地交换信息，因为有时会有社会压力不自觉地要求小组形成一致的意见。

深层调研法也有小组座谈法所具有的缺点，而且程度更深。

深层访谈在有些特殊情况下也是有效的，如在有如下需要时：详细地刺探被访者的想法；讨论一些保密的、敏感的或让人为难的话题；存在很严密的社会准则，被调研者容易随着群体的反应而摇摆；详细地了解复杂行为；访问专业人员；访问竞争对手；调研的产品比较特殊。

面谈访问调研的程序，如图 5-1 所示。

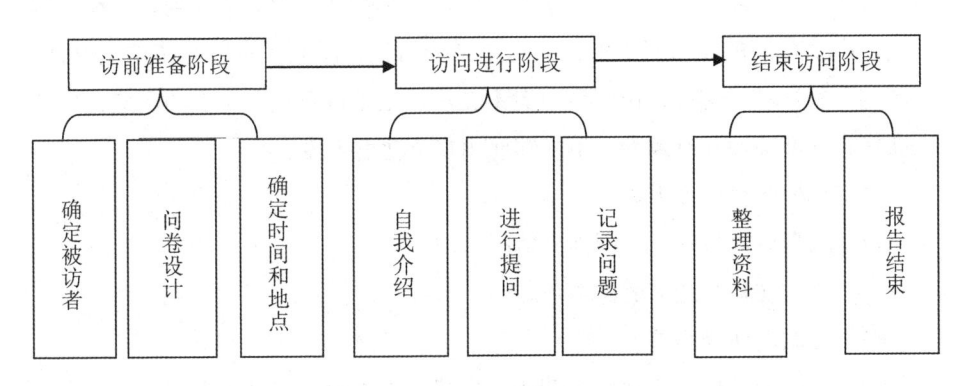

图 5-1 面谈访问调研的程序

面谈访问调研的优点是：调研简单易行，灵活自由；回答率高，可提高调研结果的可信度；可通过调研人员的解释和启发来帮助被调研者完成调研任务；可以根据被调研者的性格特征、心理变化、对访问的态度及各种非语言信息，扩大或缩小调研范围，具有较强的灵活性；可对调研的环境和调研背景进行了解。

面谈访问调研的缺点是：调研的成本高、时间长，调研的范围有限；人力、物力耗费较大；要求调研人员的素质要高；对调研人员的管理较困难；容易受到一些单位和家庭的拒绝，无法完成；调研的结果主要取决于调研者的素质、调研问题的性质和被调研者的合作态度。

## 2. 电话调研

电话调研是指调研者预先选定要调研的问题，以电话的形式向被调研者征询意见，从而获得信息资料的一种调研方法。电话调研常用于样本数量多、调研内容简单明了、易于让人接受、需快速获取信息的调研事项的调研。这种调研方式适用于对热点问题、突发性问题、特殊群体的调研，也适用于对比较固定的企业客户的调研。

电话调研的优点是：调研速度快，节省时间，操作方便；成本低、回答率高；覆盖面广，资料统一性高。

电话调研的缺点是：问题不能深入，电话调研的项目比较简单明确，通话时间又不能太长，问题不便深入；拒答率高，电话访问时与被调研者不见面，对对方当时的心态、手头正在从事的工作均无法判断，拒答率较高；资料不够完整，电话访问的结果只能够访问有电话的对象，不利于资料收集的全面性；资料的真实性较难把握，由于调研者不在场，很难根据被调研者的反应，判断所获信息的准确性和有效性；不能够使用视觉辅助手段。

电话调研的程序如下。

（1）根据调研目标及范围划分地区。

（2）确定在每个地区的样本数。

（3）编制电话号码单。

（4）调研者根据电话单与被调研者进行电话沟通并记录（也可采用全自动电话访谈）。

（5）电话访问后致谢。

电话调研需要注意的几个问题。

（1）设计好问卷调查表。调研问题应当尽量简洁明了，调研时间应尽量控制在15~20分钟之内。

（2）挑选和培训好调研员。调研员的语言表达能力要强，要口齿清楚、语气和善。

（3）选择好调研样本和调研时间。样本的选择应尽量具有代表性；要尽量选择被调研者可能比较方便的时间。

## 3. 邮寄调研

邮寄调研是由调研者将印制好的调研问卷邮寄给被调研者，由被调研者根据要求填写后寄回的一种调研方式。

邮寄调研的优点有：调研的空间范围广泛；调研成本较低；被调研者有充分的答卷时间，问卷的回答质量高；可让被调研者以匿名的方式回答一些个人隐私问题；无需对调研人员进行培训和管理。

邮寄调查的缺点包括：问卷的回收率较低；问卷的回收期长，时效性差；无法判断被调研者的性格特征和其回答的可靠程度；要求被调研者应具有一定的文字理解能力和表达能力，对文化程度较低的人不适用。

邮寄调研的程序如下。

（1）根据调研目的确定调研对象，主要包括名单、通信地址和电话号码。

（2）通过电话与选定的调研对象联系，请求他们协助填写问卷。

（3）向被调研者寄出邮件。其中除包括调研问卷以外，还应当包括致被调研者的感谢信、贴好邮票的回寄信封等。

（4）通过电话与调研对象再次接触，确认是否收到问卷，并请求再次合作。

（5）收回问卷并整理、分析。

邮寄调研应注意的事项如下。

（1）信封的称呼要与被调研者的称呼相同。

（2）回答问题当男女有别时要分别设计。

（3）为提高邮寄回收率，在发出的信件中要附有贴好邮票的信封。

（4）有时可预先声明在规定的时间内回信将给予少量的报酬和纪念品，或有抽奖机会。

（5）将邮件寄出后，还应该发一张明信片去催促，也可以打电话通知一下，请对方及时给予答复。

（6）增加问卷的趣味性。

（7）最好由知名度较高且受人尊敬的机构主办，如大学、政府机构等。

4. 留置调研

留置调研是一种自我管理的调研形式，指调研者当面将调研表交给被调研者，说明调研意图和要求，由被调研者自行填写回答，再由调研者按约定日期收回的一种调研方法。这种调研方法介于面谈访问调研和邮寄调研之间，其特点也介于两者之间。

留置调研的优点是：调研的问卷回收率高；被调查者有较充分的时间填写问卷，被调研者可当面询问问卷填写的要求，避免由于误解调研内容造成误差；对被调研者有意无意漏答的问题，调研人员可在回收问卷时将其补全从而减少无效问卷。

留置调研的缺点是：调研区域范围有限；调查费用较高；问卷容易丢失。

## 二、观察法

观察法是指观察者根据特定的研究目的，利用感觉器官和其他科学手段，有组织、有计划地对研究对象进行考察，以取得研究所需资料的方法。观察法不直接向被调研者提问，而是从旁观察被调研者的行动、反应和感受。

观察法往往不会使被调研者感到正在被调研，因而这种方法体现出的特点是自然、客观、直接、全面。

观察法的优点是：客观真实，可以实际记录市场现象的发生，能够获得直接具体的生动材料，准确可靠；时效性长，可作为其他方法的补充；不要求被调研者具有配合调研的语言表达能力或文字表达能力；资料可靠性高，简便易行，灵活性强。

观察法的缺点是：只能观察到人的外部行为，不能说明其内在动机，如被调研者的兴趣、偏好、心理感受、购买动机、态度、看法等；调研成本较高、时间较长；观察活动受时间和空间的限制，被观察者有时难免会受到一定程度的干扰而不完全处于自然状态等。

总之，应用观察法须扬长避短，尽显减少观察误差，最好同其他调研方法结合起来使用。

对某一个特定的调研问题，从成本和数据质量的角度出发，需要选择适合的观察方法。通常采用的观察方法包括以下两类。

1. 人员观察法

人员观察法即调研人员直接到现场观察以收集有关资料。例如，调研者到零售商店观察产品的货架，了解不同品牌产品的陈列、数量、价格、广告张贴等，企业可根据这些资料决定广告产品在市场中的位置。在人员充足的情况下，调研机构会选择这种方法来完成调查信息的收集工作。因为是通过调研人员的感觉器官来收集被调研对象的某些特征的信息,所以调研人员所记录的信息,是经过他们自己的判断标准的"过滤"而提出的认识结果。

具休来说,人员观察法主要包括以下三种方法。

一是自然观察法。自然观察法是指调研人员在一个自然环境中(包括超市、展示地点、服务中心等)观察被调研对象的行为和举止。

二是设计观察法。设计观察法是指调研机构事先设计模拟一种场景,调研人员在一个已经设计好的并接近自然的环境中观察被调研对象的行为和举止。所设置的场景越接近自然,被调研者的行为就越接近真实。

三是掩饰观察法。众所周知,如果被调研对象知道自己被观察,其行为可能会有所不同,观察的结果也就不同,调研所获得的数据也会出现偏差,掩饰观察法就是在不被观察对象所知的情况下监视其行为过程。

2. 机器观察法。

机器观察法是指调研人员借助各种记录仪器,如录音机、照相机、监视器、扫描仪等对调研对象进行观察,从而得到调研的结果。例如,对交通流量的统计设置,机器观察法肯定比人员的直接观察更为准确,费用更低。机器观察法可减轻调研人员记数的负担,提高资料的可信度。比如,美国尼尔逊广告公司通过计算机系统在美国各地12500个家庭的电视机上安装电子监听器,每90秒扫描一次,每个家庭只要收看3秒电视节目就会被记录下来,公司可以据此选择广告的最佳时间。

观察法的记录技术主要指观察人员在实施观察时所运用的各种技术手段,包括观察卡片、速记符号、机械记录等。

观察卡片是根据所观察的项目、各项目的内容及排列顺序特制的一种卡片,是用以记录观察内容的一种记录工具。

速记符号是指为了提高观察记录工作的效率,采用具有特殊含义的符号代替文字,记录所观察的客观情况的一种记录工具。

机械记录是指将各种机械设备,如录像机、录音机、记数仪等作为记录工具,来记录所观察的客观情况的一种方法。这种记录方法能详尽地记录所要观察的事实,免去观察者的负担,但容易引起被调研者的顾虑,可能使调研的真实性受到影响。

观察法的准备工作包括以下几个方面。

1.明确观察目的

即明确通过观察解决什么问题。然后确定观察的范围、对象及观察的重点，具体计划观察的步骤。

2.制订观察计划，特别要明确观察对象与目标

一般来说、观察计划包括观察目的、观察对象、观察要点与范围、通过观察需要获得的资料、观察的途径、观察的时间和次数、观察的位置、观察的方法、观察的注意事项、观察人员的组织分工、观察资料的记录和整理、观察者的应变措施等内容。

3.设计观察记录表

为了将观察结果快速、准确地记录下来，并便于随身携带，应将观察内容事先制成便于汇总的小卡片。制作卡片时，应先列出所有观察项目，经筛选后保留重要项目，再将项目根据可能出现的各种情况进行合理的编排。

4.选择观察地点

观察地点的选择既要便于观察，又要注意隐蔽性。

5.准备观察仪器

观察法调研的主要内容如下。

1.观察顾客的行为

调研人员可以深入购物现场，观察消费者的购买过程，进而掌握被观察者的内心活动及偏爱，可促使企业有针对性地采取恰当的促销方式。

2.观察顾客流量

通过在某一地段观察记录顾客或车辆的数目、类型，可以分析该地域的商业价值，便于研究商业网点的布局。

3.观察产品使用现场

调研人员到产品用户使用地观察调研，了解产品质量、性能及用户反应等情况，实地了解使用产品的条件和技术要求，从中发现产品更新换代的前景和趋势。

4.观察商店柜台及橱窗布置

通过对营业现场商品陈列、柜台布局等情况的观察，可以分析判断商品的供求情况，以及本企业商品的铺货率。

观察法在应用中的注意事项如下。

（1）应选择那些具有代表性的典型对象，在最适当的时间内进行观察。

（2）在使用观察法时，最好不要让被调研者察觉，以保证被调研事物处于自然的状态，从而保证观察结果的真实性。

（3）必须实事求是、客观公正，不得带有主观偏见，更不能歪曲事实真相。

（4）调研人员的记录用纸和观察项目最好有一定的格式，以便尽可能详细快速地记录调研内容的相关事项。

### 三、实验法

某种商品十分畅销，可能是价格原因，也可能是包装的改变或是促销手段的改变造成的，究竟哪种因素的影响最大，可以用实验法来判断。

1. 与实验法有关的概念。

（1）自变量。实验人员可以控制和改变的因素或条件（如广告支出、产品价格、产品包装等）。

（2）因变量。受自变量的变化而变化的因素或条件。

（3）外生变量。在实验过程中除自变量外，同样影响因变量值变化的因素或条件。

（4）测试单位。在实验过程中接受测试的个体。

（5）实验组。接受实验的被研究对象。

（6）控制组。不接受实验组处理的个体（对照组）。

2. 实验法的特点及适用范围

访问式调研法和观察式调研法一般是在不改变环境的情况下收集资料。实验调研法则是在保持其他因素不变的情况下，从影响调研问题的许多可变因素中选出一个或两个因素进行控制实验，然后对实验结果做出分析，确定研究结果是否值得大规模推广。实验法是一种类似于实验室求证的调研方法，又称因果性调研法，通过对实验对象和环境以及实验过程的有效控制，达到分辨各种因素之间的相互影响关系及程度，从而为决策提供依据的目的。

对比实验法和观察法可以发现，观察法是研究自然发生的现象，而实验法是将现象放在某种条件下来观察。

实验法的特点是：调研人员控制选定自变量，并观察这些自变量对因变量的影响，也就是把调研对象置于非自然状态下开展市场调研。在实验法中，实验者在事先设计的条件下进行调研，容易受一些可变动因素的干扰，对实验假设条件以外的其他条件的影响无法控制，对实验人员自身行为所引起的影响难以避免。因此，在设计实验条件时，应尽量充分考虑各种内在和外在的因素；同时，在实验调研过程中，实验人员应该尽量使自己保持中立、客观的立场。

实验法只适用于对当前市场现象的影响分析，对历史情况和未来变化影响较小，凡是产品准备改变品质、变换造型、更换包装、调整价格、改换渠道、变动广告、推出新产品、变动产品陈列等，都可采用实验法测试其效果，可利用展销会、试销会、交易会、订货会等场合进行测试。

3. 实验法的工作程序

（1）根据调研项目和要求，提出需要研究的假设，确定实验变量。

（2）进行实验设计，确定实验检验方法。

（3）严格按实验设计的进程进行实验，并对实验结果进行认真的观测和记录。

（4）对观测结果进行整理分析，得出实验结果。

（5）写出调研报告

4. 实验法的类型

（1）单一实验组前后对比。

这是一种最简单的实验调研法，它是在不设置对照组的情况下，对比实验组本身引入实验因素前和引入实验因素后的变化，以测定实验因素对实验对象（调研对象）的影响。

采用这种方法，事先要对正在经营的情况进行测量，然后测量实验后的情况，通过事前事后的对比观察，了解实验变量的效果。单一实验组前后对比法可用于企业改变花色、规格、款式、包装、价格等措施是否有利于扩大销售、增加利润的实验。

应用单一实验组前后对比法，简单易行，但存在一定的局限性。因为实验对象并不仅仅受一个自变量的影响，所以，只有在实验者能有效排除非实验变量的影响，或者有充分把握认为非实验变量的影响很小，可忽略不计的情况下，实验效果才能够充分成立。即：实验结果＝实验组实验后检测结果－实验组实验前检测结果。

例如，某公司为扩大保健品销量，研究认为应当改变原来的包装，但对新设计的包装效果没有把握，为此公司决定采用实验前后无控制对比的实验方法进行实验调研。

公司选择了该厂三种具有代表性保健品的包装作为实验对象，实验期为两个月。先记录三种原包装保健品在两个月内的市场销售额（实验前测量），改用新包装两个月后再计算这三种新包装保健品的市场销售额（实验后测量），结果如表 5-1 所示。

表 5-1 实验前后销售额对比

| 保健品 | 实验前销售额（$Y_0$）/元 | 实验后销售额（$Y_n$）/元 | 变动（$Y_n-Y_0$）/元 |
| --- | --- | --- | --- |
| A | 8000 | 8700 | +700 |
| B | 3100 | 4500 | +1400 |
| C | 8200 | 9100 | +900 |
| 总计 | 19300 | 22300 | +3000 |

从实验结果看，采用新包装可增加收入 3000 元。因此，对公司而言，采用新包装是可行的。

（2）实验组与控制组对比实验。

实验组与控制组（非实验组，与实验组作对照比较的）对比实验，是同一时间内以控制组与实验组进行对比的一种实验调研法。具体来说就是，在同一实验期内，实验组按一定实验条件进行实验，控制组按一般情况组织经济活动，实验组与控制组进行对比，以测定实验的结果。在这里应注意，控制组与实验组之间必须具有可比性，客观环境和主观经营能力应大体相同或相似。这种方法克服了单一实验组前后对比法的不足，实验效果的检测具有较高的准确性。但是它仅仅进行了实验后的检测，无法反映实验前后非实验变量对实验对象的影响。

采取控制组与实验组对比实验调查，两组都要进行事后测量其实验结果，用 X 代表实验组事后测量值，用 Y 代表控制组事后测量值，则实验效果

=X-Y。

例如，某洗涤化妆品公司欲加强本地消费者对该产品品牌的认识，选定1500个家庭作为实验组，免费赠送样品，另选1500个家庭为控制组，不赠送样品，该公司同时对两组家庭给予价格折扣券，向指定的超市购买该品牌的洗发水可享受九折优惠。实验结果是，实验组的家庭所用的折扣券为800张，而控制组为600张，则免费样品的实验效果为：800-600=200，即免费样品可增加消费者的购买量为200件。

（3）实验组与控制组前后对比实验。

实验组与控制组前后对比实验，是指将控制组与实验组的实验前后的测量结果进行对比判断的一种实验调查方法。在同一时间周期内，随机抽取两组条件相似的单位，一组作为实验组，一组作为控制组，在实验前后分别对两组进行测定比较。这种实验方法的变数多，有利于消除实验期间外来因素（季节因素、供求因素等）的影响，可大大提高实验结果的准确性。

这种方法要求对实验组和控制组分别进行实验前测量和实验后测量，然后进行事前事后对比。比如测定两组的销售量，实验前实验组的销量为 $X_1$，控制组为 $Y_1$；实验后实验组的销量为 $X_2$，控制组为 $Y_2$；实验效果，即两组事前事后对比的实验效果 = $(X_2-X_1)-(Y_2-Y_1)$。

例如，一家区域图书连锁店想了解儿童图书新的陈列方式对销售的影响。他们在三家书店里（测试对象，为实验组）采用新的图书陈列方式，而在另外三家书店里（控制组）采用老的图书陈列方式，然后将前三家书店的销售额与后三家书店的销售额进行比较。两组书店的销售数据，如表5-2所示。

表5-2 新旧陈列方式的销售额比较

| 组别 | 实验前1个月内销量/元 | 实验后1个月内销量/元 | 变动量/元 |
| --- | --- | --- | --- |
| 实验组（A、B、C） | $X_1=1000$ | $X_2=1600$ | 600 |
| 控制组（A、B、C） | $Y_1=1000$ | $Y_2=1200$ | 200 |

从上表中可以看出：实验组和控制组在实验前的图书销售额均为1000元，实验组在实验后的销售额为1600元，控制组在实验后的图书销售额为

1200元。

实验组实验前同实验后对比，其变动结果是图书销售额增加了600元；控制组实验前同实验后对比，其变动结果是图书销售额增加了200元。实验组事前事后对比的实验效果＝（$X_2-X_1$）－（$Y_2-Y_1$）＝（1600-1000）－（1200-1000）=400（元），由此可以判断出，儿童图书采用新的陈列方式后，可以扩大销售。

（4）随机对比实验。

随机对比实验是指按随机抽样法选定实验单位进行的实验调研。前述的几种实验法中，都是按照判断分析的方法选择实验单位，简便易行，也能够获得较好的调研效果。但当实验单位较多、市场情况十分复杂且不太熟悉时，按主观判断分析选定实验单位就比较困难。这时，可以采用随机对比实验，即采用随机抽样法选定实验单位，使众多的实验单位被选中的概率相同，从而保证实验结果的准确性。

随机对比实验调研方法的优点是能够测算实验误差，有助于提高实验结果的准确性。同时，可以节省分析过程的时间，并与其他实验方法互相结合，互相补充，解决实验单位不易选定或选定不准的困难。但随机对比实验也有缺点，主要是应用中花费时间长，费用开支大，使其实际应用受到限制。

## 第三节　网络调研法

网络调研法是传统调研在新的信息传播媒体上的应用，是随着互联网的发展而兴起的一种新的访问方式。它是指在互联网上针对调研问题进行调研设计，收集资料及分析咨询等活动。网络调研有其鲜明的特色，比如自感性、定向性、及时性、互动性、经济性、匿名性、共享性等。

网络调研的适用范围很广，这一点会随着国际互联网应用的普及逐渐显示出来。网络调研将成为21世纪应用领域最广泛的主流调研方法之一，它既适合于个案调研也适合于统计调研。

与传统调研方法相类似，网络调研也有对原始资料的调研和对二手资料的调研两种方式，即利用互联网直接进行问卷调研，收集第一手资料，可称为网络直接调研，或利用互联网的媒体功能、从互联网收集第二手资料，称为网络间接调研。由于越来越多的传统报纸、杂志、电台等媒体，还有政府机构、企业等也纷纷上网，因此网络成为信息的海洋，信息蕴藏量极其丰富。关键是如何发现和挖掘有价值的信息，而不是像过去那样苦于找不到信息。

网络调查的具体方式如下。

（1）调研者将调研问卷通过电子邮件传给被调研者，由被调研者填好后发回。

（2）调研者将调查问卷制作成网页，浏览者填写后保存。

（3）在线小组讨论也是一种较好的网络访问方式。它是由调研者充当实际的主持人，小组成员可以在网络上平等讨论、自由沟通。

（4）在线监控。通过网络计数器统计浏览者对某种产品信息的点击次数，收集相关信息。

网络调研的优点：组织简单、费用低廉；匿名性好，便于被调研者畅所欲言，调研结果的客观性高；访问速度快，信息反馈及时；便于对采集信息的质量实施系统的检验和控制；没有时空、地域限制；国际互联网的交互性使网上调研的周期大大缩短。

网络调查的缺点：样本对象具有一定的局限性；所获信息的准确性和真实性难以判断；网络访问需要配备一定的技术人员。

## 一、网络调研的操作流程

网络直接调研是企业主动利用互联网获取信息的重要手段。与传统调研类似，网络直接调研必须遵循一定的步骤进行。

1. 选择搜索引擎

搜索引擎能阅读、分析并且储存从该搜索网站数据库中获得的信息。这些信息可以借助一系列的关键词和其他参数加以识别。

2. 确定调研对象

互联网作为企业与顾客有效的沟通渠道，企业可以充分利用该渠道直接与顾客进行沟通，了解企业的产品和服务是否满足顾客的需求，同时了解顾客对企业潜在的期望和改进的建议。在确定网络直接调研目标时，需要考虑的是，被调研对象是否上网，网民中是否存在着被调研群体，规模有多大。只有网民中的有效调研对象足够多时，网络调研才可能得出有效结论。

3. 确定调研方法和设计问卷

网络直接调研主要采取的是问卷调查法，因此设计网络调查问卷是网络直接调研的关键。由于互联网交互机制的特点，网络调研可以采用调研问卷分层设计。这种方式适合过滤性的调研活动，因为有些特定问题只限于一部分调研者，所以可以借助层次的过滤寻找适合的回答者。

4. 选择调研方式

网络直接调研使用较多的是被动调研方法，将调查问卷放到网站，等待被调研对象自行访问和接受调研。因此吸引访问者参与调研是关键，为提高网民参与的积极性可提供免费礼品、调研报告等。另外，必须向被调研者承诺并且做到有关个人隐私的任何信息不会被泄露和传播。

5. 访问相关调研对象

调研人员通过电子邮件向互联网上的个人主页、新闻组和邮件清单发出相关查询，利用搜索引擎对个人站点进行访问。

6. 分析人口统计信息

调研人员对访问本公司站点的人数进行统计，从而分析出消费者的分布范围和潜在消费者市场的地点。

7. 收集相关信息，整理分析形成调研报告

撰写调研报告是网络调研的最后一步，也是调研成果的体现。撰写调研报告主要是在分析调研结果的基础上对调研的数据和结论进行系统的说明，并对有关结论进行探讨性的总结。

## 二、网络调研应注意的事项

1. 认真设计在线调研问卷

（1）调研应强调是专门针对某个人的。

（2）用冷色调的表格来保护被调研者的眼睛。

（3）灵活使用图表、色彩及语气，使调研气氛活跃。

（4）简短调研，多张短页的效果强于单张长页的效果。

2.公布保护个人信息声明

（1）应尊重个人隐私。

（2）自愿参加调研。

3.尽可能地吸引网民参与调研，特别是被动问卷调研

（1）提供物质奖励和非物质奖励。

（2）寻找大家最有兴趣的话题。

（3）使用合适的电子邮件开头。

4.尽可能用多种调研方式相结合的方式进行市场调研

（1）适当的问卷设计。

（2）有时间限制。

（3）选择合适的抽样方法。

网络调研方式与传统调研方式在很多方面存在明显的不同，两者的比较如表5-3所示。

表5-3　网络调研与传统调研方式比较

| 评价标准 | 面谈访问调研 | 电话调研 | 邮寄调研 | 网络调研 |
| --- | --- | --- | --- | --- |
| 处理复杂问题的能力 | 很好 | 差 | 好 | 一般 |
| 收集大量信息的能力 | 很好 | 好 | 一般 | 很好 |
| 敏感问题答案的标准性 | 一般 | 一般 | 很好 | 很好 |
| 对调研者效应的控制 | 差 | 一般 | 很好 | 很好 |
| 样本控制 | 很好 | 好 | 一般 | 差 |
| 收集资料的周期 | 一般 | 很好 | 一般 | 很好 |
| 灵活程度 | 很好 | 好 | 差 | 一般 |
| 调研费用支出 | 差 | 好 | 好 | 很好 |
| 回收情况 | 好 | 较好 | 差 | 一般 |
| 收集资料的真实性 | 好 | 一般 | 好 | 一般 |

# 第六章　市场调研工作组织与实施

## 第一节　市场调研机构选择

### 一、市场调研机构的类型

市场调研与预测通常参与人员多、活动空间广、持续时间长、过程控制严格，必须有计划、有组织、有效率地进行，这就需要由具有一定能力的专门机构去承担和实施。市场调研机构是实施市场调研活动的组织，是市场调研的主体。企业的市场调研组织可以是企业内部固定或临时性的市场调研部门，也可以是企业外部专业性的市场调研机构。市场信息网络是现代市场调查的一种新形式，也可算作一种新的特殊的市场调研机构。

1. 企业内部的市场调研部门

（1）临时机构。

即企业因某种需要临时成立的负责组织某项市场调研与预测活动的机构。这类机构的优点是较具灵活性，机构在需要时组建，活动完成后撤除，节省了日常开支；缺点是其人员为临时从内部或外部选聘，相关工作经验与业务专业能力可能存在不足，而且由于工作属临时性质，人员的工作责任感与积极性会受影响。

（2）常设机构。

即有一定数量且固定的人员、稳定的经费投入、专职负责市场调研活动的职能机构。这一类机构的特点是由具备专业能力且在工作中不断积累经验的人

员承担市场调研工作，能提高市场调研工作的质量。

在竞争日益激烈、产品快速更新、消费者需求变化无常的当前市场环境中，市场调研部门在规模较大的企业内部具有十分重要的地位。目前，越来越多的企业开始重视市场调研与预测部门的建设与投入，尤其是从事消费品生产制造的企业自设市场调研部门的比例较高。据有关资料反映，美国有77%以上的大公司内部都设有市场调研与预测部门，专门负责市场调研与预测工作。

2. 企业外部的市场调研机构。

大多数中小型企业经常会委托这类专业市场调研与预测机构进行市场调研与预测。

国外的这类调研机构数量较多，它们的产生是社会分工日益专业化的表现，也是当今信息社会的必然产物。一方面，社会经济发展得越快，市场环境变得越复杂，不断膨胀的市场信息要求市场调研工作需要更新技术手段与方法；另一方面，专业的市场调研机构由于工作条件与环境的优势，会较容易吸引到行业精英的加入，使其比一般企业内部的市场调研部门拥有更多、更专业的人才及更高的业务水平。

近年来，我国也出现了许多专门从事经济信息调查、咨询服务的公司，既有国有公司，也有集体、私营公司，其中集体和私营公司的发展趋势尤为引人注目，它们承接市场调研任务，提供商品信息，指导企业生产经营活动，在为社会服务的同时，自身也取得了很好的经济效益。

企业外部的专业市场调研与预测机构主要有以下几种类型。

（1）专业市场调研与预测公司。

这类机构以市场调研与预测为核心业务，具有较强的市场调研与预测能力。这类公司的业务既有委托业务，也有自营业务。委托业务是受外单位的委托，针对特定专题而做的调研与预测项目。自营业务是为满足市场对信息的需要而组织开展的收集相关市场信息的调查项目，即以为客户提供市场调研与预测专业服务和信息产品而立足于市场。目前我国尚没有全国性的、知名度高的专业市场调研与预测公司，但在美国、日本、欧洲等经济发达的国家与地区则比较普遍。

专业市场调研与预测公司主要有以下四种类型。

①数据服务调研与预测公司。数据服务调研与预测公司通常收集的主要

是大众媒体以及产品变动方面的数据,以此为企业或者广告代理商提供服务。企业一旦需要,这些公司就可以直接向买家卖出其收集整理的数据或者数据库。此类公司一般都是市场调研与预测行业中规模比较大的公司,如美国的A.C.尼尔森公司和日本的 Video Research 公司。

②定制或专业调研与预测公司。定制或专门调研与预测公司的主要业务是为不同的企业客户提供专门的、定制的、非重复的市场调研与预测服务。如某一企业有开发新产品、重新设计包装以及广告创意、斟酌定价策略等需求,那么此类公司就会根据企业的要求,为其提供专业的调研与预测服务。所有调研与预测的结果和数据,都是属于被委托的企业专门所有。这类公司所占的数量较多,有些数据服务调研与预测公司也有部门或者分公司专门从事这方面的业务。

③现场调研服务公司。这类公司作为现场收集数据的专家,既不进行事先的调研设计,也不进行后面的数据分析,只是专门进行现场的数据收集工作。主要的服务对象是企业、广告代理商,或者是数据服务调研公司,以及其他提供定制服务的调研公司。

④专项服务和辅助性公司。这类公司是专门提供数据处理,样本、二手资料收集,数据统计分析等专项服务的调研与预测公司。它们一般都拥有调研流程中某一个调研环节的专家或者先进的技术设备及软件,为企业、广告代理商和其他市场调研公司服务,

(2)广告公司的调查与预测部门。

广告公司为了制作出打动人心的广告,取得良好的广告效果,就要对市场环境和消费者进行调研。有一定规模的广告公司都下设有市场调研部门,为其主体业务即广告业务做辅助,主要功能是为广告客户收集必要的市场资料,协助客户制定广告推广策略。这类机构也接受一般企业的委托,从事一些市场调研与预测业务。

(3)咨询公司。

这类公司一般由一些资深的专家、学者和有丰富实践经验的人员组成,主要为企业和单位的经营管理提供咨询服务。这类机构往往具有较强的研究实力,除了能够从较高层次、较宏观的角度提供咨询顾问服务以外,还进行一些独立的相关研究。另外,也接受企业或单位的委托,代理或参与调研设计和具

体调研工作，如闻名世界的美国兰德顾问公司。

（4）非商业性质设立的统计调研部门。

上面述及的几类调研机构基本属于商业性质的市场调研机构，除此之外，社会上还有各种各样非商业性的调研机构。非营利性是这类调研与预测机构的特点，其活动经费主要靠公共财政或协会成员提供，有的甚至没有专门的经费。

①各级政府的统计部门。各级政府的统计部门会定期进行市场调研与预测，收集有关的统计资料，以年鉴等形式向社会公布。如我国国家统计部门，国家统计局、各级主管部门和地方统计机构负责管理和公布统一的市场调研资料，便于企业了解市场环境变化及发展，指导企业微观经营活动。此外，为适应经济形势发展的需要，统计部门还相继成立了城市社会经济调研队、企业调研队和人口调研队等调研队伍，也提供这种类型的调研信息。

②新闻单位、大学和研究机关的调研机构。这些机构也都会开展独立的市场调研活动，定期或不定期地公布一些市场信息。如新华社就有全国主要农产品物价监测网络。

另外，一些非官方性质的机构，如行业协会等非政府组织，有些也设有自己的市场调研与预测部门，负责本行业市场情报的调研与预测研究，为本行业企业提供公共服务。

3.市场信息网络

市场信息网络可分为宏观市场信息网络和微观市场信息网络两种。宏观市场信息网络即中心市场信息网络，它是为整个市场服务的信息管理系统，是纵横交错、四通八达的市场信息网络系统的总和。微观市场信息网络又称基础市场信息网络，是以单个企业为典型代表的企业市场信息系统，它可为企业提供市场经营活动所需的各种信息。

市场信息网络具有以下几个优势。

（1）整体性。信息网络是一个有机整体，构成网络的各个要素之间互相协调、互相配合，实现信息收集和反馈的最优化。

（2）经常性。信息网络多数要求定时交流信息，以提高经济信息的时效性。

（3）广泛性。信息网络覆盖面广，可以涉及市场的各个领域。

（4）灵活性。各种信息网络可以相互交叉、互通有无。

（5）开放性。信息网络是以收集、储存、处理和传递信息为目的而建立起来的。开放性使信息源源不断地流入和流出，有效地实现信息的传递和交流，发挥信息的最大效益。同时，开放性特点也要求其信息网络必须面对市场，加强市场调研。

我国自 20 世纪 80 年代起，也逐步建立起各种经济信息网络，其中影响较大的有以下几种形式。

（1）行业性市场信息网络。

以行业为主体，广泛建立信息点组织调研，收集信息，进行综合分析。按照其地域覆盖范围的不同，可分为全国性、地区性和企业性三类。如中国人民银行信息网联系全国各地分行，建立了银行经济信息网，它们曾多次对全国许多产品的供销情况进行调研和预测，并发布信息，对商品生产和商品流通起着重要的指导作用。

（2）产品性市场信息网络。

以产品为龙头，广泛组织有关单位参加，以自愿为原则互相交换信息。如全国汽车信息网络，收集、汇总了全国各类汽车的产供销信息资料，为我国汽车工业走向市场、科学决策提供了可靠的依据。

（3）联合性市场信息网络。

这种网络不受行业和产品的限制，按照一定的市场活动需要自动联合，互相交流信息。这样，商品生产者、转卖者和用户都可以借助计算机网络直接了解某种商品的销售和库存情况，根据不同情况合理安排生产和流通，从而把产、销、用三者紧密地联系起来。如商业部门是沟通生产和消费的桥梁，各类商品购、销、存的数量、品种、价格，以及消费者的意见、市场行情的动态趋势等，都能在此得到体现。通过工商企业的信息沟通、就能把局部的、零散的、不协调的信息，集中形成准确、系统的信息，并直接指导商品再生产过程。

（4）临时性的市场信息网络。

组委会通过会议或展览的形式，临时组织有关信息人员参加会议、沟通信息。例如各种各样的商品交易会、展销会、订货会等，可将买卖双方汇集于一处，成为一个信息的交汇点和集散地。各类市场上所进行的商品交易活动是公

开、具体的，展销商品陈列有序、明码标价，产品质量有详细介绍或可凭经验判断。

## 二、市场调研机构的选择原则

当企业缺乏必要的市场调研机构，或对有效实施市场调研感到力不从心时，可以考虑借助企业外部的专业性市场调研机构来完成调查任务，如委托广告公司、咨询公司、信息中心等机构进行市场调研。

由专业性的市场调研机构进行市场调研，有以下两点好处：一是这些机构具有高效的市场调研所必需的各种条件，如完善的资料、深厚的学术理论基础、有效的调研实务经验和精密的调研工具等，借助这些机构，能提高调研结果的准确性；二是由这些机构进行调研，工作人员比较超脱，容易得到比较客观和有助于决策的建议。

当企业需要委托市场调研专业机构进行调研时，应做到知已知彼，慎重地选择合作对象，以取得事半功倍的效果。企业在委托调研机构完成调研任务时，应明确以下几项原则。

（1）调研机构的信誉。调研机构在业界的声誉和知名度、严守职业道德及公正原则的情况、限期完成工作的能力等。

（2）调研机构的业务能力。调研机构内专业人员具有实务能力的高低，能否提供有价值的资讯，他们是否具备创新观念、系统观念、营销观念和观念沟通能力。

（3）调研机构的调研经验。包括调研机构创建的时间长短、主要工作人员服务年限、已完成的市场调研项目性质及工作范围等。

（4）调研机构的资源配置。市场调研机构所拥有的硬件和软件条件。硬件包括信息收集、整理和传递工具的现代化程度；软件包括调研人员的素质及配备情况。

（5）调研公司的经费报价。包括调研机构的收费标准和从事本项调研的费用预算等收费的合理性。

（6）资料是归企业独家享用，还是与调研机构共享。

委托企业可以根据上述问题，做出委托调研计划，用来与市场调研机构进行洽谈。

对于委托调研的企业来讲，一旦委托调研机构进行市场调研后，应给予信任和授权，并提供充分的协助，使调研能顺利进行。对于受委托的调研机构来讲，应严守职业道德，时刻为用户着想，为用户提供满意的服务。在接受委托后，应迅速适应委托企业的经营环境，对现有资料加以消化，提出市场调研建议书，内容包括：市场调研的重点及可能结果，提供市场报告的时间，市场调研预算及收费条件，企业应有的协助等。在委托企业接受市场调研建议书后，即可实施调研，在提出市场报告后，还应注意随时为委托企业提供调研后服务，以求取得长期合作的机会，并树立良好的信誉。

## 第二节　市场调研人员组织与培训

### 一、市场调研人员的素质要求

市场调研人员是调研工作的主体，其数量和质量直接影响着市场调研的结果，因此，市场调研机构必须根据调研工作量的大小及调研工作的难易程度，配备一定数量并有较高素质的工作人员。

市场调研业务的专业技巧性、活动过程的个体分散性和调研与预测结果的团体合作性，决定了从事该项工作的人员必须具备一定的素质和条件，为保证市场调研与预测工作的质量，市场调研与预测机构必须重视对有关人员的选择和培训。

根据市场调研与预测活动的特点，选择市场调研与预测人员时应考虑以下几个方面的条件。

（1）具有较高的职业道德修养。要有工作责任感和事业心，重视社会公德，尊重他人人格，乐于为人服务。

（2）掌握多学科的知识。有较广博的理论知识、较强的语言表达和文字写作能力，善于与客户沟通，具有创新精神。

（3）具有收集调研资料的能力。能够根据调研目的，收集到充分完整且有时效性和针对性的文案资料；能够熟练运用各种调研方法获取有价值的第一手资料。

（4）具有较强的分析研究能力。掌握资料审核、分组、整理的方法，掌握资料分析的技术，能熟练使用 SPSS 等软件系统进行数据处理，并且能够创造性地运用专业理论解决新问题，根据调研结论提出创新性意见和建议。

（5）具有良好的身体素质和心理素质。

总之，一个合格的市场调研人员应是勤学好问、有思想、有知识并具有创造性的，必须善于倾听、善于思考，善于提出问题、分析问题和解决问题。但是也要注意：一方面，人的素质和才能是有差异的，造成这种差异的原因既有先天因素，也有后天因素。无数事实证明先天不足是可以通过后天的教育、培训来弥补的，是可以扭转的，要达到调研工作需要的理想标准，就要不断地通过各种途径，利用各种方法提高素质。另一方面，前面讲到的各种素质都是针对调研人员的个人素质而言的，在实际调研中，调研任务通常需要组建一支良好的调研队伍来完成，因此除对调研人员的基本思想品德要求外，不必要也不可能要求所有调研人员同时具备这些素质，而只能对调研队伍的整体结构加以考虑，包括职能结构、知识结构、年龄结构，甚至性别结构等，通过人员的有机组合，取长补短，提高调研效率。

## 二、市场调研人员的培训

1. 培训的基本内容

市场调研人员的重要作用以及对调研人员的客观要求，都提出了对人员进行培训的问题。培训的内容应根据调研目的和受训人员的具体情况而有所不同，通常包括以下几个方面。

（1）思想道德教育。组织调研人员学习市场经济的一般理论，国家有关政策、法规，充分认识市场调研的重要意义，使他们有强烈的事业心和责任感，端正工作态度和工作作风，激发调研的积极性。

（2）性格修养教育。对调研人员在热情、坦率、谦虚、礼貌等方面进行培训。

（3）市场调研知识培训。讲授市场调研原理、统计学、市场学、心理学等知识。

（4）调研业务培训。加强问卷设计、提问技巧、信息处理技术、分析技术及报告写作技巧等技能方面的训练。

（5）规章制度教育。规章制度也应列入培训的内容，调研人员必须遵守组织内部和外部的各种规章制度，这是调研得以顺利进行的保证。

2. 培训的方式

（1）常规培训。

常规培训是专业市场调研与预测机构的基础性工作之一，培训的主要内容包括以下几个方面。

①业务培训。调研与预测人员不仅需要掌握经济学、管理学、心理学、统计学、市场营销学、市场调研与预测等基础理论学科的知识，还需要掌握问卷设计、询问技巧、资料处理技术以及撰写市场调研与预测报告等技能知识。

②思想品格修养培训。这方面的培训侧重于市场调研与预测人员的待人接物、言谈举止、随机应变、忍耐与毅力等性格意志的修炼。

③职业道德的教育。责任感、诚实守信、忠于市场客观事实、忠于客户利益、遵纪守法等，是市场调研与预测工作人员的基本职业道德要求。

（2）项目培训。

项目培训是针对特定市场调研项目而组织有关人员进行的岗前培训。较大规模的市场调研项目往往参与人员众多、人员活动空间较广、活动时间较长且要求精确，因此，项目开展实施前组织有关人员进行针对性的训练是非常重要的。项目培训内容一般包括：熟悉调研与预测对象的基本情况或基本环境；掌握活动过程的规范性用语、询问或观察的技巧；资料收集方法；岗位责任与纪律要求。

3. 培训的具体方法

培训的方法有很多，培训时可根据培训目的和受训人员情况加以选用。常见的培训方法主要有以下几种。

（1）举办短期培训班。

这是目前培训中采用的主要方法，就是请有关专家、调研方案的设计者，对调研课题的意义、目的、要求、内容、方法及调研工作的具体安排等进行讲

解。在必要的情况下，还可讲授一些调研的基本知识，介绍一些背景材料等，采用这种培训方法，应注意突出重点、针对性强、讲求实效。这样的培训方法能让调研与预测人员了解和掌握到相关学科与行业最新的发展技术和方法，实现知识更新，促进业务水平的提高。

（2）模拟训练法。

人为地制造一种调研环境，由培训者和受训者或受训者之间分别装扮成调研者和被调研者，进行一对一的模拟调研，练习某一具体的调研过程。模拟时，要将在实际调研中可能遇到的各种问题和困难表现出来，让受训者做出判断、解答和处理，以增加受训者的经验。采用这种方法，应事先做好充分准备，模拟时才能真实地反映调研过程中可能出现的情况。这种培训方法尤其对缺乏相关工作经验、新入行的人员有显著的效果。

（3）分层培训法。

分层培训法也叫哈雷斯法，该方法是由经济学家哈雷斯从自身从事的市场调研与预测经验中总结出来的一种培训方法。

哈雷斯认为，按受训对象不同，可将受训人员分为监督员与访问员。监督员是较高级的调研与预测人员，他们要负责训练访问员，指导、监督与检查访问员的工作组织与控制调研进度。因此，对监督员的培训要求更严格、更全面。访问员是具体实施调研的人员，对他们的培训应侧重于活动能力与技巧方面。在培训方法上，有书面训练法和口头训练法两种：前者用于思维能力、分析能力、判断能力的训练，后者主要用于行为能力与应变能力的训练。

（4）以会代训法。

由主管市场调研的部门召集会议。有两种形式的会议：一是研讨会，主要就需要调研的主题进行研究，从拟定调研题目，到调研的设计，资料的收集、整理和分析，调研的组织等，对各项内容逐一研究确定；二是经验交流会，大家可以互相介绍各自的调研经验，先进的调研方法、手段，成功的调研案例等，以集思广益，博采众长，共同提高。采取以会代训方法，一般要求参加者具有一定的知识水平和业务水平。

（5）以老带新法。

这是一种传统的培训方法，是由有一定理论和实践经验的人员，对新接触调研工作的人员进行传、帮、带，使新手能尽快熟悉调研业务，得到锻炼和提高。这种方法能否取得成效，取决于带者是否无保留地传授，学者是否虚心求教。

（6）实习锻炼法。

即在培训者的策划下，让受训者到自然的调研环境中去实习和锻炼。这样能够将理论和实践有机地结合，在实践中发现各种问题，在实践中培养处理问题的能力。采用这种方法，应注意掌握实习的时间和次数，并对实习中出现的问题和经验及时进行总结。

## 第三节　市场调研的一般步骤

市场调研是一项较为复杂、细致的工作。为了确保各不同类型市场调研的质量，使调研工作有条理、高效率地进行，必须加强组织管理，建立一套系统科学的程序来安排调研工作。虽然不同类型的市场调研其程序不尽相同，但从最基本的层面分析，正式的市场调研大体上需要经过四个大的阶段：准备阶段、正式调研阶段、总结阶段和后续阶段，而每一个阶段又可分为若干个具体步骤。

### 一、准备阶段

准备阶段是市场调研工作的开始。准备工作是否充分，对后续的实际调研工作的开展和调研质量的好坏影响很大。准备阶段包括明确调研的主题和目标、调研的可行性分析和调研方案的设计及最终确定三方面的内容。

1. 明确调研的主题和目标

明确调研的主题和目标，是市场调研能够取得成效的重要条件。调研课题一般是根据企业预测、决策和计划的要求，或者是根据经营活动中发现的新情况和新问题而提出的。

2. 调研的可行性分析

无论是外部委托的调研与预测项目，还是内部组织的调研与预测项目，事前都需要做严谨的可行性分析与研究。例如，调研活动从技术角度看是否具有可行性；市场调研与预测机构从人力、物力、财力等方面是否具备承担活动的能力和条件；相关主题的调研活动是否有法律保障和是否有违社会道德准则等。

3. 调研方案的设计及最终确定

在选定市场调研主题和目标，并且具有调研的可行性之后，就可以进行方案的设计策划，这是确保市场调研取得成功的关键内容。市场调研必须事先编制详细周密的调研方案，为了提高调研方案的科学性、可操作性，还必须对方案进行可行性论证。最终为整个调研活动制定一个详细的、内容完整的策划书。

不管是企业内部还是外部的调研机构，在调研工作正式实施之前，都要进行市场调研方案设计。客观上不存在唯一最好的调研方案，相反，调研人员可以有多种选择。每一种选择都有优缺点，研究人员需要对此进行权衡。一般来说，主要是权衡调研成本和决策信息的质量。通常，所获得的信息越精确、错误越少，成本就越高。另外需要权衡的是时间限制和调研类型，这就要求调研人员在各种条件的约束下，向管理者提供尽可能好的信息。

## 二、正式调研阶段

正式调研阶段就是市场调研资料的收集阶段，也是整个市场调研过程中的关键阶段，对调研工作能否满足准确、及时、完整、节约等基本要求有直接的影响。

这个阶段包含两个大的步骤。

1. 事先培训

对调研人员进行培训，让调研人员理解调研计划，掌握调研技术和同调研目标有关的经济知识，解答调研人员对调研表和问卷的疑问，这是保证调研质量的一项重要措施。

2. 实地调研

调研人员在计划规定的时间、地点内收集有关资料，不仅要收集第二手资料（现成资料），而且要收集第一手资料（原始资料）。实地调研的质量取决于调研人员的素质、责任心和组织管理的科学性。

市场调研资料的收集阶段是调研者受种种外部因素制约而无法完全控制或掌握自己工作进程的阶段，市场调研的领导者和组织者在这个阶段要特别注意听取被调研者的意见，做好外部协调工作和内部指导工作，组织调研人员深入实际，按照最终的市场调研方案设计书的要求和调研工作计划的安排，有组织地、系统地、细致地收集各种资料数据。因此，要顺利完成调研任务，调研者就必须自始至终做好内外相关的协调工作。

外部协调工作主要包括两个方面：一是要紧紧依靠被调研单位或地区的有关组织，努力争取它们的积极支持和帮助，要尽可能在不影响或少影响它们正常工作的前提下，合理安排调研工作的任务和进程。二是要密切联系被调研的全部对象，努力争取他们的充分理解和合作。要尽可能与被调研者交朋友，绝不做损害他们利益或感情的事，绝不介入他们内部的任何矛盾，并在可能的条件下给予他们某些必要的帮助。另外，由于该阶段是调研者分散收集调研材料的阶段，要组织众多的调研人员按照统一的要求顺利完成收集材料的任务，就必须加强调研队伍内部的指导工作。市场调研的类型和方法不同，调研阶段的工作指导也不相同。但是，一般来说，在调研阶段的初期，应指导调研人员尽快打开调研工作的局面，注重调研人员的"实战"训练和收集材料工作的质量，为整个调研工作开一个好头。在调研阶段的中期，应注意总结和交流调研工作的经验，及时发现和解决工作中出现的新情况、新问题，特别是要采取得力措施，加强后进的单位和环节，促进调研工作的平衡发展，加快整个调研工作的进度。在调研阶段的后期，要狠抓收集材料的扫尾工作，同时要对调研资料进行严格的质量检查和初步整理工作，以便及时发现问题，就地补充调研。

在这个阶段，调研人员的接触面广，工作量最大，情况最复杂，变化最迅速，实际问题最多，指挥调度也最困难。因此，市场调研的领导者和组织者应亲临第一线，集中精力做好外部协调工作和内部指导工作，力求以最少的人力、最短的时间、最好的质量完成收集材料的任务。这个阶段的工作做好了，下一阶段的研究工作也就有了良好的基础。

### 三、总结阶段

在这一阶段，主要是做好所收集资料的分类、整理、统计分析并撰写调研

报告。

**1. 资料的整理与分析**

当收集资料完成后，首先要对这些资料进行分类、整理，去粗取精、去伪存真，由此及彼、由表及里，选取一切有关的、重要的资料，剔除没有参考价值的资料；然后对这些资料进行编组或分类，并进行相关的统计分析；最后把有关资料用适当的表格形式展示出来，以便说明问题或从中发现某种典型的模式。

**2. 撰写调研报告**

经过对调研材料的综合分析整理，便可根据调研目的写出一份调研报告，得出调研结论和建议。

### 四、后续阶段

虽然上一阶段提交了市场调研报告，提出了调研的结论和建议，但不能认为调研过程就此完结，还要继续进行追踪与反馈，了解该结论是否被重视和采纳、采纳的程度和采纳后的实际效果，以及调研结论与市场发展是否一致。只有这样，才能不断积累经验，改进和提高调研工作的质量。

在实际的市场调研工作中，上述四个阶段是互相衔接、缺一不可的，它们共同构成了市场调研的完整过程。

## 第四节 市场调研过程中的注意事项

市场调研的目的是为经营管理决策提供信息支持，为了提高市场调研的效率和信息的质量，市场调研过程应遵循以下原则和要求。

## 一、市场调研过程中应遵循的原则

1. 客观性原则

市场调研的座右铭是"寻求事物的本来状态,说出事物的本来面目"。市场调研必须实事求是,尊重客观事实。调研人员和调研机构应遵守职业道德。

2. 准确性原则

要求获取真实准确的信息,调研误差应尽可能小,调研数据真实可靠,调研结果的描述必须明晰准确,不能含糊不清、模棱两可。

3. 时效性原则

要求市场调研的信息收集、发送、接收、加工、传递和利用的时间间隔要短,效率要高。只有这样,才能提高市场调研资料的价值。

4. 全面性原则

要求调研项目尽量齐全,总括性数据与结构性数据齐全,内部信息与外部信息齐全,主体信息与相关信息齐全,横向信息与纵向信息相结合,等等,以便进行系统的分析和利用。

5. 经济性原则

要求选择恰当的调研方式方法,争取用较少的费用获取更多的调研资料,同时又能满足调研目的和要求。

6. 科学性原则

要求采用科学的方法去定义调研问题、界定调研内容与项目、设计调研方案、采集数据、处理数据和分析数据,为决策部门提供正确的信息。

## 二、市场调研过程中的基本要求

1. 端正指导思想

要树立为解决实际问题才进行调查研究的思想,注意防止那种为了某种特殊需要而内定的调研,或者带着事先想出的观点和结论去寻找相应的素材来验证的虚假调研。

2. 反映情况

对调查的结果,一是一,二是二,有则有,无则无,好则好,坏则坏,必

须讲真话。

### 3. 选择有效的调研方法

不管采用何种调研方法，一般都应综合考虑调研的效果和人力、物力、财力的可能性以及时间进度等。对某些调研项目，往往需要同时采用多种不同的调研方法，如典型调研，就需要交叉运用座谈会、访问法、观察法等多种方式。

### 4. 安排适当场合

安排调研的时间和地点时，要为被调研者着想，充分考虑被调研者是否方便，是否能引起被调研者的兴趣。

### 5. 注意控制误差

影响市场的因素十分复杂，调研过程难免产生误差，但是应将调研误差控制在最低限度，尽量保持调研结果的真实性。

### 6. 掌握谈话技巧

调研人员在调研访问时的口吻、语气和表情，对调研结果有直接的影响，因此特别需要讲究谈话技巧。

### 7. 注意仪表和举止

一般来讲，调研人员穿着整洁、举止端庄、平易近人，就容易与被调研者接近并进行交流，反之，则会使被调研者有疏远的感觉，不愿与调研人员接近。

### 8. 遵守纪律

遵守调研纪律，包括遵纪守法、尊重被调研单位领导的意见、尊重人民群众的风俗习惯、在少数民族地区要严格执行民族政策、注意保密和保管好调研资料等。

# 第七章 市场调研报告撰写

## 第一节 市场调研报告的重要性及特点

市场调研报告的撰写和呈递是市场调研工作中的最后环节，是整个市场调研工作最终成果的集中表现，也是衡量整个市场调研质量和水平的重要标志，更是市场调研实施人员将自己的成果向外界发布，与调研项目的委托者和使用者进行沟通的有效方式。对于企业来说，开展市场调研活动的目的就是把所获得的市场信息传递给决策者和领导者。因此，在进行了大量艰苦的市场调研研究之后，提交调研报告就成为整个调研过程中最重要的工作。

调研报告可以是书面报告形式也可以是口头报告形式，或者是两种相结合。无论提交何种形式的报告，其目的都是向报告的读者和听众介绍研究成果，实现双方之间的最佳沟通。但不同形式的报告在表达方式和技巧上有相应差距，因此要根据报告的特点，针对性地掌握撰写技巧和要求，这样才能达到最佳的沟通效果。

### 一、市场调研报告的形式

1. 市场调研书面报告

市场调研书面报告是最常用的报告形式。通过书面形式向读者介绍调研成果，一般要求达到三个目的：首先要让读者充分了解本次调查研究的目的和调研的基本过程；其次要提供相关的资料和数据来支持报告中的结论；最后要对

资料做出解释，使读者能够正确理解其含义。为了实现上述目的，在撰写书面报告时，要求思路清楚、结论明确，图表与文字解释相互对应，在正文中没有演示的各种原始数据要尽量收录在附录中。

2. 市场调研口头报告

在提交市场调研书面报告的同时，许多调研项目委托者还要求用口头形式对研究结果做出汇报。相对而言，口头报告是一种直接的沟通方式，对于听众有疑问的地方可以当面解答，其最大的特点是加快了与听众沟通交流的速度，因而特别受工作繁忙、时间紧迫的高层领导者的欢迎。书面报告与口头报告通常会结合起来运用。

## 二、市场调查报告的重要性

市场调研主体对调研活动最为关心的就是调研报告，从某种程度上讲，调研主体提出市场调研的直接目的就是获得市场调研报告，所以，市场调研报告的重要性显而易见。

1. 市场调研报告为企业经营决策提供客观依据

这是调研报告最主要的功能，市场调研报告是调研人员对大量一手资料和二手资料进行定性、定量分析的基础上，从感性认识上升到理性认识所形成的结果，它针对性强、简洁明了，是企业管理者科学决策的客观依据。

2. 市场调研报告有助于企业提高经营管理水平

一份好的市场调研报告能够使企业管理者清晰了解到企业在生产经营活动中存在的问题，策略实施的效果，行业的发展动态以及市场需求变化趋势，等等，帮助企业管理者认识和掌握企业营销活动的规律，调整经营策略，不断提高生产经营管理水平。

3. 市场调研报告能够发挥参考文献的作用，有助于历史资料的积累

市场调研报告作为企业营销调研结果，是经过审核、提炼、研究得出的综合材料，是对整个营销调研活动所了解内容的集中反映，是企业珍贵的历史资料。作为历史资料，它可能会被反复使用，从而实现其使用效果的扩大化。

4. 市场调研报告是衡量和反映市场调研活动质量高低的重要标志

市场调研报告应对已完成的场调研活动做出完整而准确的描述。这就决定

了调研报告必须详细，要完整地表达出市场调研的调研目标、调研方法及评价，以文字表格和形象化的方式真实地反映调研结果和建议等内容，对整个调研过程有总结性的作用。

### 三、市场调研报告的特点

1. 针对性

针对性是指市场调研报告应该针对不同的调研目的和不同的阅读对象安排报告的内容和形式。市场调研报告是为满足企业营销决策对信息资料的需要，在营销调研基础上形成的报告，无论是描述、评价还是意见和建议，都是为企业营销活动的开展而撰写的。而且每一份报告直接对应一项营销活动，如针对市场需求趋势分析，针对目标市场和细分市场，针对广告效果的收集，针对产品策略、价格策略的变化等，所以市场调研报告具有很强的针对性，对企业市场营销活动有十分重要的指导意义。

2. 真实性

市场调研报告是在占有大量现实和历史资料的基础上，用叙述性的语言实事求是地反映某一客观事物。充分了解实情和全面掌握真实可靠的素材是写好调研报告的基础。

3. 逻辑性

市场调研报告离不开确凿的事实，但又不是材料的机械堆砌，而是对核实无误的数据和事实进行严密的逻辑论证，探明事物发展变化的原因，预测事物发展变化的趋势，提示本质性和规律性的东西，得出科学的结论。

4. 定量性

定量性是市场调研报告最显著的特点，企业营销变化的情况总是以一定的量表现出来，研究企业营销发展变化的动向、趋势和规律，首先是从数量方面做起的。在企业市场调研中，对数据的收集、整理和分析占了很大比重，尽管它也有很多对客观情况的反映和主观推理，但主要还是要以一定的数量分析为基础，定量和定性相结合而进行的调研。因此，最终形成的调研报告在很大程度上是用数据说话，具有明显的定量性，没有数据分析就不成为市场调研报告，也正因为如此，一份市场调研报告里一定会有统计数据的相关图表。

5. 时效性

在当今高速发展的信息社会里，营销策略瞬息万变，市场机会稍纵即逝，企业决策者和营销策划人员都需要让自己的营销决策有前瞻性，掌握和驾驭市场的主动权，因此必须及时、准确地掌握市场信息。作为调研人员，必须及时将调研结果形成调研报告，迅速地提供给决策者，以便管理者适时做出决策。时效性在很大程度上决定了市场调研报告的使用价值。

6. 科学性

市场调研报告的科学性主要体现在三个方面：其一，调研报告撰写的前提是对事实的客观反映；其二，调研报告的撰写是建立在运用科学分析方法，对数据及各种情况进行充分的定性、定量分析基础之上的；其三，调研报告的科学性还表现在它不但客观地反映事实，而且还对事实做分析研究，揭示市场变化和企业经营活动的规律，这也是市场调研报告的科学价值所在。

## 第二节　市场调研报告的格式

### 一、撰写市场调研报告的基本原则与要求

1. 客观的态度

撰写市场调研报告要用客观的态度反映调研过程，避免主观意识和个人偏见，坚持从客观事实出发，切忌先入为主，为事先已有的主观定论找依据。市场调研报告的内容力求客观、真实地反映实际情况，为企业管理者决策提供可靠的调研材料。

2. 鲜明的观点

撰写市场调研报告态度一定要明朗，对材料的判断、定论、意见和建议，一是一，二是二，决不含糊。

3. 简练的语言

市场调研报告在语言表达上要力求文字简练、数字精确、图表一目了然。

4.严谨的结构

市场调研报告要中心突出,材料与观点统一,提出观点要有材料和数据的分析说明,列举材料要有观点;结构严谨,遵循一定的规则。

## 二、市场调研报告的格式与基本结构

尽管市场调研报告的格式会因为项目和读者的不同有所差异,但是调研报告要把信息传递给决策者的功能是不变的,因此在长期的商务实践中逐渐形成了调查报告的常规格式。当然,在实际运用中许多企业也会有具有自己特点的报告格式,不同的专著或者教科书也会对调研报告格式提出自己的建议。我们在此列出的写作格式是一种较为全面的常规格式,供各位读者参考。市场调研报告通常由以下几个部分组成,如表7-1所示。

表7-1 市场调研报告的格式

| | |
|---|---|
| 1. 标题页 | 5. 正文 |
| 1.1 调研报告的标题 | 5.1 调研的目的 |
| 1.2 调研报告的提交对象(调研项目的委托方) | 5.2 市场调研背景资料介绍 |
| 1.3 调研报告的撰写者 | 5.3 市场调研过程及方法说明 |
| 1.4 发布日期 | 5.4 提出结论 |
| 2. 前言 | 5.5 局限性 |
| 3. 目录表 | 5.6 意见与建议 |
| 4. 图表目录 | 6. 附录 |

1.标题页

标题页是指调研报告的封面,包括调研报告的标题、调研报告的撰写者、调研报告的提交对象、调研报告的发布时间。如果是企业内部调研,报告的提交对象是企业高层领导,报告撰写者通常是内设调研机构。如果是社会调研服务,报告的提交对象是调研项目委托方,报告的撰写者是提供调研服务的专业调研咨询机构。

调研报告的标题主要有两种构成形式:一种是公文式标题,由时间、调研对象和内容、文种名称组成,例如《关于2009年重庆市服装销售情况的调研报告》《2009年北京市居民对空调需求量的调查报告》。值得注意的是,实践中

常将市场调研报告简化为"调研"也是可以的;另一种是文章式标题,即用概括的语言形式直接交代调研的内容或主题,例如《全省城镇居民潜在购买力动向》。实践中,这类市场调研报告的标题多采用双题(正副题)的结构形式,更为引人注目,富有吸引力。例如《竞争在今天,希望在明天——全国洗衣机用户问卷调研分析报告》《市场在哪里——北京地区三蜂轻型客车用户调研》等。

2. 前言

前言是市场调研报告正文的前置部分,要求简明扼要、精炼概括。一般应交代出调研的目的、时间、地点、对象与范围、方法等与调研者自身相关的情况,也可概括市场调研报告的基本观点或结论,以便使读者对全文内容、意义等获得初步了解。然后用一个过渡句承上启下,引出主体部分。例如一篇题为《关于全市 2008 年电暖器市场的调研》的市场调研报告,其引言部分为:"××市北方调研策划事务所受××委托,于 2008 年 3 月至 4 月在国内部分省市进行了一次电暖器市场调研。现将调研研究情况汇报如下……"用简要的文字交代出了调研的主体身份、调研的时间、对象和范围等要素,并用一个过渡句开启下文,非常合乎规范。这部分文字务求精要,切忌啰唆冗杂,视具体情况,有时亦可省略这一部分,以使行文更趋简洁。

3. 目录表

调研报告因为篇幅比较长,所以通常都应该编写目录,以便读者能够快速查阅特定内容。目录包含报告所分章节以及相应的起始页码。通常只编写两个层次的目录,较短的报告也可以编写第一层次的目录,如表 7-2 所示。

表 7-2 调研报告目录示范

某市服装市场品牌竞争状况调研报告目录

| | |
|---|---|
| 1. 引言 | 2. 调研背景 |
| 3. 委托书 | 4. 调研目的 |
| 5. 调研方法 | 6. 总体说明 |
| 7. 问卷编制 | 8. 执行计划 |
| 9. 调研结果 | 10. 总体样本描述 |
| 11. 服饰品牌种类分析 | 12. 服饰品牌特征分析 |

4. 图表目录

如果调研报告中含有大量的图表，就需要在目录中包含一个图表目录，目的是帮助读者很快找到对一些信息的形象解释。在图表目录中，也许既有图1，也有表1，需要列出每一图表的名称，并按照在报告中出现的先后次序排列。如表7-3所示。

表7-3　图表目录示范

| 2008年全国搜索引擎市场调研报告图表目录 |
| --- |
| 图1.1 全体用户上网频率 |
| 图1.2 全体用户使用搜索的年份 |
| 图1.3 全体用户的搜索频率 |
| 图1.4 全体用户的搜索方式 |
| 表1.1 全体用户的总体年龄分布 |
| 图1.5 用户学生和非学生年龄对比 |
| 表1.2 全体用户的总体学历分布 |
| 图1.6 用户学生和非学生学历对比 |

5. 正文

正文是调研报告的主要部分，必须包括调查研究的全部事实，从研究的开始直到结论的形成及其论证都要包含进去。同时也要包括所有的资料，供决策人从调研结果中得出他们自己的结论，而不全部受到调研人员所作结论的支配。

正文的具体构成虽然各不相同，但是一般应该包括如下主要内容。

（1）本次调查研究的主要目的。

要求简要概述本次调研的目的，扣住调研中心，使有关人员对调研内容获得总体认识，或者提出人们所关注的通过调研认为需迫切解决的问题，以引人注目。

（2）调研方法的说明。

在报告正文中应简要介绍在调研过程中选用了哪些调研方法以及选择这些方法的原因，以说明调研报告的内容和结果的可信程度。例如：调研样本的抽选方法及其结构，调研问卷的发放方式及其回收率，各种访问方式的选择及其走访的人数，调研资料的来源，对调研资料进行加工、整理、分析的方法等。

总的来说要阐明以下五个方面。

①调研设计。需说明所开展的项目是属于探索性调研、描述性调研还是因果性调研，以及为什么使用这一特定类型的调研。

②资料收集方法。需说明采用一手资料还是二手资料，结果的取得是通过访问、观察还是实验。

③抽样方法。需说明目标总体是什么，抽样框如何确定，是什么样的样本单位，抽样数目是多少等。

④实地工作。需说明启用了多少名调研员，以及对他们如何进行监督管理，这一部分对于最终结果的准确程度十分重要。

⑤分析。需说明所使用的定量分析方法和理论分析方法。

（3）市场调研的背景资料。

对于有关市场方面的调研报告，其背景材料应该包括能影响企业销售记录的经济和社会的一般情况，如地理环境、气候条件、经济趋势、政治动向、文化环境、法律政策等，也包括市场规模、市场发展前景对产品销售潜力的影响，现有竞争者和他们在市场上的占有率，潜在顾客的消费习惯等。

（4）市场调研的结果。

结果在正文中占有较大篇幅，这部分报告应按某种逻辑顺序提出紧扣调研目的的一系列项目发现。发现结果可以以叙述形式表达，以使得项目更为可信，但不可过分吹嘘，在讨论中应该尽量配合一些总结性的表格和图像，通常用得最多的是饼形图和柱形图，这样可以更加形象化。

（5）局限性。

完美无缺的调研是难以做到的，所以，必须指出本次调研报告的局限性。讨论调研报告的局限性是为给正确评价调研成果以现实的基础。在报告中，将成果加以绝对化，不承认它的局限性，不是科学的态度。当然也没有必要过分强调它的局限性。

（6）意见和建议。

调研人员应在调研结果分析的基础之上，进一步提出建议，具体说明调研结果对公司的意义以及公司该采取哪些行动方案和指施。调研人员可以采取列举的方式，说明目前公司可以采用哪些措施及其所需要的费用和将会得到的结果，必要时，调研人员还可以对怎样选择最佳方案提出建议，当然建议的提出要有论证加以说明。

总之,正文是调研报告的主体,这部分内容要求具体深刻、层次分明、详略得当、逻辑严明、层层深入。通常采用的写作安排有:按调研顺序撰写,就调研的问题逐个阐述清楚;按照事物发生、发展、变化的过程撰写,如事物发生的时间、地点、原因、产生的作用及经验教训等,使之先后有序,条理清楚;把两种事物加以对比来撰写,给每个部分都加上小标题,使之脉络清楚。总之,在写这部分内容时应注意使用的调研材料一定要经过分析研究,集中概括,不能简单地堆砌,并注意一切结论都产生于调研情况的末尾,而不是它的开头。

6. 附录

任何一份技术性太强或太详细的材料都不宜出现在正文部分,而应编入附录,以便阅读者在必要的时候查阅。附录是有关市场调研报告内容的各种必要的参考资料,或者说它是调研报告论证、说明、分析的基本依据。每份附录都应有相应的编号,以便于翻阅和查找。市场调研报告的附录部分一般会包含如下内容。

(1)在报告正文中提及的各种统计表和统计图。
(2)作为事实调研资料来源的单位和个人名单与地址一览表。
(3)实地调研所使用的调研问卷副本以及对这份问卷调研目标的说明。
(4)介绍调研选定样本的详细资料。
(5)人员走访的谈话记录等材料。
(6)调研期间获得并存档的文件记录及内容

### 三、市场调研报告的写作要点

撰写市场调研报告最重要的是设计主题部分的内容,也就是确定调研报告的整体内容。撰写调研报告的人员应该掌握以下几个环节的设计技巧。

1. 良好的调研报告的基本要求

(1)调研主题突出,结构合理。

市场调研报告是根据调研目的和调研主题的要求,对大量市场信息情报资料进行收集、整理、分析的结果。因此,市场调研报告首先要根据调研主题的

要求，来安排报告的写作结构。要选择简明严谨而又有逻辑性的文体结构去集中反映有关的文案调研和实地调研的全部成果，一份良好的市场调研报告应该主题鲜明、结构清晰，给报告阅读者一个清楚的轮廓。

（2）文字流畅。

报告的行文要求自然、流畅，富有说服力。因为报告经常会提供给那些并不十分专业的人员参阅，如提供给那些具有一定决策权的某些政府部门的领导等，所以报告内容应尽量选用常见的和易懂的词句，避免使用晦涩冷僻的字和词，一些专业技术性较强的术语也要尽量少用。

（3）选材适当。

市场调研阶段的资料为市场调研报告的编写提供了丰富的论证依据。调研报告撰写人员在选用时应注意材料的内容与调研报告论述的内容切实相符，并力求材料准确无误，对那些关系不大的资料应毫不犹豫地进行割舍。

（4）重点突出。

在对市场调研主题的论述与说明过程中，问题的叙述要分轻重缓急，详略得当，对重要的问题要重点说明，在报告中可占有较大的篇幅和位置，也可以利用各种不同类型的图表来具体或突出说明报告中的重要部分，次要的问题可以一带而过，不必占用过多篇幅。

2. 市场调研报告起草过程

市场调研报告的起草顺序与其文体结构的顺序正好相反，即从准备有关的图表和附件入手，进而草拟报告正文，最后对报告其他部分进行整理。

在草拟调研报告正文之前，调研人员应对报告的文体结构、章节、段落有一个大概的写作思考框架，这需要反复的思考和构思才能形成。在起草时要条理性和系统性地集中阐明市场调研结论及其数据，注意突出重点，避免平铺直叙。报告草拟初稿形成后要认真审查，仔细进行修改，使报告更加完整和丰满。

3. 撰写报告要明确调研报告的阅读者

由于不同的阅读者掌握的信息不同，需要做出决策的性质不同，从而决定了他们需要了解的信息也不同。同时，不同的阅读者素质不同，也决定了他们兴趣上的差别，同样一份调研报告，提供给决策者和专家，着重的信息是不同的。如果是提供给决策者作为决策的依据，则可以着重描写"是什么""为什么会这样""如果……将会怎样"，以便他们尽快了解情况与原因，采纳自己的建议。而提供给专家评审的调研报告，由于专家对于事实情况、引发的原因都十分清楚，因此他们更关心的是报告中的结论是通过什么方法分析后得出的。

4.图表使用

调研报告的撰写要充分利用各类图表的功能。因为图表不仅可以向阅读者提供一个简明系统的资料，而且可以使阅读者迅速地利用图表进行直观的对比和分析，一目了然地了解调研工作的成果。使用图表相对于使用文字，在说明市场现象某种数量关系及其变化趋势等问题上，可以收到更为明显的效果。

在使用图表时应该注意以下问题。

（1）图表中所包括的内容不能过度烦琐，因为使用图表的目的就在于使各种有关的数字资料能够得到简单系统的说明。

（2）图表反映的内容或结构设计必须明白易懂、一目了然，同时也可以适当地附加脚注，尽量避免产生误解。

（3）准确标明图表中有关栏目的名称和使用的计量单位，还应该注明资料的来源。

（4）图表所载录的资料必须按一定的顺序排列，或按高低次序，或按数值大小次序，或按地区等。

（5）图表所列的资料应尽量完整和准确，一般在使用百分比或者指数时，最好同时给出绝对数值资料，以便于读者独立思考和正确分析，同时，为了方便阅读，要尽量选用整数。

## 四、撰写调研报告应该注意的问题

1.实事求是

市场调研是为了揭示事情的真相，在研究过程中要求实事求是，按照严格的程序进行科学的研究，极大地克服个人偏见和主观影响，因此，作为市场调研结果的调研报告也必须真实、准确，要以实事求是的科学态度。准确而全面地总结和反映调研结果。这就要求市场调研报告所使用的信息资料必须符合客观实际，不能有任何虚假的内容。同时，要注意信息资料的全面性，避免因结论和建议的片面性对决策者面造成误导。

2. 重点突出

市场调研报告的内容编排应该密切结合调研主题，重点突出调研目标的完成和实现情况，一份高质量的调研报告既要具备全面性、系统性，又要具备针对性和实用性。因此，在编写调研报告时必须对信息资料进行严格分类和筛选，剔除一些无关资料。

3. 篇幅适当

市场调研报告的价值需要以质量和有效性度量，而非篇幅的长短。因此，在撰写调研报告时，应根据调研目标和调研报告内容的需要确定篇幅的长短。市场调研阶段积累的大量信息资料非常珍贵，但是全部纳入调研报告中必然会使报告过于冗长，因此，调研报告篇幅的长短、内容的取舍和详略都要根据具体需要确定。

4. 注意市场调研报告的保密性

市场调研报告的保密，是指对涉及企业商业秘密和被调查者的个别资料防止泄露的一种管理。应当依法处理，不得损害企业、被调研者的利益和合法权益。

## 第三节 市场调研报告的写作技巧

### 一、撰写市场调研报告的四个技巧

要撰写一份优质的市场调研报告，还需要掌握相应的写作技巧。市场调研报告的写作技巧主要包括表达、表格和图形表现等方面的技巧。表达技巧主要包括叙述、说明、议论、语言运用四个方面的技巧。

1. 叙述的技巧

市场调研报告的叙述主要用于开头部分，叙述事情的来龙去脉，表明调研的目的和根据、过程和结果。此外，在主体部分还要叙述调研是如何执行的。市场调研报告常用的叙述技巧有概括叙述、按时间顺序叙述、叙述主体的省略。

（1）概括叙述。

叙述有概括叙述和详细叙述之分。市场调研报告主要采用的是概括叙述，将调研过程和情况加以概略地陈述，不需要对事件的细枝末节详加铺陈。这是一种"浓缩型"的快节奏叙述，文字简约，一带而过，给人以整体、全面的认识，以适合市场调研报告快速及时反映市场变化的需要

（2）按时间顺序叙述。

按时间顺序叙述是指在交代调研的目的、对象、经过时，往往使用按时间顺序叙述的方法，次序井然，前后连贯。如开头部分叙述事情的前因后果，主体部分叙述市场的历史及现状，就体现为按时间顺序叙述。

（3）叙述主体的省略。

市场调研报告的叙述主体是撰写报告的单位，叙述中常使用"我们"第一人称。为行文简便，叙述主体一般在开头部分中出现后，在后面的各部分即可省略，并不会因此令人误解。

2. 说明的技巧

市场调研报告常用的说明技巧有数字说明、分类说明、对比说明、举例说明等。

（1）数字说明。

市场运作离不开数字，反映市场发展变化情况的市场调研报告，要运用大量数据，以增强调研报告的精确性和可信度。但是调研报告中数字的应用不是简单地罗列，而是技术性地将数字运用得恰到好处。比如利用图表就比罗列数字的效果要优越。

（2）分类说明。

市场调研中所获材料往往杂乱无章，根据主旨表达的需要，可将材料按一定标准分为几类，分别说明。例如，将调研来的基本情况，按问题性质归纳成几类，或按不同层次分为几类。在每类前面冠以小标题，按提要句的形式表述。

（3）对比说明。

市场调研报告中有关情况、数字说明，往往采用对比形式，以便全面深入地反映市场变化情况。对比要清楚事物的可比性，在同一标准的前提下，做切合实际的比较。对比说明常用的方法是横向对比和纵向对比，横向对比可以反映事物间的差异，而纵向对比则可以展现事物的发展规律。

（4）举例说明。

为说明市场发展变化情况，举出具体、典型事例，这也是常用的方法。市场调研中，会遇到大量事例，应从中选取有代表性的例子。

3. 议论的技巧

市场调研报告常用的议论技巧有归纳论证和局部论证。

（1）归纳论证。

市场调研报告是在占有大量材料之后，进行分析研究，得出结论，从而形成论证的过程。这一过程主要运用议论方式，所得结论是从具体事实中归纳出来的。

（2）局部论证。

市场调研报告不同于议论文，不可能形成全篇论证，只是在情况分析、对未来预测中做局部论证。比如可以对市场情况从几个方面做分析，每一方面形成一个论证过程，用数据、情况等作为论据去证明其结论，形成局部论证。

4. 语言运用的技巧

市场调研报告的语言运用技巧包括用词方面和句式方面的技巧。

（1）用词方面。

市场调研报告中数量词用得较多，因为市场调研离不开数字，很多问题都要用数字来说明。可以说，数量词在市场调研报告中以其特有的优势，越来越显示出其重要作用。市场调研报告中介词用得也很多，主要用于交代调研目的、对象、根据等方面，如"为、对、根据、从、在"等。此外，还会经常用到一些专业词，以反映市场发展变化，如商品流通、经营机制、市场竞争等。为使语言表达准确，撰写者还需熟悉与市场有关的专业术语。

（2）句式方面。

市场调研报告多用陈述句，陈述调研过程、调研到的市场情况，表示肯定或否定判断。祈使句多用在提议部分，表示某种期望，但提议并非皆用祈使句，也可用陈述句。

## 二、撰写市场调研报告需要注意的问题

1. 篇幅不代表质量

撰写市场调研报告时常见的一个误解是："报告越长，质量越高。"通常经过对某个项目几个月的辛苦工作后，调研者希望告诉读者他所掌握的一切信息，结果将所有的过程、证明和结论都放到了报告中，导致报告"信息超载"。调研的价值不是用报告的长短来衡量的，而是以质量和效率来度量。调研报告应该是精炼的，任何不必要的东西都应省略。

2. 解释不充分

在进行资料的解释时，要注意解释的充分性和相对准确性。解释充分是指利用图表说明时，要对图表进行简要、准确的解释；而解释相对准确是指在进行数据的解释时，尽量不要引起误导。例如"有65.32%的被调查者偏好我们的产品"，这种陈述会让人觉得这个数字是非常精确的。此外，还应注意，对于名义量表和顺序量表不能进行四则运算，对等距量表只能进行加减，不能进行乘除运算，只有比率量表才能进行加减和乘除。

3. 过度使用定量技术

定量技术的合理使用可以提高调研报告的准确性，但是过度地使用定量技术会增加对报告阅读者统计知识的要求，降低报告的可读性。显然，不是所有的管理人员都精通数理统计方法，而报告撰写人员的工作是要将统计图表以通俗易懂的方法展现出来。

4. 所提建议必须切实可行

调研报告的结论和建议部分需要说明调研获得了哪些重要结论，根据调研结论建议应该采取哪些措施。

结论是针对调研前所提出的问题所做的明确答复，所以在做出结论时必须要引用相关背景资料和对调研结果加以解释和论证。建议是针对调研获得的结论提出可以采取哪些措施、方案或具体行动步骤，大多数建议应当是积极的、少用否定性的建议。肯定的建议如"加大广告投入""将广告理性诉求为重点变为感性诉求为主"等，否定的建议如"应立即停止某一广告的刊播"。使用否定建议只叫人不做什么，并没有叫人做什么，所以应尽量避免使用。

纽约地区的调研人员约翰曾谈起他为美国一家最大的糖果制造商精心准备

的长达 250 页的报告（包括图表和统计数据）的故事。在经历了大约 6 个月的艰苦调研后，约翰直接向公司 3 名最高决策者口头汇报。他信心百倍，自以为他的报告中有许多重大发现，包括若干个可开发的新细分市场和若干条产品理念方面的创意。

然而，在听了一个小时的充满事实、数据和图表的汇报后，糖果公司的总经理站起来说道："打住吧，约翰！我听了一个多小时枯燥无聊的数字，完全给搞糊涂了，我想我并不需要一份比字典还厚得多的报告。明天早晨 8 点前务必把一份 5 页纸的摘要放到我的办公桌上。"说完就离开了房间。由此，约翰遇到了将使其整个职业生涯都受益的一个教训。

## 第四节　市场调研报告撰写实例

### 北京×××微波食品调研报告

委托方：北京×××餐饮有限责任公司

撰写人：××、××、××

日　期：××××年××月××日

目　录

一、调研背景

二、调研目的和假设

三、调研范围和对象

四、调研的主要内容

五、调研方法

六、调研结果

七、结论与建议

## 一、调研背景

北京×××餐饮有限责任公司是北京市政府早餐工程项目的五家中标企业之一。公司以净化北京早餐市场、倡导健康消费新时尚、调整市民饮食结构为己任,通过连锁实现规模经营;以市场为导向,按照工业化、标准化、工序化、集约化、系列化的原则,研制开发大众化的营养均衡的系列产品,为广大的市民提供营养、卫生、快捷、实惠的食品和完善的服务。

公司早餐产品以"方便快捷,享受健康"为宗旨,在传统的中式早餐的基础上,结合西式早餐、各种特色小吃、休闲海产品、绿色健康食品、营养套餐、熟食等系列产品,确定了六大系列、80余个品种的产品组合。在价格方面坚持面向大众、兼顾中高的原则;在网点建设上坚持商场、餐车、店面结合的原则;在经营形式上坚持早、中、晚三结合;在店面经营面积上坚持大、中、小相互结合,形成立体式的餐饮经营服务网络。

公司计划在3~5年内,逐步发展建设2000个以上的网点,同时开展各种附加服务,深入拓展潜力巨大的市场,从而进一步提升×××的品牌价值。

近年来,生活节奏越来越快,人们生活方式的重要特点之一就是快捷、方便。微波食品作为一种快捷方便食品,在北京是新鲜事物,能够创造一种新的生活方式,只要得到市民的认可,市场潜力巨大,成为当前公司为开拓市场而计划开发的新产品。微波食品是一种什么食品呢?顾名思义,就是能够用微波炉进行加工成熟,直接食用,营养价值不会减少的食品。在开展一项新的业务之前,进行市场调查与分析,可以摸清市场的状况和需求,从而达到有效定位、有效科研、有效生产、有效分销、有效竞争和有效服务。针对微波食品,公司需要摸清潜在的消费者是什么样的?人们认为的微波食品同企业的理解是否有偏差?消费者接受度的预期有多大?消费者是否愿意购买,为什么?影响消费者购买的因素是什么?产品销售的渠道有哪些?产品定位是什么?购买场地如何?微波食品应达到什么质量标准?保鲜的措施有哪些?消费者接受的价格水平如何?销售模式能否采取加盟的形式?加盟者能接受的加盟费多少适宜?潜在消费者的活动区域与公司的布点设想是否一致?为此,我们和北京×××餐饮有限责任公司共同设计组织了这次有关微波食品的市场调研活动。

## 二、调研目的和假设

通过本次调研,了解以下内容,达到以下主要和次要目的,并通过一些假设进行有关微波食品需求程度的分类。

(一)调研总目的

通过这次调研,主要了解现代上班族、大中专院校学生、写字楼工作人员(中午用餐)、商场和超市消费者的消费习惯,判断他们对微波食品的需求程度及该产品的市场大小。

(二)具体目的

1.预测人们对微波食品的认识程度

假设:第一,市民没有听说过微波食品,但有对微波食品这种饮食方式的需求;第二,大多数市民偶尔听说过微波食品,有尝试的欲望,认为是一种时尚;第三,市民对微波食品初步消费后比较满意,有进一步的消费欲望,并推荐给了亲友。

2.预测人们对微波食品的消费程度

假设:第一,四类顾客早餐食用微波食品;第二,四类顾客早、午餐食用微波食品;第三,四类顾客早、中、晚餐食用微波食品。

3.预测人们对微波食品的价格、质量、味道的感觉

假设:第一,价格低、质量一般、味道一般;第二,价格中等、质量较好、味道较好;第三,价格高、质量好、味道鲜美。

4.预测与其他饮食方式尤其是快餐相比的竞争力

假设:第一,产品好、跟进者少、卖得快、竞争力强;第二,产品一般、跟进者少、卖得较好,竞争力较强;第三,产品一般、跟进者少、卖得一般、竞争力不强;第四,产品一般、跟进者多、卖得一般、竞争力差。

5.预测节日时微波食品作为家庭礼品的消费趋势

假设:第一,节日时,人们一般不作为赠送亲友的礼品;第二,节日时,人们偶尔作为赠送亲友的礼品;第三,节日时,人们经常作为赠送亲友的礼品。

6.预测未来微波食品产品品牌为×××企业品牌带来的美誉度

假设:第一,市民对微波食品由满意发展到不断地赞誉;第二,市民由对

微波食品的赞誉发展到对×××企业的赞誉；第三，市民由对×××企业的赞誉发展到想加盟投资。

## 三、调研范围和对象

1. 调研范围

（1）重点区域：北京市八大城区。

（2）非重点区域：北京市的卫星城和新城。

2. 调研对象

（1）现代上班族，即早晚在家用餐、中午在公司用餐的职业上班族。

（2）大、中专院校的学生。

（3）商场和超市消费者。

## 四、调研的主要内容

这次调研主要包括以下几个层面。

1. 消费者层面

（1）潜在的消费者构成。

（2）北京消费者现代生活方式。

（3）消费者的接受度。

（4）消费者购买意愿及其原因。

（5）影响消费者购买的因素。

2. 产品层面

（1）产品销售的渠道。

（2）产品定位。

（3）产品购买场地。

（4）微波食品应达到的质量标准。

（5）微波食品保鲜的措施。

（6）消费者接受的价格水平。

3. 经营模式层面

（1）销售模式是采取加盟还是直营。

（2）加盟者能接受的加盟费数量。

（3）潜在消费者的活动区域与公司的布点设想。

4.国家政策、法律层面

利用统计局、商业局、工商局、行业协会、著名餐饮企业的统计资料，了解北京地区的人口情况、经济发展水平；了解国家、地方有关的政策、规定、限制或鼓励措施；对微波食品销售与地区经济、人口数量、人口迁移做比较研究；掌握快速食品销售的渠道、经销商数量等。

为此，这次市场调研问卷共设计了27个问题，其中有关微波食品的22个，有关受访者背景资料的5个，内容基本涵盖了以上4个层面，以便于我们进行相关的调研。

## 五、调研方法

1.调研方式和方法

这次微波食品的调研主要采用抽样调研的方式。首先，我们对样本进行了分配。计划调研的样本数为2000人，被调研者是现代上班族、大中专院校学生、写字楼工作人员（中午用餐）、商场和超市消费者共4类人群，分别为500人。其次，我们对样本进市行了布点。城区主要包括方庄、女人街、霄云路、双柳小区、上地、王府井、蓝鸟大厦、宣武区、劲松、大望路、海龙大厦等地点；城市郊区主要包括双桥、顺义、密云鼓楼、房山良乡、天通苑、管庄、通州北苑、亦庄、望京等地点。

调研方法采用街头拦截式访问法与入户访问法。

我们首先对参与这次调研活动的工作人员进行了培训，培训内容主要包括微波菜肴介绍、调研问卷的目的、调研问卷的要求、目标对象的选择、填写问卷的要求、调研时所用的语言以及调研时应注意的问题等方面。其次将调研工作人员进行了分组，2~3人一组，每组按就近原则负责调研上述一个区域，每人负责完成25份问卷。同时，为了调研能够顺利进行，还为受访者准备了小礼品。

2.调研数据分析方法

（1）审核问卷。检查回收的调研问卷是否齐全，有无重复、遗漏，保证记录的一致性和统一性。

（2）分组整理。对经过审核的问卷，分别归入适当的类别，根据调研问卷中的问题，进行预先分组分类。

（3）统计分析。对于分组整理的信息，计算相应的频数与百分比，做出所需的表格与分析图。

## 六、调研结果

此次调研共收回有效问卷1848份。通过对这些问卷的整理分析可以看到，目前北京地区针对微波食品呈现出以下几方面的特点和趋势。

1.北京地区居民对微波食品的接受程度很高，市场发展空间巨大，具有潜在的市场

调研数据显示，有86.98%的居民愿意接受微波食品，只有11.30%的居民不接受微波食品（见图7-1）。而且，如果微波菜肴的价格低于饭店同等菜肴价格，有近90%的居民表示会购买。如果在居所附近有一个微波菜肴厨房，会有87.31%的人们愿意从中购买微波菜肴。由此可以看出微波食品的销售市场发展空间巨大，存在着很大的潜力。

2.选择微波食品时，居民最关注的是食品安全，其次是价格和口味

通过调研发现，居民在购买食品时，考虑最多的因素是食品安全，即食品的生产日期和保质期，比例占61.95%，其次是价格因素，比例占17.76%，如图7-2所示。

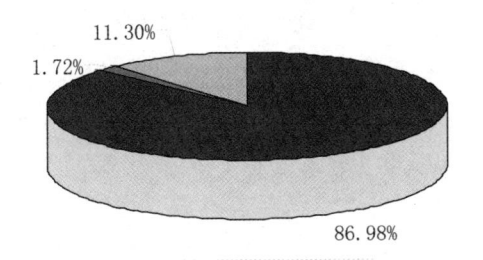

图7-1　北京地区居民对微波食品的接受度

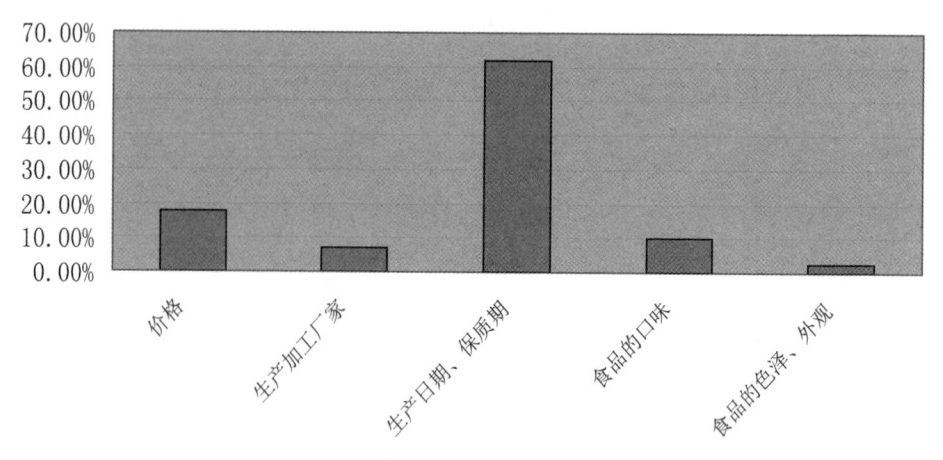

图 7-2 购买微波食品时考虑的因素

而居民认为微波食品应该具备的条件中，口味好占到了 63.91%。在口味偏好上，喜欢清淡口味的居民占 32%，喜欢香辣口味的占 28%，喜欢浓厚口味的占 22%，喜欢生鲜口味的占 18%，如图 7-3 所示。

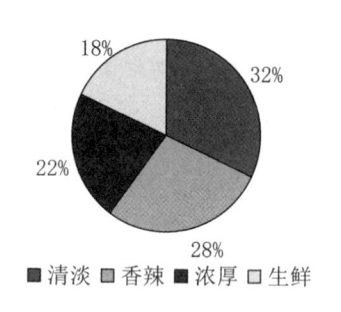

图 7-3 顾客喜欢的口味所占比重

3.在保证食品安全的基础上，居民偏好价廉的微波食品

有 50.46% 的居民在购买微波菜肴时能接受的价位是 4~7 元，有 35.53% 的居民能接受 8~10 元的价格，只有 1.78% 的居民表示能接受 15~20 元的微波食品，如表 7-4 所示。居民能接受的微波食品的平均价格是 7.81 元。这说明居民在选择食品时，物美价廉依然是根本原则。

表 7-4  购买价格分布

| 购买微波菜肴时能接受的价位 | 比重 |
| --- | --- |
| 4~7元 | 50.46% |
| 8~10元 | 35.53% |
| 10~15元 | 12.23% |
| 15~20元 | 1.78% |

4.大多数居民是在超市中选购食品,其次是便利店

从图 7-4 中我们可以看出,有 62.28% 的居民通常选择在超市购买食品,有 36.47% 的居民通常在便利店购买食品。而且,我们在进一步的调研中发现,在购买微波菜肴地点的选择上,有 43.19% 的居民选择超市的专卖场,有 24.81% 的居民选择便利店。由此说明,销售微波食品的场所应首选在超市,便利店可作为进一步推广微波食品的场所。

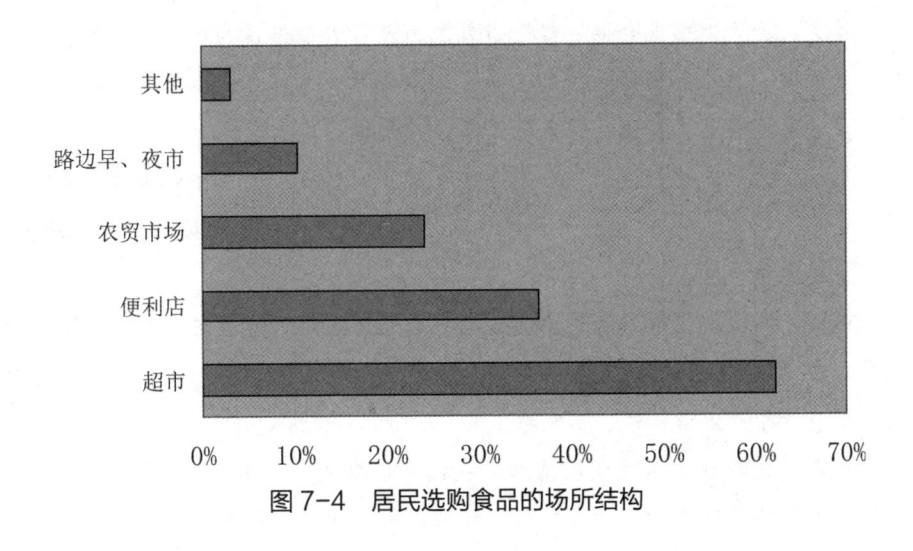

图 7-4  居民选购食品的场所结构

5.加盟的形式推广微波食品有一定的可行性

调研数据显示,有 40% 的北京居民表示有兴趣并愿意加盟微波食品店。在这些居民当中,有 76% 的居民愿意投资 5 万元加盟,有 20% 的居民愿意投资 5~10 万元加盟微波食品店。由此说明,只要加盟的条件合理、优惠,以加盟店的形式销售和推广微波食品潜力巨大。

由以上的调研数据分析不难看出，对于微波食品这种新兴的快捷方便食品，北京地区居民的接受程度很高，只要公司推出符合消费者需要的微波食品，其市场潜力将十分巨大。

## 七、结论与建议

通过此次关于微波食品市场的调研活动，我们收集到有关微波食品市场的大量第一手信息，初步摸清了市场的状况和需求，并对所收集的大量信息经过进一步的数据处理分析，得出如下结论与建议。

第一，近年来，随着生活节奏的不断加快，快捷方便的食品已成为越来越多消费者的需要。微波食品作为一种新兴的快捷方便食品，可为广大消费者接受。大多数消费者认为微波食品虽然是新鲜事物，但能够创造一种新的生活方式。因此，微波食品的市场潜力巨大，其市场前景一片大好。

第二，为了使微波食品一经上市就成为消费者信得过的产品，公司在推出微波食品时，首先要保证食品的安全，采用合理的保鲜方式，保质、保鲜，同时注重食品的营养、健康、绿色环保等，并兼顾多种口味。

第三，为了能使微波食品摆上寻常百姓家的餐桌，公司在对微波食品定价时应在市场需求的基础上充分考虑消费者的接受能力，在保证质量的基础上，做到价格定位合理。

第四，调研中了解到高达98%的消费者希望在超市或者便利店中选购微波食品，由此说明，销售微波食品的场所，应首选在超市、便利店，使消费者对购买微波食品产生信任感、安全感。

总之，通过这次市场调研活动，我们可以看到，北京×××餐饮有限责任公司为开拓市场而计划开发的微波食品，得到了广大消费者的认同，公司应积极开展深入的研究，从产品自身的品质入手，让消费者信得过，这样消费者才能接受这个新生事物。公司应根据这次市场调研的数据结论，合理制定相应的政策，如微波食品应达到的质量标准、产品销售的渠道、保鲜的措施、消费者接受的价格水平等。公司还应继续深入拓展潜力大的市场，从而进一步提升×××的品牌价值。

# 第三篇

# 市场调研主管技能应会

# 第八章　市场调研问卷设计与使用技能

## 第一节　问卷的特点和分类

问卷又称调查表，它是以书面的形式系统地记载调研内容，了解调研对象的反应和看法，以此获得资料和信息的一种工具。采用问卷法调研收集市场资料与情报具有较显著的优点，因此在调研实践中获得广泛的应用。

### 一、问卷的特点

问卷作为一项重要的调研工具，它有如下几个主要特点。

1. 标准性

即问卷内容是由统一的问题、统一的备选答案、统一的回答形式所组成的。对所有的被调研者适用同一种调研问卷进行标准式的询问调研是问卷调研的主要特点。使用标准性的问卷调研收集资料，一方面能够避免因不同调研人员随意询问而导致所获得的回答和资料杂乱无章的问题，另一方面确保了收集到的资料是标准与系统的，可以进行统计处理，有利于进行定量分析。

2. 匿名性

即调研问卷一般不要求被调研者在问卷上署名，目的是免除被调研者在回答问题时的顾虑，尤其是涉及一些敏感性、威胁性与个人羞于外露的问题时，匿名性能够在一定程度上保护被调研者的个人利益，也能够较可靠地获得被调研者的真实回答，保证调研收集到的资料真实可靠。

3. 通俗性

调研问卷往往是以特定群体的人员为调研对象而设计的有问有答的书面调研表，由于被调研群体中人员的水平参差不齐，因此，无论是问卷设计的问题，还是为问题预设的备选答案，在表述上都要尽量做到通俗易懂，避免使用过多的生词。

## 二、问卷的分类

1. 按照问题答案的结构划分

（1）结构式问卷。

结构式问卷又称为标准式问卷、封闭式问卷，是按照调研目的和内容精心设计的具有一定结构的问卷，问卷中的问题是按一定的提问方式和顺序进行安排的。不仅设计出了一系列的问题，还事先设计了各种可能的答案，让被调研者按照要求从中进行选择。

（2）无结构式问卷。

又称开放式问卷。无结构式问卷中所提到的问题，没有在组织结构中加以严格的设计与安排，只是围绕研究目的来提一些问题。调研者在实施调研时，可根据实际情况适当变动问题和顺序。或者在问卷中设计了询问的问题，但不设置固定的答案，可以使被调研者自由地用自己的语言来回答和解释有关想法。此种问卷适用于较小规模的深层访谈调研。

（3）半结构式问卷。

又称半封闭式问卷，介于以上两者之间，即在问卷中事先设计了部分询问的问题和固定的答案，还有部分由被调研者自由发挥。

2. 根据市场调研中使用问卷的方法划分

（1）自填式问卷。

自填式问卷是指由调研者发给（或邮寄给）被调研者，由被调研者自己填写的问卷。

（2）访问式问卷。

访问式问卷是指由调研者按照事先设计好的问卷或问卷提纲向被调研者提问，然后根据被调研者的回答进行填写的问卷。

一般而言，访问式问卷要求简便，最好采用两项选择题进行设计；而自填式问卷由于可以借助于视觉功能，在问题的设置上相对会更加详尽、全面。

3. 根据问卷的发放方式划分

根据问卷发放方式的不同，可将调研问卷分为送发式问卷、邮寄式问卷、报刊式问卷、网上访问式问卷、电话访问式问卷和人员访问式问卷六种。其中前四种大致可以划归到自填式问卷范畴，后两类则属于访问式问卷。

## 第二节　问卷的结构与设计过程

### 一、问卷的基本结构

尽管针对不同主题的调研而设计的问卷在内容、题型、版式等方面会有所差异，但在结构上问卷一般由下列几个部分组成：问卷的标题、问卷说明、填写要求、甄别内容、主体内容、编码、必要的注明、被访者基本情况。

1. 问卷的标题

问卷的标题是对调研主题的高度概括，即调研表的总标题，一般位于问卷表的上端居中。问卷的名称应简明扼要，概括专项调研的主题，以使被调研者明确主要的调研内容和调查目的，并易于引起回答者的兴趣。例如标题可以设计为"关于某市葡萄酒市场情况的问卷调研""我与住房——某市居民住房状况调研""关于普通商品房消费需求的调研"等，而不是简单采用"调研问卷"这样的标题，它容易引起回答者因不必要的怀疑而拒绝。

2. 问卷说明

问卷说明又称为前言或引言，它一般是以信函的形式对调研的目的和意义、指标解释、调研须知以及有关事项进行的说明。问卷说明一般放在问卷开头，通过它可以使被调研者了解调研目的，清除顾虑，并按一定的要求填写问卷。问卷说明可采取以下两种方式：一是比较简洁、开门见山的方式；二是在问卷说明中进行一定的宣传，以引起调研对象对问卷的重视，如涉及需为被调研者保密的内容，必须指明予以保密、不对外提供等，以消除被调研者的顾虑。

3. 填写要求

又称为填表说明，是对填表的要求方法、注意事项等的总的说明，一般是以文字和符号对要作答的题目提出要求，也可单独进行统一的说明，并放在问卷说明之后或正式调研问题之前。

4. 甄别内容

甄别内容是指通过设计一些问题先对被调研者进行过滤，筛选掉不符合条件的被调研者，然后得到满足条件的调研对象。例如，有的公司将在本市连续居住 5 年以上者确定为调研对象，就需要询问对方在本地的居住时间等，只有在确定对方属于合格的调研对象后，才能开始正式的主题内容调研。

另外，还可利用甄别内容排除一些可能会给调研活动带来不利影响的因素，主要包括与调研内容在职业上有关联的调研者，曾经接受过调研的人士（职业受访者），以及可能在调研活动中提供虚假信息的其他人士或情况。例如，进行关于洗涤用品的调研时，会在问卷开头的地方，询问对象是否属于美容行业的从业人员，调研对象的家属中是否有洗涤用品的生产厂家或者销售机构的工作人员，如果有以上情况之一，应该停止调研。

5. 主体内容

调研的主体内容是研究者所要了解的基本内容，也是调研问卷中最重要的部分。它主要是以提问的形式提供给被访问者，这部分内容设计的质量直接影响着整个调研的价值。

主体内容一般包括以下四个方面。

（1）人们的行为，包括被调研者本人的行为或通过被调研者了解他人的行为。

（2）人们的行为后果，例如对开征利息税社会效应开展专项调研，就要对被调研者调研开征利息税后对其实际收入的影响、开征利息税后将如何处置在银行的存款等。

（3）人们的态度、意见、感觉、偏好等，例如人们接触媒介的习惯、购物的习惯、对商品品牌的喜好等。

（4）征询被调研者关于该次调研活动的一些意见，通常采用开放式问题征

询被调研者的意见和建议，例如："对您花费宝贵时间配合本次调研活动，我们再次表示由衷的感谢！最后，您对本次调研活动有什么意见和建议？"

6. 编码

是指对问卷中的问题（题目）与答案用数字所表示的代码。大多数市场调查问卷均需加以编码，以便分类整理，易于进行计算机处理和统计分析。所以，在问卷设计时，应确定每一个项目的编号并为相应的编码做准备，与此同时，每份问卷必须要有编号，即问卷编号，此编号除了顺序号以外，还应包括与该样本单位有关的抽样信息。

7. 必要的注明

该部分一般放在问卷的最后，也可放在问卷说明之后，通常是简短的几句话，对被调研者的合作表示真诚的感谢；也可以稍长一些，顺便征询一下对问卷设计和问卷调研本身有何感受；还可以包括调研员的姓名、访问日期、访问时间、对被访问者回答的评价等基本内容。

8. 被访者基本情况

该部分主要是说明被调研者的一些主要特征，包括被调研者的性别、民族、职业、收入、文化程度、婚姻状况、家庭人口等。有的问卷还要求写出被调研者的姓名、地址和联系电话等，以便于审核和进一步追踪调研。但对于一些涉及被访者隐私的问卷，上述内容则不宜列入，应征得被访者同意后方可。

## 二、调研问卷的设计过程

调研问卷的设计是围绕着特定调研主题而完成一份完整的调研问卷的活动过程，是一项专业性要求较高的工作。问卷是询问调研法的重要工具，问卷设计的质量对询问调研的效果有着重要的影响。

1. 准备阶段

在这一阶段，主要是根据调研主题的范围和调研项目，将所需问卷资料一一列出，分析哪些是主要资料，哪些是次要资料，哪些是调研的必备资料，哪些是可要可不要的资料，并分析哪些资料需要通过问卷来取得，需要向谁调研等，对必要的资料加以收集。同时要分析调研对象的各种特征，即分析了解各被调研对象的社会阶层、行为规范、社会环境等社会特征，文化程度、知识水平、理解能力等文化特征，需求动机、行为等心理特征，以此作为拟定问卷的基础。在准备阶段，应充分征求有关人员的意见，以了解问卷中可能出现的问题，力求使问卷切合实际，能够充分满足各方面分析研究的需要。可以说，问卷设计的准备阶段是整个问卷设计的基础，是问卷调研能否成功的前提条件。

2. 初步设计

在准备工作的基础上，设计者就可以根据收集到的资料，按照设计原则设计问卷初稿。主要是确定问卷结构，拟定并编排问题。在初步设计中，首先要标明每项资料需要采用何种方式提问并尽量详尽地列出各种问题，然后对问题进行检查、筛选、编排，设计每个项目。对提出的每个问题，都要充分考虑是否有必要，能否得到答案。同时，要考虑问卷是否需要编码，或需要向被调研者说明调研目的、要求、基本注意事项等。这些都是设计调研问卷时十分重要的工作，必须精心研究，反复推敲。

3. 试答和修改

一般来来，所有设计出来的问卷都存在着一些问题，因此需要将初步设计出来的问卷在小范围内进行试验性调研，以便弄清问卷在初稿中存在的问题，了解被调研者是否乐意回答和能够回答所有的问题，哪些语句不清、多余或遗漏，问题的顺序是否符合逻辑，回答的时间是否过长等。如果发现问题，应做必要的修改，使问卷更加完善。试调研与正式调研的目的是不一样的，它并非要获得完整的问卷，而是要求回答者对问卷的各个方面提出意见，以便于修改。

4. 付印

付印就是将最后定稿的问卷，按照调研工作的需要打印复制，制作成正式问卷。

## 第三节　封闭式问题的题型与答案设计

封闭式问题是指对问卷上的每个问题都给出可供选择的答案，要求被调查者从中做出选择。

## 一、封闭式问题的优缺点

### 1. 优点

封闭式问题的回答是标准的，因而人与人之间可做对比；对回答进行编码和分析很容易；受访者通常对问题的含义较清楚，若有不清楚者，一般也可从回答选项中看清其含义，因此，较少有受访者感到困扰而回答"不知道"或根本不回答的情况，这有助于提高问卷回收率。

### 2. 缺点

问题设计起来比较难，需要调研者预先做大量的资料准备工作。另外，封闭性问题很容易使一个不知道如何回答或没有看法的受访者猜着回答甚至随便乱答。针对这种情况，则应有一个"不知道/说不清"的选项。

## 二、封闭式问题的题型与答案设计方法

### 1. 二项选择题

二项选择题又称伪真式问题。这种问句的回答只分两种情况，如"是"或"否"、"有"或"无"等。这两种答案是对立的，必须二者择其一。例如：你家里现在有电脑吗？a. 有；b. 无。或者：你今年是否打算购买小汽车？a. 是；b. 否。

这种问句回答简单，调研结果易于统计归类。但这种问句也有一定的局限性，主要是被调研者不能表达意见程度差别，回答只有"是"与"否"两种选择，了解的情况不够深入。若被调研者还没有考虑好这个问题，即处于"未定"状态，则无从表达意愿。因此只列举两种答案，带有一定的强迫性质。在二项选择题中，如果预料到相当大比例的调查对象是中立的，那么就可以包括进一个中立的选项。

（1）有尽的二项选择题。

例如：你对飘柔的广告是否喜欢？a. 喜欢；b. 不喜欢。

又如：你是否同意"主观为自己客观为他人"的说法？a. 同意；b. 不同意。

它的特点是不能测量人们意见的程度，使中立意见者偏向一方，使不明确的态度明确化，只做到了简化了的穷尽，从强迫程度来看是比较低的。

（2）不穷尽的二项选择题。

例如：如下两种说法，你更倾向于哪一种？a.某品牌口香糖具有迷人的滋味；b.某品牌口香糖吃起来感觉不错。

它的特点是强迫程度要高得多。

2. 多项选择题

多项选择题是对一个问题事先列出几种（三个或三个以上）可能的答案，让被调研者根据实际情况，从中选出一个或几个最符合被调研者情况的作为答案。

例如：某彩电生产企业欲了解本企业产品在同类产品中的市场占有率，设计了一个问句，即，您家里的彩色电视机是哪一种牌子的？a.TCL（　）；b.创维（　）；c.长虹（　）；d.索尼（　）；C.飞利浦（　）。

多项选择式问句保留了是否式询问的回答简单、结果易整理的优点，避免了是否式询问的不足，能有效地表达意见的差异程度，是一种应用较为广泛、灵活的询问形式。使用这种问句时有一点值得注意，即在设计选择答案时，选项应该包括所有可能的选择，并应该互相排斥，否则会使得到的信息不够全面、客观。

# 第四节　问题设计的语言运用及提问方式

在确定问题形式后，接下来的工作就是注意问题设计的语言，把握每个问题的语气措辞，使得这些问题简洁明了，能够让被调研者一下子看明白，而不至于在理解题意上花费太多时间，耽误了答题。这是作为问卷设计者的一项重要工作。

## 一、用语准确具体

是指问题的措辞要完整准确地反映问题的内容，不要模棱两可，产生歧义；一个问句只询问一个问题，不要随意为被调研者做假设；答案选项要准确

详尽，避免互相交叉或包容。

例如，"您觉得自己的双休日过得充实吗？"其中，"充实"这一概念较为抽象，不便于回答，因此也难以得到明确的答案。又如，"您喜欢和哪类气质的人交往？""气质"一词虽然很熟悉，但也很抽象，甚至调研设计人员自己也说不出确切的信息。

一个问句最好只问一个要点，如果包含过多询问内容的话，会使回答者无从答起，给统计处理也带来困难。例如，"您为何不看电影而看电视？"这个问题包含了"您为何不看电影""您为何要看电视"和"什么原因使您改看电视"等。防止出现此类问题的办法是分离语句中的提问部分，使一个问句只问一个要点。

## 二、避免诱导性的用语

问题不要有诱导性、暗示性和倾向性，以保证回答客观、真实。如褒义词、贬义词、否定性问题都应尽量避免，在设计问题选项时要尽量给出中间的"一般/无所谓"选项。例如，"你不赞成大学生高消费吗？"这类提法就具有诱导性，容易诱导被调研者回答失真。应改为："你对大学生高消费有何看法？"。又如，"你对'洋快餐'对我们民族快餐业的冲击有何看法？"用词和语气都显示了某种倾向性和暗示性，不利于真实回答。可改为："现在很多地方引进了国外快餐，你对此有何看法？"

引导性提问会导致两个不良后果：一是被调研者不假思索就同意所引导问题中暗示的结论；二是由于引导性提问大多是引用权威或大多数人的态度，被调研者考虑到这个结论既然已经是普遍的结论，就会产生心理上的从众反应。此外，对于一些敏感性问题，在引导性提问下，也会导致被调研者不敢表达其他想法。因此，这种提问是调查的大忌，常常会引出和事实相反的结论。

## 三、用语规范、定义清楚、容易理解

问题尽量不用或少用过于生僻、专业的词语，在一般调研中调研对象文化程度分布广泛，生僻、专业的词语会阻碍被调研者对问题的理解，导致其无法做出判断，如果因为特殊需要必须使用，应对其含义进行定义和说明。措辞要标准、规范、具体，防止不同被调研者对同一问题的理解不同。例如：您家本月的收入环比增加多少？同比增加多少？环比和同比是统计分析中的专业术语，环比在此表示与上月相比较，同比表示与去年同期相比较。如果不做解释，显然答题者是无法做出选择的，即便给出答案也没有意义。

对于年龄、家庭人口、经济收入等调查项目，通常会产生歧义的理解，比如年龄有虚岁、实岁，家庭人口有常住人口和生活费开支在一起的人口，收入是仅指工资，还是包括奖金、补贴、其他收入、实物发放折款在内，工资有税前工资和税后工资的区别。如果调研者对此没有很明确的界定，调研结果也很难达到预期。

### 四、问题用语应考虑到时间和数量上的有效性

有些问题的回答可能会要求被调研者回忆或估计，而回忆是造成计量误差的主要原因。有些市场调研经常要求被调研者回忆以前三个月甚至半年、一年的购买情况，其回答的准确性，显然要取决于被调研者的记忆力和合作程度。例如，"请问您自去年以来用过什么牌子的洗发水？""您平均每天喝多少毫升牛奶？"这些问题需要被调研者回忆较长时间以前的事，或者需要进行数量上的估计，结果可能就会出现误差，导致信息失真。另外，被访者在碰到这类情况时也可能会出现畏难情绪而中止答题。

### 五、注意敏感性问题的用词

在敏感性问题的用词上要注意隐蔽性，例如关于年龄、财产、收入、婚姻状况等问题，就有一些被调研者不愿意回答或不愿意真实地回答，因此，在确定措辞时要注意研究被调研者的心理。

在实践中，往往可以通过不具体询问、假借询问对象等方式来进行提问。询问时不需过分具体，而是给出几个范围供被调研者选择。例如，直接询问女士年龄是不太礼貌的，这时候可以列出几个年龄段：20岁以下，20~30岁，30~40岁，40岁以上，由被调研者挑选。又如，"请问您的业余时间一般如何

安排？"对于这个问题很多被访者往往会往"好"的方面说，不愿真实回答。因此，可以这样问："您周围的朋友业余时间主要做些什么？"既可以保全被访者的面子，获得信息的真实性也会更强。

总的来说，问题设计的语言具有很大的灵活性和创造性，不同设计者往往具有不同的风格。设计者在设计时应反复推敲，尽量避免由于设计用语引起的误差。

# 第五节 问卷设计需要注意的问题

问卷设计特别讲究严谨。设计好各类题型及问法，也是一门学问，不能随意。在设计问卷时，我们都会有意识或无意识地犯一些错误，而且这些错误看起来都是小问题，但是它会直接影响调研的质量和效果。因此，在设计调研问卷时应注意以下问题。

## 一、问题取舍要合理

问题的数量必须合理，应该既能保证收集到全面的资料，又可以尽量保持问卷的简短，同时也要尽量使问卷整体连贯、和谐、生动，能调动被调研者的积极性。现在有的问卷过于冗长，其中充斥着一些与调研主题毫无关系的问题，有的虽然短小，却不能全面收集所需资料，而且过于严肃、死板，全文贯穿一问一答的形式，压抑了被调研者的主动性。在问题的取舍上应注意以下几点。

（1）按调研主题组织问题，每个问题都应有益于调研信息的取得。首先要明确调研的主题是什么，这是整个调研的基础，也是问卷设计的灵魂和核心所在。应绝对避免为节省费用而附带调研主题之外的问题，东拉西扯，会使被调研者留下调研组织不严谨的印象，影响他们的答卷态度。

（2）为了融洽调研气氛，不至于过于严肃、呆板，可以设置一些表面上与调研主题无关，但实质上有益于调研的问题。当问卷的调研主题较为敏感时，这种做法尤其有效。比如在问卷开始，可以设置一些轻松的开放式问题，请被调研者阐述自己的看法，以利于调动被调研者的积极性；在各类信息的连接处，可以设置一些过渡性问题，使被调研者的思维更加顺畅。

（3）为节省调研时间，保证被调研者符合调研对象的标准，可以在问卷开始设置一个"过滤性"问题，检查被调研者的合格性。比如想要调研现有掌上电脑的不足之处，则必然要调研掌上电脑的使用者，可以在问卷开始提问："您使用过掌上电脑吗？"这样就可检查被调研者是否合格，从而及时"过滤"掉不合格者。

## 二、问题形式应适当

问题形式的选择具有相当的艺术性，合理的形式选择与处理应使被调研者愿意，并以最小的努力就能提供客观真实的答案，而不恰当的形式选择会导致被调研者不愿意或不能够提供问题所要求的信息。在问题形式的选择上应注意以下几点。

（1）避免问题中包含过多的计算。

问题的设计应着眼于取得最基本的信息，计算应在数据处理阶段通过计算机程序进行，这样可以减少被调研者的负担。例如，"请问你家每人平均每年的食品支出是多少？"这个问题要求被调查者付出额外的努力，进行复杂的计算，如果改为："请问你家每月食品支出大概是多少？""请问你家有几口人？"那么，取得这两个数据后，计算人均每年的食品支出也就容易多了。

（2）避免单纯依靠被调研者的记忆回答问题，应提供一定的提示或选择。

在当今信息过量的时代，遗忘和记忆的差错往往会导致被调研者无法提供全面和准确的资料。例如，很多人都不能直接回答"昨天晚上你看了哪个牌子的洗发液广告"这个问题，但如果提供一些可供选择的选项，回答起来就会容易并准确得多。因此这类问题应采用选择式，而非填空式。

（3）避免直接提窘迫性问题。

窘迫性问题是指被调研者不愿在调研人员面前作答的那些问题，如私人问题、不为一般社会道德所接纳的行为和态度或有碍声誉的问题，这类问题如果

直接提问往往会遭到拒绝。例如:"请问你个人每月的工资收入是多少?"这个问题就涉及个人隐私容易被拒答。这时候,如果能够提供几个收入段"1000元以下、1000~2000元、2000~3000元、3000元以上"作为选项,便可以在一定程度上降低问题的窘迫性。此外,还可以通过说明信息的正当用途来降低其敏感性。

### 三、问题排序应恰当

问题顺序的安排有一定的规律可循,正确的排序应该合乎问题之间的逻辑,前后连贯,先易后难,应避免因顺序的安排不当而导致访问中止。有很多问卷在顺序安排上存在错误,比如问卷开始就要求被调研者填写姓名、性别、年龄、婚否、职业等,好像在填申请表,而不是市场调研,这样极容易遭致被调研者的反感和拒绝。因此,在进行问题排序时要注意以下几点。

(1)基本信息排在前面,分类信息居中,鉴别性信息放在最后。

调查信息主要包括三种信息类型:一类是基本信息,是达到研究目标所必需的信息,比如对产品、价格、分销、促销信息的调研;一类是分类资料,即将被调研人的姓名、性别、职业等予以分组归类的资料;第三类是鉴别性信息,比如被调研人的姓名、住址等。一般来说,应将最主要的问题(基本信息)置于前面,然后列举后两类问题,只要前面的问题得到回答,那么后面的问题即使被调研者不愿回答或因事中止也就无关大局了。

(2)先易后难。

应将容易、直观、清楚的问题置前,困难、复杂、敏感的问题置后。这样,随着调研的进行,调研人员与被调研者之间的交流不断深入,被调研者可能就会降低或消除原有的戒备心理,愿意回答一些复杂、敏感的问题,从而使调研获得尽可能多的信息。

(3)总括性问题应先于特定性问题。

总括性问题指对某个事物总体特征的提问,例如,"在选择冰箱时,哪些因素会形响你的选择?"特定性问题指对事物某个要素或某个方面的提问,例如,"您在选择冰箱时,耗电量处于一个什么样的重要程度?"总括性问题应置于特定性问题之前,否则会影响总括性问题的回答。比如,把上面所举的第二个问题，放在第一个问题的前面，则被调研者的答案中，对于"耗电量"的选择性就会偏大。

### 四、排版装订要雅观

问卷的排版装订也是问卷设计的重要内容。排版应做到简洁、明快，便于阅读；装订应整齐、雅观，便于携带、保存。

（1）应避免为节省用纸而挤压卷面空间。比如多项选择题的选项，应采用竖排形式。竖排虽占用一定的空间，但能使卷面简洁明快，一目了然，便于阅读和理解。

（2）同一个问题，应排在同一页，以避免翻页对照的麻烦和漏题的现象。

（3）问卷的问题按信息的性质可分为几个部分，每个部分中间以一个标题来区分，如第一、第二、第三、第四的形式，这样可以使整个问卷更为清楚，也便于后阶段的数据整理与统计。

（4）调研问卷的用纸应尽量精良，如超过一定的页数，则可装订成小册，配上封皮。这样既可利用纸的双面进行排版，节省用纸，还便于携带和保存，而且也使问卷显得庄重、专业，能够让被调研者以更认真的态度对待调研。

# 第九章 市场调研测量技能(一)
## ——抽样调研

## 第一节 抽样调研的特点与适用范围

众所周知,市场调研的对象包括国家或地区的人口、环境资源、社会经济、政治现状,甚至于人们的意向及对各种问题所持的态度等。要对这千差万别的个体进行调研,通常可以采用如下几种调研形式:全面调研、重点调研、典型调研和抽样调研。其中抽样调查是应用最为广泛的一种。

什么是抽样调研呢?最通俗的理解就是从调研总体中抽取样本进行调研,获取数据,并据此推断总体数量特征。很显然,抽样调研属于非全面调研的一种。从广义上来说,一切非全面调研都是抽样调研。例如,顾客买米时随便抓一把看看以判断是否饱满、洁白,学校通过召开部分同学的座谈会了解校食堂的服务质量,统计部门通过部分工业企业的产值资料来估计整个区域的工业增加值等,都属于抽样调研。

我们认为,抽样调研是指按照一定的程序,从所要调研的总体中抽取一部分个体作为样本,对样本进行调研,并在一定条件下运用数理统计的原理和方法对总体的数量特征进行估计和推断的一种专门性调研活动。

### 一、抽样调研的特点

抽样调研是一种科学、可靠的调研统计方法,抽样调研所取得的数据就是用来推断或代表总体的。抽样调研与其他非全面调研相比具有以下特点。

1. 经济性好，易广泛应用

由于抽样调研把调研的对象降低到较小的程度，又能保证调研查的有效性，从而可以大大地减少工作量，降低费用开支。同时，由于抽样调研只需较少的人力、物力、财力，企业易于承担，容易组织和实施。

2. 质量可控，可信度高

抽样调研是建立在数理统计基础之上的科学方法，通过严格的抽样调研设计，由专职人员按照抽样调研的要求进行抽样，一般可以确保获取的信息资料具有较好的可靠性和准确性。同时，由于调研样本的数量较少，可以最大限度地减少工作性误差，从而提高调研的质量。

3. 时间短，实效性强

抽样调研是以抽取全部调研对象中的一部分样本作为对象，相对于普查涉及面较小，取得调研结果比较快，能在较短的时间内获得与市场普查大致相同的效果。

## 二、抽样调研的适用范围

抽样调研方法是市场经济国家在调研方法上的必然选择，和普查相比，它具有准确度高、成本低、速度快、应用面广等优点，一般适用于以下范围。

1. 总体范围较大，调研对象较多

例如省（市）城乡数量多，一般都不会进行普查。而采用科学的抽样方法，会使个体的偶然现象趋向于互相抵消，总体呈现出稳定的统计规律性，样本的情况接近总体的情况。

2. 实际工作不可能进行全面调研观察而又需要了解其全面资料的事物

有时不可能进行全面调研，或是因为对总体的范围把握不了，如对大气或污染情况的调研，或是因为调研会带来灾难性的后果，如汽车受撞击程度的调研、产品的质量检查。这些情况下，自然只能采取抽样调研。

3. 不必进行全面调研时

许多现象可以进行全面调研，但全面调研的成本很高，而样本单位之间又存在很大的相似性，因此就没有必要进行全面调研。例如城乡居民收支调研，

可以按地区、家庭、个人逐个进行登记，但工作量太大，并且许多地区、家庭、个人的消费之间有很多相似之处，只需抽取其中一小部分进行调研，就可以据之推算全体，不必要进行全面调研。

4. 对全面调研的资料质量进行检验时

比如对人口普查的资料进行检验，不可能再进行一次全国范围的全面调研，只能抽取部分单位进行调研。

### 三、抽样调研的相关概念

1. 总体

总体（Population）也称全及总体，指所要认识的研究对象的全体，它是由所研究范围内具有某种共同性质的全体单位组成的集合体。例如，我们要研究北京市有多少家庭拥有电脑，拥有电脑的家庭与没有电脑的家庭有什么区别，那么调研总体就是北京市的所有家庭。

总体按其单位标志不同，可以分为变量总体和属性总体两类。构成变量总体的各个单位可以用一定的数量标志加以计量，例如，研究某地居民的收入水平，该地区每户居民的收入就是它的数量标志。但并非所有标志都是可以计量的，有的标志只能用一定的文字来描述。例如，要研究织布厂100台织布机的完好情况，这时只能用"完好"和"不完好"等文字作为品质标志来描述各台设备的属性特征，这种用文字描写属性特征的总体称为属性总体。总体的单位数通常是很大的，甚至是无限的，一般用N表示总体的单位数。

2. 样本

样本（Sample）又称抽样总体，它是从全及总体中随机抽取出来的部分单位所组成的集合体，也是抽样调研实际的调研对象。例如，某市某行业有30万名员工，从中抽取1000名来进行生活状况的调研。这30万名职工就是总体，被抽选出来的1000名职工就构成了样本。

一般来说，样本单位数用n表示，超过30的样本称为大样本，不超过30的称为小样本。社会经济现象的抽样调研多取大样本，而自然实验观察多取小样本。以很小的样本来推断很大的总体，这是抽样调研的一个特点。

3. 分析单位

单个的调研对象就是分析单位。例如职工生活状况调研，需要对 1000 名职工分别做生活状况调研，单个的调研对象是个人，那么调研的分析单位就是个人。再如，对企业生产情况进行调研，那么分析单位就是企业。

4. 抽样单位和抽样框

为了方便抽样的实施，调研者通常按一定的规则划分为若干个互不重叠的部分，每个这样的部分就是抽样单位。例如，在矿泉水的产品质量调研中，调研对象是矿泉水，而矿泉水是按瓶为单位计量的。但如果按瓶为单位进行抽样，可能会导致大量的包装破坏，而实际又没有打开每一箱的所有产品进行检查，造成无谓的浪费。实际中，更多的是以矿泉水的包装单位——箱为单位进行抽样，对打开的每一箱的每一瓶矿泉水进行检查。在这里抽样单位就是以箱为单位的。

这表明，根据抽样方法的不同，抽样单位也是不同的，可以以一个分析单位为抽样单位，也可以以多个分析单位的组合为抽样单位。例如，从 30 万名职工中抽取 1000 名，有不同的抽样方法。若从 30 万名中直接抽取 1000 名，就是以分析单位——个人作为抽样单位。但如果 30 万名职工分布在 3000 家企业中，平均每个企业大约有 100 名职工，我们就可以从 3000 家企业中抽取 10 家企业，以 10 家企业中的 1000 名职工作为样本。这种抽样方法的抽样单位就是企业，而不是个人。

抽样框与抽样单位是抽样的一对基本范畴。包含所有抽样单位的总体称为抽样框。抽样框可能以各种形式出现，例如名单、手册、地图、数据包等。由于无论抽样框采取何种形式，在抽样之后，调研者必须能够根据抽样框找到具体的抽样单位，因此，对抽样框有两个要求：其一，抽样框必须是有序的，即抽样单位必须编号，且根据某种顺序进行了排列；其二，抽样框中包含的抽样单位务必要"不重不漏"，否则将出现较大的抽样误差。

5. 总体指标和样本指标

（1）总体指标。

根据总体各单位标志值或标志属性计算的、反映总体某种属性的综合指标，称为总体指标，有时也称为总体参数。总体指标是总体变量的函数，其数值是由总体各单位的标志值或标志属性决定的，由于总体是唯一确定的，因此

根据总体计算的总体指标也是唯一确定的。

不同性质的总体需要计算不同的总体指标。对于总体中的数量标志，常用的总体指标有总体平均数 $\bar{X}$、总体标准差 $\sigma^2$ 和总体方差 $\sigma$。其中，总体平均数 $\bar{X}=\dfrac{\sum X}{N}$，总体方差 $\sigma^2=\dfrac{(X-\bar{X})^2}{N}$，总体标准差 $\sigma=\sqrt{\dfrac{\sum(X-\bar{X})^2}{N}}$。

对于总体属性，由于各单位标志不能用数量来表示，只能用一定的文字来加以描述，所以应计算结构相对指标，称为总体成数。总体成数常以大写英文字母 $P$ 来表示总体中具有某种性质的单位数在总体全部单位数中所占的比重，以 $Q$ 来表示总体中不具有某种性质的单位数在总体中所占的比重。

假设总体 $N$ 个单位中，有 $N_1$ 个单位具有某种性质，$N_0$ 个单位不具有某种性质，$N_1+N_0=N$，则总体成数 $P=\dfrac{N_1}{N}$，$Q=\dfrac{N_0}{N}=\dfrac{N-N_1}{N}=1-P$。

（2）样本指标。

根据样本各单位标志值计算的、反映样本属性的指标称为样本指标。和总体指标相对应的有抽样平均数 $\bar{x}$、样本方差 $\sigma_i^2$、样本标准差 $\sigma_i$、样本成数 $p$ 等。其中抽样平均数 $\bar{x}=\dfrac{\sum x}{n}$，样本方差 $\sigma_i^2=\dfrac{\sum(x-\bar{x})^2}{n}$，样本标准差 $\sigma=\sqrt{\dfrac{\sum(x-\bar{x})^2}{n}}$。

在属性总体中，设 $n$ 个单位中有 $n_1$ 个单位具有某种属性，$n_0$ 个单位不具有某种属性，$n=n_1+n_0$，$p$ 为样本中具有某种属性的单位数所占的比重，$q$ 表示不具有某种属性的单位数所占的比重，则样本成数 $p=\dfrac{n_1}{n}$，$q=\dfrac{n-n_1}{n}$（$1-p$）。

6.抽样误差

样本是总体的一部分，虽然有代表性，但并不等于总体。用样本的统计值去估计总体的参数值，不可能做到分毫不差，必然会存在一定的误差。这种误差因为是由抽样这种方式决定的，因而称为抽样误差。在抽样调查中，抽样误差是不可避免的，但可以通过科学的抽样方法尽量减少这种误差，或者将误差控制在可接受的范围内。

### 四、抽样调研的程序

通常，抽样调研程序包括以下环节。

1. 定义调研总体和抽样单位

为了满足调研目的，应该详细说明和描述提供信息或与所需信息有关的个体或实体所具有的特征，确定调研范围及总体单位。

调研总体是指市场调研对象的全体，它可以是一群人、一个企业、一个组织、一种情形或一项活动等。如果调研总体界定不准确，轻则误导调研，重则使调研无效。调研总体的界定就是给调研对象下了一个明确的、可以操作的定义，使调研对象和非调研对象可以明确地区分开来。例如，汽车消费者：在过去的12个月中购买了新汽车的消费者。又如，啤酒消费者：18岁以上，在最近1个月内喝过啤酒的人。

抽样单位是由总体划分成的互不相交的各个部分，也就是说，总体中的每个个体应该属于而且只属于一个单位。抽样单位是抽样的基本单位，可以为个人、家庭或公司等。假设某公司想了解其目标消费者群"25周岁以下的青年人"对某新型移动电话的评价，一种选择是直接对25周岁以下的青年进行抽样调研，此时抽样单位与个体相同；另一种选择是对所有包含25周岁以下青年的家庭抽样，然后再访问25周岁以下的青年人，这里的抽样单位是家庭。通常情况下，电视节目收视率的调研、日用品的消费调研，宜以家庭为单位；而一般的态度、观念调研，则以个人为单位进行。

2. 确定抽样框

明确了抽样单位，就要开始确定抽样框。市场调研中，有些调研的抽样框资料是现成的。如企业调研中，以企业作为抽样单位，可以以工商局的企业注册档案作为抽样框；电话调研中，以电话号码作为抽样单位，电话号码簿就是现成的抽样框。但如果没有现成的抽样框可以利用，就需要自行建立一个。

市场调研中最常用到的是关于居民户的抽样框。这种抽样框可以从居委会的户籍管理资料中直接获得。但是，由于流动人口越来越多，户籍资料并不能如实地反映当时当地的真实情况，或者有的居委会不愿意提供这些资料，这就需要进一步完善或重新建构抽样框。

当有现成的户籍管理资料时，可以直接在这些资料的基础上，选派人员进一步加以核实，删去已经搬迁或长期不在所属居委会居住的住户，增加长期居住在所属居委会而户口并不在所属居委会的住户名单。这种方法虽然工作量大，但抽样框是比较准确的。

如果没有现成的户籍资料，建立抽样框的方法是：以该居委会的住宅分布为基础，标出各区域住户的详细地址，这些地址表就构成了抽样框，如表9-1所示。

表9-1  北京市××路××街居委会地址表

| 序号 | 详细地址 |
| --- | --- |
| 1 | 1号101房 |
| ... | ... |
| 51 | 5号301房 |
| ... | ... |
| 101 | 20号508房 |
| ... | ... |

3. 选取抽样方法

抽样方法的选择取决于调查研究的目的、调研问题的性质，以及调研经费和允许花费的时间等客观条件。调研人员应该掌握各种类型和各种具体的抽样方法，只有这样才能在各种环境特征和具体条件下及时选择最为合适的抽样方法，以确定每一个具体的调研对象。具体的抽样方法有很多，可以在重复抽样和非重复抽样中选择，也可以在非随机抽样和随机抽样中选择。

4. 确定样本容量

对于一个特定的抽样调研，当样本容量达到一定数量后，即使再有增加，对提高调研的统计准确度也起不了多大的作用，而调研的费用却成倍地增加。因此，在选择好抽样方法以后，就要确定合适的样本容量。对于非随机抽样，通常只依靠预算、抽样原则、样本的大致构成等来主观地决定样本容量。而对于随机抽样，调研人员需要在允许误差的目标水平（抽样结果与总体指标的差异绝对值）、置信水平（置信区间的概率值，置信区间是指样本结果加减允许误差形成的一个能涵盖总体真实值的范围）和研究对象数量特征波动水平下计算样本容量。总之，确定样本容量的原则是控制在必要的最低限度，但要能够尽可能准确和有效地推断总体特征，获得调研信息。

5. 收集样本资料，计算样本统计量

收集样本资料是非常具体的一项工作，可以根据调研目的和样本单位的实际情况选择一种或多种市场调研方法，对具体的样本单位进行实地调研。收集到样本的具体数据后，还要对数据资料进行整理和分析，最后计算出样本的统计值。

6. 用样本统计值推断调研总体的参数值

统计推断是抽样调研的最后一步工作，是对总体认识的过程，也是抽样调研的最终目的。在用样本统计值推断总体参数值时，要根据概率论的有关理论，对推断的可靠程度加以控制。

## 第二节 抽样调研的分类

抽样调研可以按不同的标准进行分类。按抽选样本是否遵循随机原则，可以分为随机抽样和非随机抽样。在随机抽样中，如果总体中每个个体被抽中的概率都相等，则为等概率抽样；如果每个个体被抽中的概率不完全相等，则为不等概率抽样。

随机抽样按其组织方式不同，可分为简单随机抽样、等距抽样、分层抽样、整群抽样等不同类型。

非随机抽样不遵循随机原则，它是以方便为出发点或根据主观的选择来抽取样本。非随机抽样无法估计和控制抽样误差，无法用样本的定量资料，采用统计方法来推断总体，但非随机抽样简单易行，尤其适用于做探测性研究。

非随机抽样主要包括方便抽样、判断抽样、配额抽样、滚雪球抽样等。

### 一、随机抽样

1. 简单随机抽样

简单随机抽样也称为纯随机抽样。对于大小为 $N$ 的总体，抽取样本量为 $n$ 的

样本，若全部可能的样本被抽中的概率都相等，则称这样的抽样为简单随机抽样。具体抽样时，根据抽样单位是否放回可分为重复随机抽样和不重复随机抽样。

（1）重复随机抽样。

重复随机抽样也称放回抽样，其做法是每次从总体中随机抽取一个样本单位，经调研观测后，将该单位重新放回总体，然后再在总体中随机抽取下一个单位进行调研观测，依次重复这样的步骤，直到从总体中随机抽取够 $n$ 个样本单位为止。由于抽样是有放回的，每次抽样都是从 $N$ 个总体单位中随机抽取，因此，这时可能的样本为 $N^n$ 个（考虑样本单位的顺序）或 $C_{N+n-1}^n$ 个（不考虑样本单位的顺序），每个样本被抽中的概率为 $1/N^n$ 或 $1/C_{N+n-1}^n$。这种抽样方式就是重复随机抽样，所得到的样本称为重复的简单随机样本。重复随机抽样有一个特点，即同一个单位有可能在同一个样本中重复出现。但考虑顺序与不考虑顺序之间也有明显的区别，一是可能的样本个数不同，二是样本的概率分布不同，由此会导致估计量的概率分布不同。

【例9-1】设总体有5个单位（1，2，3，4，5），按重复随机抽样的方式抽取2个单位。若考虑样本单位的顺序，则所有的可能样本为 $5^2=25$ 个（见表9-2）；若不考虑样本单位的顺序，则所有的可能样本为 $C_{5+2-1}^2$ 个（见表9-3）。在本例考虑顺序与不考虑顺序的所有可能样本中，都有5个样本存在着单位的重复，分别是（1，1）（2，2）（3，3）（4，4）（5，5）。虽然两种情形的不同样本（不考虑顺序）都是15个，但是它们的概率分布却明显不同。对于考虑顺序的情形，有10个样本，即（1，2）（1，3）（1，4）（1，5）（2，3）（2，4）（2，5）（3，4）（3，5）（4，5），它们分别出现两次。例如，样本（1，2）可代表样本（1，2）和样本（2，1），这两个样本出现的单位一样，只是顺序不同。这10个样本出现的概率都为2/25。有5个样本，即（1，1）（2，2）（3，3）（4，4）（5，5），各出现一次，所以它们的概率都为1/25。对于不考虑顺序的情形，所有15个可能的样本都只出现一次，它们的概率都为1/15。由于样本的概率分布不同，所以依据样本构造的估计量的概率分布也不同。

可以证明，不考虑顺序的重复随机抽样的估计量的方差大于或等于（$n=1$ 时为等于）考虑顺序时的估计量的方差，因此在抽样试验中，若用到重复随机抽样这种方式，也只讨论和使用考虑顺序的情形。

表 9-2　考虑顺序的重复随机抽样的所有可能样本

| 1, 1 | 2, 1 | 3, 1 | 4, 1 | 5, 1 |
| --- | --- | --- | --- | --- |
| 1, 2 | 2, 2 | 3, 2 | 4, 2 | 5, 2 |
| 1, 3 | 2, 3 | 3, 3 | 4, 3 | 5, 3 |
| 1, 4 | 2, 4 | 3, 4 | 4, 4 | 5, 4 |
| 1, 5 | 2, 5 | 3, 5 | 4, 5 | 5, 5 |

表 9-3　不考虑顺序的重复随机抽样的所有可能样本

| 1, 1 |      |      |      |      |
| --- | --- | --- | --- | --- |
| 1, 2 | 2, 2 |      |      |      |
| 1, 3 | 2, 3 | 3, 3 |      |      |
| 1, 4 | 2, 4 | 3, 4 | 4, 4 |      |
| 1, 5 | 2, 5 | 3, 5 | 4, 5 | 5, 5 |

（2）不重复随机抽样。

不重复抽样也称不放回抽样，其做法是每次从总体中随机抽取一个样本单位，经调研观测后，不再将该单位放回总体中参加下一次抽样，然后再在剩下的总体单位中随机抽取下一个样本单位进行调研观测。依次重复这样的步骤，直到从总体中随机抽取够 $n$ 个样本单位为止。若考虑样本单位的顺序，则可能的样本为 $\frac{N!}{(N-n)!}$ 个，每个样本被抽中的概率为 $\frac{(N-n)!}{N!}$；若不考虑样本单位的顺序，则可能的样本为 $C_N^n$ 个，每个样本被抽中的概率为 $1/C_N^n$。这样的抽样方式就是不重复随机抽样，所得的样本称为不重复的简单随机样本。无论是考虑顺序的不重复简单随机抽样还是不考虑顺序的不重复简单随机抽样，任何一个总体单位都不可能在同一个样本中重复出现，并且虽然它们的可能样本个数不同（考虑顺序是不考虑顺序的 $n!$ 倍），但它们的样本有相同的概率分布，由此导致依据样本构造的估计量的概率分布也相同。

（3）简单随机样本的抽选方法。

简单随机样本的抽选，首先要将总体的 $N$ 个单位从 1 到 $N$ 编号，每个单位对应一个号；然后从中抽号，如果抽到某个号，则将对应的那个单位放入样

本，直到抽够 $n$ 个单位为止。简单随机样本的抽选，通常有以下两种方法。

①抽签法。当总体不大时，可以用材质均匀的材料制作 $N$ 个签，并充分混合，可分别采用两种方法抽取。一种是全样本抽选法，即从 $N$ 签中一次抽取 $n$ 个，这 $n$ 个签上的号码即为入样的单位号码；另一种是逐个抽选法，即一次抽取一个签但不放回，接着抽下一个签，直到抽够 $n$ 个签为止，这 $n$ 个签上的号码所对应的单位入样。可以证明，按这两种方法抽到的 $n$ 个单位的样本是等价的。

②随机数表法。当总体较大时，抽签法实施起来比较困难，这时可以利用随机数表、随机数色子、摇奖机、计算机产生的伪随机数进行抽样。

第一，利用随机数表进行抽选。

随机数表由 0、1、2……9 这 10 个数字组成，可以是两位数，也可以是三位数、四位数，甚至是十位数。一般用的是五位数的随机数字表，10 个数字在表中出现的顺序是随机的，每个数字都有同样的机会被抽中。用随机数字表抽选简单随机样本时，一般可根据总体大小 $N$ 的位数决定在随机数字表中随机抽取几列。例如，从全校学生总数 $N$（=768 人）中抽取 $n$（=100 人）进行体检，则在随机数字表中随机抽取相邻的 3 列，按顺序向下（或向上）数，去掉大于 768 的数字，其余的即为选中者。如果不够，再另外连续选取 3 列，重复上述步骤直到选满 100 个为止。这种方式在抽样实践中得到了广泛应用。

用随机数表法选取样本单位时，可能会遇到这样的一个问题，即一个个体有可能被选中两次或两次以上，例如号码为 078 的学生从起点开始顺序向下（或向上）选取随机数时遇到 078 这个数而中选，但不能排除这种可能，即当我们继续数下去时，078 这个数还可能再次出现。在使用抽签方式抽取简单随机样本时，则不会出现这个问题，出现此问题时，可以用以下的处理方法：只将每个个体的第一次中选计入样本，如果再次遇到同样的号码就跳过去，直到使总体中所有的个体数目达到 100 个。

第二，利用随机数色子进行抽选。

随机数色子不同于立方体的普通色子，它是由均匀的材质制成的正 20 面体（每个面都是正方形），0～9 共 10 个数随机地分布在 20 个面上，每个数字只出现两次。使用时，根据总体单位数 $N$ 的位数 $m$ 制作 $m$ 个不同颜色的色子，事先确定每种颜色所代表的位数，将 $m$ 个色子放在特定的盒子里进行摇动，每个色子一次产生一个 0~9 的随机数，$m$ 个不同颜色的色子一次可以产生一个 $m$ 位的随机数。一个 $m$ 位的随机数也可以用一个色子连续投掷 $m$ 次产生。重复上述步骤，直到产生 $n$ 个不同的随机数。

第三，利用摇奖机进行抽选。

现在社会上流行的各类彩票的抽奖活动通常是利用摇奖机来完成的，我们也可以借助这一方法完成简单随机样本的抽选。其程序一般为：将标有数字 0~9 的 10 个球放入摇奖机中，充分转动，使球在机内处于随机活动的状态，直到摇出其中的一个球，记录该球所标明的数字，便产生了随机数的个位数；重复上述步骤，直到再摇出一个球，记录该球所标明的数字，便产生了随机数的十位数。如此，重复上述步骤，可产生随机数的百位数、千位数等。这样可产生任意位数的随机数。重复以上步骤，直到产生 $n$ 个不同的随机数。

第四，利用计算机产生的伪随机数进行抽选。

大多数统计软件都有现成的产生随机数的程序。例如，执行 BASIC 语言的 RAN 语句即可产生 1~N 范围的随机数。利用计算机产生的随机数具有快捷、方便的特点，但它属于伪随机数，并不能保证其随机性，通常产生的伪随机数有循环周期。因此在有条件的情况下，一般不建议使用此种方法。

（4）简单随机抽样的优点。

简单随机抽样是随机抽样的最基本类型，这种抽样方法在理论上最符合随机性原则，而且从样本的抽取到总体指标的推断都有一套完备的规则和方法，其他的抽样方法在一定意义上可以看作是由简单随机抽样派生出来的。

简单随机抽样也是最单纯的抽样方法，它不需要对总体抽样框中的单位进行分组或排列，完全按照随机的原则来抽取样本。这种方法简单直观，当抽样框完整时，使用简单随机抽样，对抽样误差的计算和对总体参数值的推断都比较方便。

（5）简单随机抽样的局限性。

尽管简单随机抽样在理论上是最符合随机性原则的，但在实际应用中则有一定的局限性，表现在以下四个方面。

①采用简单随机抽样，一般必须对总体各单位加以编号，而实际需要调研的总体往往数量巨大，逐一编号几乎是不可能的。

②在总体单位数不清楚的情况下，无法采用简单随机抽样。例如，对连续

不断生产的产品进行质量检验，对街头的行人进行拦截式访问，就不能对全部产品、所有的行人进行编号。

③当总体各单位差异较大时，采用简单随机抽样抽出的样本可能会集中于某类单位，不能做到在各种类型的单位中较为均匀地分布，其样本的代表性比较差。

④采用简单随机抽样抽出的样本分布较为分散，实地调研消耗的人力、物力、费用较大。

鉴于简单随机抽样的上述特点，它比较适用于总体单位数不多，且内部差异不大的情况下进行的抽样。

2. 等距抽样

等距抽样又称为系统抽样或机械抽样。这种方法是先将总体中的各单位按某一标志顺序排列，然后每隔一定的间距抽取样本单位。

等距抽样按照排队时所依据的标志不同，可以分为无关标志排队和有关标志排队。无关标志排队就是按照与调研无关的标志进行排队，例如，在研究居民的平均收入水平时，先按其姓氏笔画顺序进行排队就是一种无关标志排队。有关标志排队是按照与调研目的或内容有关的标志进行排队，例如，若要研究某个单位职工的平均工资水平，先对职工按其工资高低进行排队，然后再抽样，就是一种有关标志排队。

等距抽样的关键是确定在第一个间距内抽样单位的位置。如果总体是按无关标志排队的，则可以在第一个间距内随机抽取样本单位。如果总体是按有关标志排队的，则第一个抽样单位可以选择第一个间隔内居中的那个单位，在样本的第一个单位确定后，其余各抽样单位就可以按每隔一个等间距来确定。这样可以保证样本单位在总体中均匀分布。

（1）等距抽样的程序。

①设总体共有 $N$ 个单位，现需要从中抽出 $n$ 个单位作为样本。先将总体的 $N$ 个单位按与总体特征标志无关的标志进行排队。

②确定抽样间隔，将总体单位数目 $N$ 划分为 $n$ 个单位相等的部分，每部分间隔 $k=N/n$。

③决定起点，有两种方法：第一种是从总体中用简单随机抽样方法抽出一个编号 $a$；第二种是根据确定的抽样间隔把总体分隔成 $n$ 段。在第一段中，用

简单随机抽样方法抽取一个号码,假设为 b,b 即是等距抽样的起点。

④按抽样间隔进行等距抽样。可以考虑采用两种方法:第一种是以 a 为起点,每隔 k 个单位向前和向后轮换抽取一个单位作为样本,直到抽出的样本单位的编号小于 0 和大于 N 为止。第二种是以 b 为起点,每隔 k 个单位抽取一个单位作为样本,直到抽出全部的样本单位为止。抽取的样本编号依次是:b,b+k,b+2k,b+3k,…,b+(n-1)k。

值得注意的是,抽样间隔 k 有时不可能正好是整数,我们可以将其取为整数,即以最接近的那个整数来代替抽样间隔。

【例 9-2】现有 180 名学生,要利用等距抽样法从中抽取 15 名学生作为研究样本,其方法如下:先将学生按与学生学习成绩无关的标志编号,假设按学生座位顺序把学生编为 1~180 号,然后按下述步骤抽取。

首先,确定抽样间隔距离 k=180/15=12。

其次,随机抽取了编号 34 为起点,即决定从第 34 号单位作为第一个样本。向前抽取样本为 34-12=22 号,向后抽取样本为 34+12=46 号,以此类推,抽出的 15 个样本为(10)(22)(34)(46)(58)(70)(82)(94)(106)(118)(130)(142)(154)(166)(178)。

(2)等距抽样的优点。

第一,工作量小,操作简便。

与简单随机抽样相比,等距抽样具有简便和工作量小的优点。

等距抽样只要在抽样框中将第一个单位抽出以后,后面的单位便可以方便地随之抽取,不必始终利用随机数表。在可以利用现成的抽样框时,等距抽样还省去了给抽样框中的抽样单位编号的程序。

第二,无法编制抽样框时,也适合采用。

等距抽样之所以优于简单随机抽样,是因为它的抽样形式适用于没有事先列出抽样框的情况。比如调研商店的顾客或街头行人时,由于无法事先断定这些流动人口的总体或抽样框,就可以采取每隔一定数目抽取一个单位的办法选择实地调查的对象。

第三,样本分布比较均匀,对总体的代表性比较高,误差小。

与简单随机抽样相比,等距抽样的样本在总体中的分布更为均匀,他的抽样误差要小于简单随机抽样的误差,样本的代表性更高一些。

（3）等距抽样的局限性。

等距抽样适用于同质性较高的总体，即总体内部各单位之间差别不大。如果总体内部各单位之间差异较大或是各单位的排列有规律，采用等距抽样获得的样本则可能有较大的问题。

使用等距抽样，有一个非常重要的前提条件，就是总体中各单位的排列顺序必须是随机的，不存在任何与研究变量相关的规则分布。否则，等距抽样的结果就会产生很大的偏差，主要会导致周期性偏差和顺序偏差。

### 3. 分层抽样

使用简单随机抽样要求总体的差异性较小，当总体的差异性较大时，为了使总体各类单位在样本中都有均衡的分布，使样本结构更接近总体，样本对总体的代表性较高，我们可以使用分层抽样的方法。

分层抽样，又称为分类抽样，它是先将总体中的所有单位按其一定的属性或特征分成相互不重叠的若干层，然后在每一层中分别抽取样本，最后把各层中抽出的样本合在一起构成总体的样本的方法。分层抽样之前，总体中的每一个单位一定属于并且只属于某一个层，而不可能同时属于两个层或不属于任何一个层。要使分层抽样得以实施，其前提条件是准备好关于层的抽样框。分层是按单位的某个特征或标志进行的。例如一项全国性调研，可按调研对象所在的行政区划、地理位置、城乡等分层；如调研对象是企事业单位，则可按部门、行业、规模大小等分层。

（1）分层抽样的程序。

第一步，确定分层变量。

即将总体分层按照一定的标准进行，常见的如年龄、性别、行政区划等。选择分层的变量要考虑分层后的各层之间的差异等因素。分层变量要满足这样的条件：一是分层后，同一层内部的单位尽可能是同质的，不同层之间的单位尽可能是异质的；二是分层变量与研究目的密切相关。假如市场调研的目的是研究企业规模对广告投放费用的影响，就要考虑到在不同规模的企业中都要抽到一定的单位作为样本，因此要把调研对象按规模划分为不同的类别；三是应当易于测量。

第二步，分层。

即将总体按照分层变量分成若干层，即 $N_1$, $N_2$, $N_3$, $\cdots$，分层是互相排斥且穷尽的，$N=N_1+N_2+N_3+\cdots$。

第三步，确定各层的样本量。

即确定所需要的样本总数 $n$ 和从总体的各层单位中抽取样本的数目 $n_1$、$n_2$、$n_3$、…，并令 $n=n_1+n_2+n_3+\cdots$。

第四步，在各层内部进行抽样。

即按照随机原则，采用简单随机抽样方法或者等距抽样方法，以各层中抽取所需要的样本数目，各层的样本之和构成了总体的样本。

（2）等比例分层抽样。

等比例分层抽样要求在每一层中抽取的样本数在样本总数中所占的比例与这一层的单位数在总体中所占的比例相一致，这样可以使样本的结构与总体的结构保持一致，使样本具有更大的代表性。一般而言，如果对样本的代表性要求一致时，等比例分层抽样所需要的样本单位数可以比简单随机抽样或等距抽样所需要的少一些。因此这是一种应用很广的抽样方法。

【例9-3】某地共有居民40000户，按经济收入高低进行分类，其中高收入居民为8000户，中等收入居民为24000户，低收入居民为8000户。要从中抽出800户进行购买力调查，采用等比例分层抽样，如何抽取？

分析：因为购买力是与家庭的收入水平密切相关的，所以收入水平作为分层变量是合适的。按此变量将总体分为高收入户、中等收入户和低收入户三层。具体的抽样程序如下。

第一步，计算各层在总体中的比例。

高收入户：8000/40000=20%；

中等收入户：24000/40000=60%；

低收入户：8000/40000=20%。

第二步，由于各层在总体中所占的比例与各层在样本中所占的比例是一样的，因此，计算样本在各层中的具体分布数目。

高收入户：800×20%=160（户）；

中等收入户：800×60%=480（户）；

低收入户：800×20%=160（户）。

第三步，在各层中采用等距抽样方法抽取样本单位。

（3）不等比例分层抽样。

不等比例分层抽样中，各层的抽样比例不相同，即各层子样本在总样本中所占的比例与各层在总体中所占的比例不同。在分层抽样时，有时为了保证占总体比例小的层有足够的样本单位数或者某些层内抽样单位的差异性较大，就需要加大这些层的抽样比例。具体每层需要抽取多少样本量并没有确定的标准，通常是比较各层标准差的大小再决定抽取单位数的多少，对于标准差大的层，抽样单位数要多，对于标准差小的层，抽样单位数可以相应少些。

需要注意的是，不等比例分层抽样获得的样本主要是用于对各层的单独研究，这样的样本并不适合作为推断总体情况的依据。

（4）分层抽样的特点。

分层抽样适用于规模大、内部结构复杂且类别分明的总体。例如城镇居民消费收支调研，需要了解的项目很多，有些项目在户与户之间的差别很大，如人均收入、人均消费支出、耐用品拥有量等。在样本数量相同的情况下，分层抽样的抽样误差要小于简单随机抽样和等距抽样。特别是在分层时采用了合适的分层标准，使各层中单位之间共同性增大，差异程度缩小，样本的分布比较均匀，代表性高，因而抽样效果较好，在实际工作中应用广泛。

4. 整群抽样

整群抽样即将总体按照某一标准划分成群，然后采用随机的方法抽取若干个群，以这些群包含的所有单位作为样本。例如，某地要了解各校学生的学习情况，可在该校随机抽取几个班级，对抽中班级的全部学生进行调研。

（1）整群抽样的程序。

第一步，确定分阶的标准。

总体分群也是要按照一定的标准进行，但是选择分群的标准与选择分层的标准是不同的，分群的标准与分层的标准正好相反，需满足这样的条件：一是分群后，同一群内部的元素尽可能是异质的；二是分群的标准不能与研究目的相关。

第二步，分群。

即将总体分成若干个子群体，$N=N_1+N_2+N_3+\cdots$，每一个群体中有若干单位。

第三步，抽样。

即在子群体中随机抽取一定数量的子群体，如 $N_1$，$N_2$，$N_3$，…，以抽出的子群体中的所有单位作为样本：$n_1+n_2+n_3+\cdots$。

【例 9-4】某校有学生 2000 名，计划从中抽取 160 名进行调研。可将学生宿舍作为抽样单位。假设该校共有学生宿舍 250 个，每个宿舍住 8 个学生。我们可以从 250 个宿舍中随机抽取 20 个，其中男生宿舍 10 个，女生宿舍 10 个。对抽中的每个宿舍的所有学生进行调研，这 20 个宿舍总共 160 名学生就是此次抽样调研的样本。

（2）整群抽样的优点与局限性。

优点是样本单位比较集中，便于组织抽样和调研，节省时间和经费。局限性体现在群大小不等时，样本单位数难以控制，增加了调研组织准备工作中的不确定性。另外，整群抽样样本集中于某些群内，样本单位分布不均匀，样本代表性不高，在样本数量相同的情况下，其抽样误差要大于简单随机抽样、等距抽样和分层抽样的抽样误差。

尽管整群抽样有比较大的局限性，但由于这种方法操作简便、节省人力和经费，因此在调研中也是被经常采用的方法之一。这种抽样方法适用于将总体分割成各个群，这些群之间大体相同，而群的内部构成比较复杂，即群内包含有组成总体的各类单位条件下的抽样。

（3）整群抽样与分层抽样的比较。

整群抽样和分层抽样有相似的地方，它们都是先将总体划分成不同的小部分，但两者的抽样方法完全不同。分层抽样是在所有的小部分中各抽取若干单位构成子样本，然后把各个子样本合在一起成为总样本；而整群抽样是从总体中所划分的各个小群体中随机抽取若干个小群体，将所抽取的小群体中的所有单位作为样本。所以，分层抽样的样本单位的分布较整群抽样的样本单位更为分散。

整群抽样与分层抽样的不同之处还在于，在分层抽样中，对总体单位进行分层的原则是使类别内的差异缩小，类别之间的差异增大。在整群抽样中，对整体单位进行分群的原则是群类差异尽量大，群之间的差异尽量小，这样，抽中任何一个群都可以当作其他群的代表，从而提高样本的代表性。它们之间的比较如表 9-4 所示。

表9-4 分层抽样与整群抽样的比较

| 抽样方法 | | 分层抽样 | 整群抽样 |
|---|---|---|---|
| 相似之处 | | 都是将总体划分为更小的部分 ||
| 不同之处 | 具体的抽样方式 | 以每一类中的部分单位作为样本 | 以若干子群体中的所有单位作为样本 |
| | 小部分的特征 | 各层内部差异小，分层之间的差异大 | 各子群体内部差异大，子群体之间差异小 |
| | 划分小部分的标准 | 与研究目的密切相关 | 不能与研究目的相关 |

## 二、非随机抽样

非随机抽样方法中，总体中每一个单位被抽中作为样本的机会不是均等的。除了随机抽样之外，许多市场调研也采用非随机抽样来选择调研对象。与随机抽样相比，非随机抽样的主要优点是省时、省力、省钱，抽样过程比较简单。不足之处在于调研对象被抽取的概率是未知的，样本的代表性差，利用调研结果来推断总体的情况风险也比较大。因此随机方法通常是在一些小规模的市场调研中，或者是不方便使用随机抽样方法的情况下使用，它的目的不是着重于推断总体情况，可能只是做一般性的了解。

非随机抽样方法主要包括以下几种。

1. 方便抽样

方便抽样即根据调研者的方便与否来抽取样本的一种抽样方法。样本的选择主要是由调研人员来决定，从便利的角度来考虑获取。调研对象的选择是因为他们恰好在合适的时间和地点出现。例如在街头拦截访问。

方便抽样的调研对象一般是选择那些可以接近、愿意合作的人。这种方法简便易行，能及时获取信息。省时、省力，成本也很低。缺点是对调研对象缺乏了解、样本的偏差大、代表性差、调研结果不一定可靠，其结果不能用来推断总体的情况，一般只用于非正式的探测性调研。

2. 判断抽样

判断抽样又称主观抽样，它是凭借研究人员的主观意愿、经验和知识，从总体选择具有典型代表性样本的一种抽样方法。应用这种方法的前提是研究者必须对总体的有关特征有相当高的了解。

判断抽样选取样本单位一般有两种方法：一是由专家判断决定样本单位；一是根据所掌握的统计资料，按照一定的标准来选定样本。一般选取"多数型"或"平均型"的单位组成样本。"多数型"是在调研总体中占多数的单位；"平均型"是在调研总体中具有代表性的平均水平的单位。应尽量避免选择"极端型"，但也不能一概而论，有时出于研究造成异常的原因，也会选择"极端型"。

判断抽样方法在样本最小及样本不易分类挑选时有较大的优越性，但由于其精确性依赖于研究者对调研对象的了解程度、判断水平和对结果的解释情况，所以判断抽样方法的结果的客观性常受到怀疑。

3. 配额抽样

配额抽样与分层随机抽样有些相似，都是按照某种属性或特征将总体分成若干类，然后在各类中抽样。不同的是，分层抽样中各类子样本是按简单随机抽样或等距抽样方法随机抽取的，而配额抽样则是采用方便或判断抽样方法从各类中抽取子样本的。

采用配额抽样方法，可以保证总体的各个类别都能包括在所抽样本之中，故与其他几种非随机抽样方法相比，样本具有较高的代表性。在市场调研中，配额抽样广泛被人们所采用。

4. 滚雪球抽样

滚雪球抽样是调研者先通过少数可以由自己确定的样本单位进行调研，再通过这些样本单位各自去发展其他同类单位，如此进行下去，像滚雪球一样越滚越大，直到发展到所需要的样本单位数为止。运用滚雪球抽样，前提是样本单位之间具有一定的联系，在对总体不甚了解的情况下对总体的部分单位有所把握。

滚雪球抽样的基本程序为：首先，找出少数样本单位；其次，通过这些样本单位了解更多的样本单位，以此类推，如同滚雪球，样本量越来这大，直至所需数量为止。例如，在啤酒消费调研中，如果以每周至少有一天以上喝酒的人作为调研对象，就可以采用这种方法。因为经常喝酒的人本身都会集结成一个小团体。再如，要对劳务市场的保姆进行调研，因为其总体总是处于不断流动之中，难以建立抽样框，研究者因一开始缺乏总体信息而无法抽样，这时可

先通过各种途径，如街坊邻居或熟人介绍、家政服务公司、街道居委会等，找到几个保姆进行调研，并让他们提供所认识的其他保姆的情况，然后再去调研这些保姆，并请后者也引荐自己所认识的保姆。以此类推，可供调研的对象越来越多，直到完成所需样本的调研。

滚雪球抽样方法的优点是便于有针对性地找到调研对象，而不至于"大海捞针"。其局限性是要求样本单位之间必须有一定的联系，并且愿意保存和提供这种关系，否则，将会影响这种调研方法的进行和效果。

## 第三节　样本容量的确定

样本容量又称为样本规模或样本数，指一个样本必要的抽样单位数目。样本是从总体中选出的一部分，其作用是想通过对抽出的这一部分代表的了解，去做统计或推断总体的相应情况。抽样调研的主要目的在于通过样本的情况去估计调研的总体情况。在组织抽样调研时，抽样误差的大小直接影响样本指标代表性的大小，而必要的样本单位数目是保证抽样误差不超过某一个给定范围的重要因素之一。

对企业而言，样本容量的确定总是涉及调研成本与样本代表性之间的权衡：如果样本量过小，抽样误差太大，调研结果就不具有说明总体情况的代表性，失去了定量研究的意义；而样本量过大，直接影响到调研的费用和人力消耗，又会导致成本支出较高，体现不了抽样调研的优越性。所以，在抽样调研设计时，必须决定样本单位数目，因为合理的样本单位数目是保证样本指标既具有充分代表性又具有经济效益的基本前提。

### 一、影响样本容量的因素

影响样本容量大小的因素比较多，从进行调研的实际情况看，确定一个科学而合理的样本容量，至少要考虑以下几个方面的因素。

1. 调研总体规模的大小

总体规模的大小，即一个总体中所包含的抽样单位的多少，总体规模大，样本量相应要大；总体规模小，样本量相应要小。根据抽样原理，样本规模与总体规模越接近，样本值与总体值就越一致，抽样误差就越小，样本的代表性也越强。但是当总体规模达到一定程度以后，样本规模的加大就不是那么必要了。因此，对于1000个单位以下的总体来说，样本规模应尽可能大；而对于那些超大型的总体，则可以按照一两万个单位的总体规模来确定样本规模，以避免不必要的浪费。

2. 调研总体的内部差异程度

总体内各构成单位之间在某些特征方面的差异特性，被称为"异质性"，差异的程度被称为"异质程度"。而特征的相似性及相似程度就被称为"同质性"和"同质程度"。样本量的大小除了受总体规模的影响之外，也要受总体的异质性影响。总体的异质程度越高，需要的样本量就越多。在完全同质的总体中，由于总体内部个体之间不存在任何的差异，因而不管其规模多大，任选一个个体就足以说明总体情况，不存在样本量大小的问题。从总体的内部情况方面去考虑样本量，主要就是考虑组成总体的各个体之间的异质程度。

3. 调研的可信度和精确度要求

（1）调研的可信度由分组统计频数与最低样本量体现。

一份调研问卷通常包含数十个问题，每个问题有几个到几十个不等的选项。在进行统计分析时，我们常常根据问题的选项将调研对象分为若干个组别，以比较他们在某些方面的异同。

不难看出，样本量一定时，细分的组别越多，则每组所分配的样本量就越少。一个在整体上符合要求的样本量，如果分组过多，就可能出现某些组别的样本量不足，从而失去统计的意义。因此，在确定样本量之前，要认真考虑分组的数量。

每组应当有多少个样本才能满足基本的统计要求呢？经验认可的数量是不低于50个，要尽可能保证每个细分后的组别都拥有50个以上的样本量，以使调研结果具有定量研究的意义。

（2）调研精确度要求由误差来表现。

抽样误差的大小实际反映出了一个样本统计值偏离总体常数的程度，即抽

样的精度。抽样误差越大，说明该次抽样得到的样本统计值偏离总体的程度越大，样本对总体的代表性越差，精度越低；抽样误差越小，说明样本统计值偏离总体参数值越小，样本对总体的代表性越好，精度越高。

4. 抽样方法的不同

不同的抽样方法需要的样本量也不相同。对总体没有进行任何处理的简单随机抽样，在重复抽样的情况下，构成总体的每个个体都有被重复抽到的可能性。因此，相对分层抽样、等距抽样而言，简单随机抽样对总体的代表性要差些，需要的样本量也相对要多。整群抽样由于是以"群"作为抽样单位，对总体代表性的损失较大，因此需要的样本量比简单随机抽样要大。

总之，在抽样误差相同的前提下，分层抽样需要的样本量最小，等距抽样所需的样本量稍大于分层抽样的样本量，简单随机抽样所需的样本量又比等距抽样的样本量大，整群抽样所需的样本量最大。

5. 调研者拥有的人力、物力和时间

上述这些条件越充足，可抽取的样本规模就越大。企业对一项调研应当投入多少经费都有一个大致的预算范围，由于调研也是一项营销成本投入，因此经费预算的大小就要看调研在整个营销中的重要程度。譬如，市场调研的目的是获得较多精确的某类产品市场消费总量及潜在发展空间方面的信息，以作为论证是否购买一条先进生产线、开发生产新产品的重要决策依据。诸如这种用于论证大型项目投入的调研，其结果的重要性自不待言，如果失误，造成的经济损失也就很大，因而调研的费用投入也比较大。而如果调研仅仅是为了跟踪一次促销活动的效果，费用也就相应较小。

## 二、必要样本容量的确定

1. 数理统计法

虽然简单随机抽样在实际中很少被单独使用，尤其在大规模抽样调研中更是如此，但简单随机抽样样本量的计算却有着重要的实用价值。实际调研中确定复杂抽样方法的样本量时，常常是先计算处在一定精度条件下的简单随机样本量，然后在此基础上进行修正，从而确定复杂抽样方法的样本量。由于所有复杂抽样方式的样本量的计算都是以简单随机抽样的样本量计算为基础的，为此我们先讨论简单随机抽样的样本量的计算方法。

在简单随机抽样中,传统的数理统计理论给出了其样本量的确定方法,分别是总体平均数估计时的样本容量确定和总体成数估计时的样本容量确定。

(1)总体平均数估计时的样本容量确定。

第一,在重复抽样条件下。

在平均数的区间估计里,置信区间是由 $\bar{x} \pm t\mu$ 确定的,而允许误差 $\Delta x$ 的计算公式可以表示为 $\Delta x = t\mu_x = t\sqrt{\dfrac{\sigma^2}{n}}$,经过整理,可以得到样本容量的计算公式为: $n = \dfrac{t^2\sigma^2}{\Delta x^2}$。

在上式中,$\bar{x}$ 表示样本的平均数;$\mu x$ 表示样本平均数的抽样平均误差;$\Delta x$ 表示允许误差;$n$ 表示样本容量;$\sigma^2$ 表示总体方差;$t$ 表示可信度系数(置信度),可查标准正态分布表获得,常用的可信度有 90%、95% 和 99% 等,其对应的系数是 1.65、1.96 和 2.58。

第二,在不重复抽样条件下。

在平均数的区间估计里,置信区间是由 $\bar{x} \pm t\mu$ 确定的,在不重复抽样条件下,抽样允许误差 $\Delta x$ 的计算公式可以表示为:$\Delta x = t\mu_x = t\sqrt{\dfrac{\sigma^2}{n}\left(1-\dfrac{n}{N}\right)}$,经过整理,可以得到不重复抽样条件下样本容量的计算公式为: $n = \dfrac{Nt^2\sigma^2}{N\Delta x^2 + t^2\sigma^2}$。

(2)总体成数估计时的样本容量确定。

第一,在重复抽样条件下。

由于允许误差 $\Delta x = t\mu_x = t\sqrt{\dfrac{P(1-P)}{n}}$,所以经过变形整理则有:样本 $n = \dfrac{t^2 P(1-P)}{\Delta_p^2}$。

在上式中,$P$ 表示总体成数;$\mu p$ 表示样本成数的抽样平均误差;$\Delta_p$ 表示成数允许误差;$n$ 表示样本容量。

第二,在不重复抽样条件下。

同理,允许误差 $\Delta_p = t\mu_p = t\sqrt{\dfrac{P(1-P)}{n}\left(1-\dfrac{n}{N}\right)}$,所以经过变形整理得到:样本 $n = \dfrac{Nt^2 P(1-P)}{N\Delta_p^2 + t^2 P(1-P)}$。

在估计成数时,计算样本容量需要总体的成数,但是总体的成数通常是未知的,在实际的抽样调研时,可先进行小规模的试调研求得样本的成数来代替;也可使用历史资料,如果有若干个成数可供选择,则应选择使方差最大的

那个成数；如果都没有，则应选择成数 $P=0.5$，使样本成数的方差最大，以保证估计的精确度。

2. 经验方法

样本量的计算方法使用起来比较困难，加之在正式抽样前有些统计指标无法确定，如样本标准差、误差范围等，这些指标只能根据小范围的探索性调研结果近似代替或大致估计，这也给样本量大小的确定增加了不确定性。所以，即使是理论确定样本量的大小的方法，得到的样本单位数也不一定精确。如果想要得到一个比较精确的样本规模，往往需要抽样专家和专业研究人员的指导。在一般的市场调研中，其实并不要求很高的精确度和把握程度，调研与预测人员往往可凭经验来决定样本的大小。

在统计学中，把容量小于或等于30个单位的样本叫小样本，大于或等于50个单位的样本叫大样本。在实际市场调研中，由于面对的总体及总体的异质性较大，一般都要抽取大样本，样本规模在50～5000个单位之间。

在大总体或复杂总体情况下，如果遵循了随机性原则抽样，样本量在2000～2500就够了。所谓大总体或复杂总体，实际上就是指一个国家、一个省、一个城市、一个县或一个地区，在这样大的范围内抽样时，由于调研对象的总体是由许多不同性质、不同类别的子总体所组成的，单位之间的异质性较大，而且总体单位数目巨大，所以称为大总体或复杂总体。有时为了加大保险系数，样本量也可增加到4000～5000。但无论多大的总体，样本量都不应超过1万。要想充分保证样本对总体的代表性，关键不在于拼命加大样本量，而在于按随机原则来抽样。

调研对象如果是小总体，样本量在200～250之间即可。如对一个学校、一个机关、一个街道、一个企业进行的抽样，因为总体规模较小，内部异质性相对亦较小，所以样本量不需太大。

调研与预测人员总结了总体规模与样本占总体比重之间的大致关系，可以作为经验确定样本量的大致范围，如表9-5所示。

表 9-5　经验确定样本量的范围

| 总体规模 | 100 以下 | 100～1000 | 1000～5000 | 5000～10000 | 10000～100000 | 100000 以上 |
|---|---|---|---|---|---|---|
| 样本占总体的比重 | 50% 以上 | 20%～50% | 10%～30% | 3%～15% | 1%～5% | 1% 以下 |

## 第四节　抽样误差的测定

### 一、抽样误差的概念

当由总体中随机地抽取样本时，不管哪个样本被抽到都是随机的，像这样由于随机抽样的偶然因素使样本各单位的结构不足以代表总体各单位的结构，而引起抽样指标和总体指标之间的绝对离差，即抽样误差，如抽样平均数与总体平均数的绝对离差、抽样成数与总体成数的绝对离差等。必须指出，抽样误差是抽样所特有的误差，凡进行抽样就一定会产生抽样误差。这种误差虽然是不可避免的，但可以控制，所以又称为可控制误差。

用抽样指标来估计总体指标是否可行，关键问题在于抽样误差。抽样误差大小表明了抽样效果的好坏，如果误差超过允许的限度，抽样也就失去了价值。所以有必要对抽样误差进行讨论。

抽样误差产生的原因是多方面的，主要有两类：第一类是由于主观原因在登记、汇总、计算、录入中产生的误差，我们称之为登记性误差。另外一类是由于样本结构与总体结构不同，样本不能完全代表总体而产生的样本指标与总体指标之间的误差，我们称之为代表性误差。

代表性误差又可分为系统性误差和随机误差两种。系统性误差又称偏差，它是由于抽样调研没有遵循随机原则而产生的误差，即违反抽样调研的随机原则，有意地抽取较好或较差的单位进行调研，由这种系统性原因造成的样本不足所产生的误差。系统性误差和登记性误差都是不应当发生的，是可以而且也应该采取措施避免发生或将其减小到最小限度。随机误差又称偶然的代表性误差，它是指在没有登记性误差的前提下，又遵循了随机原则所产生的误差。因

为即使遵守了随机原则，但由于偶然抽取的样本结构与总体的结构发生偏差，就会出现或大或小的偶然的代表性误差。它不是由于调研失误所引起的，而是随机抽样所特有的误差。随机误差是抽样调研固有的误差，抽样误差就是指这种随机误差。

抽样误差包括抽样实际误差和抽样平均误差两种。抽样实际误差是指某一样本指标与被它估计的总体指标之间数值的差异，我们知道，对于确定的全及总体来说，总体指标数值是确定的值，由于样本是按随机原则抽选的，从同一总体抽取样本容量相同的样本可以有多种不同的抽取方法，每个样本都有自己的样本指标，因此抽样实际误差不是一个确定的值。抽样平均误差是指所有可能出现的样本指标的标准差，也可以说是所有可能出现的样本指标和总体指标的平均离差。当总体相当大时，可能被抽取的样本非常多，不可能列出所有的实际抽样误差，而用平均抽样误差来表征各样本实际抽样误差的平均水平。抽样的实际误差是无法知道的，而抽样的平均误差是可以计算的。

## 二、抽样平均误差的概念及其计算

抽样误差是一个随机变量，它的数值随着可能抽取的样本的不同而或大或小，为了总体衡量样本代表性的高低，就需要计算抽样误差的一般水平。抽样平均误差是反映抽样误差一般水平的指标，也可以说是样本指标的标准差，即所有可能出现的样本指标与总体指标之间的标准差。抽样平均误差是抽样平均数或抽样成数的标准差，抽样平均数（或成数）的标准差是按抽样平均数（或成数）与其全及总体平均数（或成数）离差平方和计算的。但由于抽样平均数的平均数等于总体平均数，而抽样成数的平均数等于总体成数，因此抽样指标的标准差恰好反映了抽样指标和总体指标的平均离差程度。

假设用 $\mu\bar{x}$ 表示抽样平均数的平均误差，用 $\mu p$ 表示抽样成数的平均误差，$M$ 表示样本可能数目，则：$\mu\bar{x}=\sqrt{\dfrac{\sum(\bar{x}-\bar{X})^2}{M}}$，$\mu p=\sqrt{\dfrac{\sum(p-P)^2}{M}}$。

【例9-5】设总体为2、3、4，从总体中按重复抽样抽出两个单位组成样本，求抽样平均误差就是求所有可能样本平均数的标准差，如表9-6所示。

表9-6　抽样平均误差计算表

| 序号 | 样本总量 (1) | 样本总量 (2) | 样本平均数 $\bar{x}$ | $(\bar{x}-\bar{X})^2$ |
|---|---|---|---|---|
| 1 | 2 | 2 | 2 | 1 |
| 2 | 2 | 3 | 2.5 | 0.25 |
| 3 | 2 | 4 | 3 | 0 |
| 4 | 3 | 2 | 2.5 | 0.25 |
| 5 | 3 | 3 | 3 | 0 |
| 6 | 3 | 4 | 3.5 | 0.25 |
| 7 | 4 | 2 | 3 | 0 |
| 8 | 4 | 3 | 3.5 | 0.25 |
| 9 | 4 | 4 | 4 | 1 |
|  |  |  |  | $\sum(\bar{x}-\bar{X})^2=3$ |

求 2、2.5、3、2.5、3、3.5、3、3.5、4 的标准差得：$\mu\bar{x}=\sqrt{\dfrac{\sum(\bar{x}-\bar{X})^2}{M}}$ $=\sqrt{\dfrac{3}{9}}=0.577$，即为抽样平均误差。

1. 抽样平均数的抽样平均误差

前面已经举例说明了直接按照可能抽样平均数求标准差的方法计算，但该方法太过烦琐，同时由于样本可能数目很多，抽取所有样本计算其平均数和成数是不实际的，也是不可能的；又由于总体平均数 $\bar{X}$ 和成数 $P$ 也是不知道的，在实际应用中，要推导出其他公式来计算。

（1）重复抽样下抽样平均误差的计算。

根据数理统计理论，在重复抽样条件下，抽样平均误差与全及总体的标准差成正比关系，与抽样总体单位数平方根成反比关系，从而可以得出一个计算抽样平均误差的转化公式，即 $\mu x=\dfrac{\sigma}{\sqrt{n}}$。

$\sigma$ 为总体标准差，$n$ 为样本单位数，在总体标准差 $\sigma$ 未知且样本单位数较大时，可以用样本标准差代替。下面用例子来进行验证。

【例9-6】假设有4个工人，其每月产量分别为70、90、130、150件。这一总体的平均工资 $\bar{X}$ 和工资标准差 $\sigma$ 为：

$$\bar{X} = \frac{\sum X}{N} = \frac{70+90+130+150}{4} = 110$$

$$\sigma = \sqrt{\frac{\sum(x-\bar{X})^2}{N}} = \sqrt{\frac{(70-110)^2+(90-110)^2+(130-110)^2+(150-110)^2}{4}} \approx 31.26$$

现在用重复抽样的方法，从4人的产量中抽取2人构成样本，并求样本的平均产量，用以代表4人总体的平均产量水平。所有可能的样本以及各样本的平均产量如表9-7所示。

表9-7 总体指标方差计算表

| 序号 | 样本变量 ($x$) | 样本平均数 ($\bar{x}$) | 平均数离差 $[\bar{x}-E(\bar{x})]$ | 离差平方 $[\bar{x}-E(\bar{x})]^2$ |
|---|---|---|---|---|
| 1 | 70　70 | 70 | −40 | 1600 |
| 2 | 70　90 | 80 | −30 | 900 |
| 3 | 70　130 | 100 | −10 | 100 |
| 4 | 70　150 | 110 | 0 | 0 |
| 5 | 90　70 | 80 | −30 | 900 |
| 6 | 90　90 | 90 | −20 | 400 |
| 7 | 90　130 | 110 | 0 | 0 |
| 8 | 90　150 | 120 | 10 | 100 |
| 9 | 130　70 | 100 | −10 | 100 |
| 10 | 130　90 | 110 | 0 | 0 |
| 11 | 130　130 | 130 | 20 | 400 |
| 12 | 130　150 | 140 | 30 | 900 |
| 13 | 150　70 | 110 | 0 | 0 |
| 14 | 150　90 | 120 | 10 | 100 |
| 15 | 150　130 | 140 | 30 | 900 |
| 16 | 150　150 | 150 | 40 | 1600 |
| 合计 | — | 1760 | 0 | 8000 |

样本平均数的平均数 $E(\bar{x}) = \frac{\sum \bar{x}}{M} = \frac{17600}{16} = 110$（件）。

抽样平均误差：$\mu\bar{x}=\sqrt{\dfrac{\sum(\bar{x}-\bar{X})^2}{M}}=\sqrt{\dfrac{8000}{16}}\approx 22.36$（件）。

现在直接按重复抽样误差公式计算抽样平均误差：$\mu\bar{x}=\dfrac{\sigma}{\sqrt{n}}=\dfrac{31.62}{\sqrt{2}}\approx 22.36$（件）。

所得结果与由定义计算的抽样平均误差完全相同。

从以上计算过程，我们可以看出几个基本关系。

①样本平均数的平均数 $E(\bar{x})$ 等于总体平均数 $\bar{X}$，因而抽样平均误差的实质就是抽样平均数的标准差，所以也称为抽样标准误差。

②抽样平均数的标准差（即抽样平均误差）比总体标准差小得多，仅为总体标准差的 $\sqrt{n}$。

③可以通过选择样本单位数 $n$ 来控制抽样平均误差。例如将样本单位数扩大为原来的 4 倍，则平均误差就缩小一半；如果抽样平均误差允许增加一倍，则样本单位数只需要原来的四分之一。

（2）不重复抽样下抽样平均误差的计算。

在不重复抽样的条件下，抽样平均数的平均误差不但与总体变异程度、样本容量有关，而且还要考虑总体单位数多少，它们的关系如下：$\mu\bar{x}=\sqrt{\dfrac{\sigma^2}{n}\left(\dfrac{N-n}{N-1}\right)}$。

式中 $N$ 为总体单位数。与重复抽样公式对比可以知道，不重复抽样误差等于重复抽样误差在开方内乘以修正因子 $\left(\dfrac{N-n}{N-1}\right)$。由于这个因子总是小于 1，因此不重复抽样误差总是小于重复抽样误差，但当总体单位数 $N$ 很大时，这个因子就十分接近于 1，因而两种抽样的误差相差很小。所以不重复抽样平均误差的公式就可以近似地表示为：$\mu\bar{x}=\sqrt{\dfrac{\sigma^2}{n}\left(1-\dfrac{n}{N}\right)}$。

在一般情况下，总体单位数很大，抽样比例 $\dfrac{n}{N}$ 很小，则 $\sqrt{1-\dfrac{n}{N}}$ 接近于 1，因此，$\sqrt{\dfrac{\sigma^2}{n}\left(1-\dfrac{n}{N}\right)}$ 与 $\sqrt{\dfrac{\sigma^2}{n}}$ 的数值接近。在实际工作中，在没有掌握总体单位数的情况下或者总体单位数 $N$ 很大时，一般均用重复抽样平均误差公式来计算不重复抽样的平均误差。

【例 9-7】仍以 4 个工人为例，其月产量分别为 70、90、130、150 件。现用不重复抽样方法，随机抽取 $1^2_2$ 个工人，并求其平均产量，所有可能的样本以及各样本的平均产量如表 9-8 所示。

表 9-8 总体指标方差计算表

| 序号 | 样本变量 ($x$) | 样本平均数 ($\bar{x}$) | 平均数离差 $[\bar{x}-E\bar{x}]$ | 离差平方 $[\bar{x}-E\bar{x}]^2$ |
|---|---|---|---|---|
| 1 | 70　90 | 80 | −30 | 90 |
| 2 | 70　130 | 100 | −10 | 100 |
| 3 | 70　150 | 110 | 0 | 0 |
| 4 | 90　70 | 80 | −30 | 900 |
| 5 | 90　130 | 110 | 0 | 0 |
| 6 | 90　150 | 120 | 10 | 100 |
| 7 | 130　70 | 100 | −10 | 100 |
| 8 | 130　90 | 110 | 0 | 0 |
| 9 | 130　150 | 140 | 30 | 900 |
| 10 | 150　70 | 110 | 0 | 0 |
| 11 | 150　90 | 120 | 10 | 100 |
| 12 | 150　130 | 140 | 30 | 900 |
| 合计 | — | 1320 | 0 | 4000 |

样本平均数的平均数 $E(\bar{x}) = \dfrac{\sum \bar{x}}{M} = \dfrac{1320}{12} \approx 100$（件）。

抽样平均误差 $\mu\bar{x} = \sqrt{\dfrac{\sum(\bar{x}-\bar{X})^2}{M}} = \sqrt{\dfrac{4000}{12}} \approx 18.26$。

根据已经计算的总体平均数 $\bar{X}=110$，总体标准差 $\sigma=31.26$，也可以按不重复抽样误差公式计算：$\mu\bar{x} = \sqrt{\dfrac{\sigma^2}{n}\left(\dfrac{N-n}{N-1}\right)} = \sqrt{\dfrac{1000}{2}\left(\dfrac{4-2}{4-1}\right)} \approx 18.26$（件）。

两者计算结果完全相同。由此可见，在不重复抽样的条件下，抽样平均数的平均数 $E(\bar{x})$ 仍然等于总体平均数 $\bar{X}$，而它的抽样平均误差 18.26 比重复抽样的平均误差 22.36 要小。

在计算抽样平均误差时，通常得不到总体标准差的数值，要用样本标准差 $s$ 来代替总体标准差。

2. 抽样成数的抽样平均误差

在掌握抽样平均数的抽样平均误差公式的基础上，再来探求抽样成数的抽样平均误差公式是比较简便的。只需要将全及成数的标准差平方代替公式中的全及平均数的标准差的平方，就可以得到抽样成数的平均误差公式。

全及成数标准差平方，也称"交替标志的方差"。有些社会经济现象的标志具体表现为两种情况，非此即彼，交替出现。例如产品分为合格与不合格；对某一电视节目，观众表现为收看或不收看；学生成绩表现为及格或不及格等。这些只表现为是或否、有或无的标志称为交替标志，也称作是非标志。

为计算交替标志的方差，必须将交替的变异标志过渡到数量标志。经过量化的交替变异标志值仍以 $x$ 表示，我们用 $x=1$ 表示单位具有某一属性的标志值，用 $x=0$ 表示单位不具有这一属性的标志值。具有某一属性的单位数用 $N_1$ 表示，不具有这一属性的单位数用 $N0$ 表示，则具有某一属性的单位数占全及总体的比重 $p=N_1/N$，不具有这一属性的单位数占全及总体的比重 $q=N_0/N$。这两个成数之和等于1，即 $p+q=N_1/N+N_0/N=1$，$q=1-p$。

下面以检验工业产品质量为例来说明。假设所检验的产品，凡合格品以标志值1表示；凡不合格品以标志值0表示；以 $p$ 表示合格品占全部检验产品的比重，以 $q$ 表示不合格品占全部检验产品的比重，如表9-9所示。

表9-9 交替标志的平均数和标准差计算表

| | $X$ | $f$ | $Xf$ | $x-\bar{x}$ | $(x-\bar{x})^2$ | $(x-\bar{x})^2 f$ |
|---|---|---|---|---|---|---|
| 是 | 1 | $p$ | $p$ | $1-p$ | $(1-p)^2$ | $(1-p)^2 p$ |
| 非 | 0 | $1-p$ | 0 | $0-p$ | $P^2$ | $P^2(1-p)$ |
| 合计 | 1 | 1 | $p$ | — | — | $(1-p)^2 p + P^2(1-p)$ |

其中，$\bar{x} = \dfrac{\sum xf}{\sum f} = \dfrac{p}{1} = p$

交替标志的标准为：$\sigma = \sqrt{\dfrac{\sum(\bar{x}-\bar{x})^2 f}{\sum f}} = \sqrt{\dfrac{(1-p)^2 p + p^2(1-p)}{1}} = \sqrt{pq} = \sqrt{p(1-p)}$
$= \sqrt{q(1-q)}$

因为 $p+q=1$，$q=1-p$，所以，总体标准差 $\sigma_p = \sqrt{P(1-P)}$，样本标准差 $\sigma_p = \sqrt{p(1-p)}$。

【例9-8】某灯泡厂对10000个产品进行使用寿命检验，随机抽取2%的样本进行测试，得出资料如表9-10所示。

表 9-10 随机抽取样本测试结果

| 使用时间（小时） | 抽查灯泡个数（个） | 组中值 |
|---|---|---|
| 900 以下 | 2 | 875 |
| 900～950 | 4 | 925 |
| 950～1000 | 11 | 975 |
| 1000～1050 | 71 | 1025 |
| 1050～1100 | 84 | 1075 |
| 1100～1150 | 18 | 1125 |
| 1150～1200 | 7 | 1175 |
| 1200 以上 | 3 | 1225 |
| 合计 | 200 | —— |

按照质量规定，电灯泡使用寿命在 1000 小时以上者为合格品，按以上资料计算抽样平均误差。

电灯泡的平均使用时间 $\bar{x}=\frac{\sum xf}{\sum f}=1057$（小时）；

电灯泡合格率 $p=\frac{183}{200}=91.5\%$；

电灯泡的平均使用时间标准差 $\sigma=\sqrt{\frac{\sum(x-\bar{x})^2}{n}}=53.63$（小时）；

由此，计算电灯泡的使用时间抽样平均误差。

重复抽样下的平均误差 $\mu_x=\frac{\sigma}{\sqrt{n}}=\frac{53.63}{\sqrt{200}}\approx 3.79$（小时）；

不重复抽样下的抽样平均误差 $\mu_x=\sqrt{\frac{\sigma^2}{n}\left(1-\frac{n}{N}\right)}=\sqrt{\frac{23.63^2}{200}\left(1-\frac{200}{10000}\right)}\approx 3.75$（小时）。

灯泡合格率的抽样平均误差计算如下。

重复抽样下的抽样平均误差 $\mu_p=\sqrt{\frac{p(1-p)}{n}}=\sqrt{\frac{0.915\times 0.085}{200}}\approx 1.97\%$；

不重复抽样下的抽样平均误差 $\mu_p=\sqrt{\frac{p(1-p)}{n}\left(1-\frac{n}{N}\right)}=\sqrt{\frac{0.915\times 0.085}{200}\left(1-\frac{200}{10000}\right)}\approx 1.97\%$。

## 第五节 抽样估计的方法

### 一、点估计

点估计又称定值估计，它是利用样本计算出的统计量直接作为总体参数的估计量，比如用样本平均数的实际值作为总体平均数的估计量，用样本成数的实际值作为总体成数的估计值。例如，根据某地区样本资料计算出粮食平均每公顷产量 90000 千克，优质粮食作物的比重为 80%，我们就可以用这些数值作为全地区粮食单位面积（每公顷）产量水平和优质品率的估计值。

当然，在参数点估计中，关键是如何构造点估计量，而构造点估计量的方法有多种，如矩估计法、最大似然估计法和贝叶斯法等。

点估计方法简便易行，但这种估计没有表明抽样估计的误差，也没有指出误差在一定范围内的概率保证程度有多大。要研究这些问题，就需要采用区间估计的方法。

### 二、区间估计

区间估计是以一定的概率保证估计包含总体参数的一个范围，即根据样本指标和抽样平均误差推断总体指标的可能范围，构建的这个范围被称作置信区间。用这个区间来表明总体参数可能存在的范围，同时给出这个估计相应的概率保证程度（置信度）。

区间估计必须同时具备三个要素：估计值、误差范围和概率度。误差范围决定抽样估计的准确度，概率保证程度决定抽样估计的可靠性，二者密切联系，但同时又是一对矛盾。所以，对估计的精确度和可靠性的要求应慎重考虑。

在实际抽样调研中，区间估计根据给定的条件不同，有两种估计方法：给

定误差范围，要求对总体指标做出区间估计；给定概率保证程度，要求对总体指标做出区间估计。

假设被估计的参数为 $\bar{X}$、$P$，则 $\bar{X}$、$P$ 落在区间 $[\bar{x}-\Delta\bar{x}, \bar{x}+\Delta\bar{x}]$ 和 $[p-\Delta p, p+\Delta p]$ 内的概率为 $1-a$，即：$P[\bar{x}-\Delta\bar{x}<\bar{X}<\bar{x}+\Delta\bar{x}]=1-a$，$P[p-\Delta p<P<p+\Delta p]=1-a$。

区间 $[\bar{x}-\Delta\bar{x}, \bar{x}+\Delta\bar{x}]$ 和 $[p-\Delta p, p+\Delta p]$ 被称为置信区间，它表达了区间估计的精确性。$1-a$ 为置信度或概率，表示区间估计的可靠程度。例如 $1-a=0.95$，说明有 95% 的可能总体参数包括在估计区间内。而不包括在这个区间的概率 $a=5\%$，叫作显著性水平。

根据置信度的要求，估计总体指标出现的可能范围的具体步骤如下。

（1）抽取样本，根据样本单位标志值计算样本指标，如计算样本平均数或样本成数，作为总体指标的相应估计值，并计算样本标准差用以推算抽样平均误差。

（2）根据给定的置信度 $F(t)$ 的要求，查《正态分布概率表》，求得概率度 t 值。

（3）根据概率度和抽样平均误差来推算抽样极限误差的可能范围，并据以计算被估计总体指标的上下限，对总体参数做区间估计。

# 第十章 市场调研测量技能（二）
## ——态度测量表及其他测量技术

## 第一节 态度测量表

态度是指"人的举止和神情"，或者"人对人或事的看法和采取的行动"。在市场调研与预测学中认为，"态度是一种与我们周围环境的某些方面相关的包括动机、情感、感觉和认知过程的持久结构，是对某一客体所持有的一种比较稳定的赞同或不赞同的内在心理状况。"

态度反映的是被调研者的一种心理状态，是基于理解、认知、感觉、意识形态取向而形成的对一定事物或人的某方面的相对稳定和持久的判断。例如，人们对汉堡包的态度因人而异，有人非常喜欢，也有人非常不喜欢。通过市场调研了解人们对某物、某事、某人的态度，需要采用一定的态度测量技术和方法。

态度测量是市场调研中用于对被调研者就特定的对象所持有的态度取向或态度程度进行测量的一种技术方法。例如，如果我们知道一个人对某网站的态度是十分肯定的，我们就有理由预测他（她）会花比较多的时间去浏览该网页。在企业营销管理中，企业向市场推出新产品或服务之前也会测量一下消费者的态度，以保证新产品或服务比较容易获得消费者的接受。然而，由于人的态度具有复杂性和内含性，因此要了解人的态度取向需要采用科学的态度测量技术。

## 一、态度测量表的特点及分类

在心理学上,一般将测量态度的尺度理解为"量表"。量表是一种调研中用于测量人们态度的尺度工具。实际应用中,由于调研需要了解人们态度的深度和精度不同,因此态度测量所使用的态度量表也不同。

调研中常用的量表类型有以下四种。

1. 类别量表

类别量表是根据被调研对象的性质不同进行分类,并以各类型态度占样本总体数量的比例测算被调研群体主要的态度取向的一种量表。

【例 10-1】您使用过××牌子的洗发水吗? □1.是 □2.否

如果使用过,您会继续使用吗? □1.会 □2.不知道 □3.不会

以上问题就属于类别量表的应用,在后一个问句中,备选答案由"会""不知道"与"不会"三种类型的态度所构成。由调研结果反映不同类型态度的选择比例,能够了解人们的基本态度取向,某类型的态度选择比例越大,表示该类型的态度取向对市场的影响和重要性越大。由于类别量表一般难以用定量方法做态度计量,主要是以性质不同的态度进行分类,因此它属于一种定性分析。

2. 顺序量表

顺序量表是将不同类别的被调研对象按一定准则进行顺序排列的一种量表。

【例 10-2】您认为各种传播媒体的新闻资讯可信程度如何(最可信的填 5,次可信的填 4,以此类推,最不可信的填 1,并将顺序号填入所选答案前的□内): □1.电视 □2.广播 □3.互联网 □4.杂志 □5.报纸

采用顺序量表,最后可根据各项答案被选择的顺序情况,由统计分析更准确地了解到新闻资讯最可信的媒体是什么。其分析方法是先设定各顺序号的分值,比如最可信的为 5 分,次可信的为 4 分,以此类推,最不可信的为 1 分,然后根据全部调研样本统计分析,将总分最大的选项判断为最可信赖的媒体。

3. 等距量表

等距量表是一种既表示各类别之间的顺序关系,也反映各类别顺序位置之间的差距的量表。顺序量表反映的是类别的顺序差异。在例 10-2 中,假设电

视的可信度以 14 分排在首位，报纸的可信度以 12 分排在次位，但并不是说电视与报纸的可信度差距为 2 分。要了解类别之间的差距，需要采用等距量表来处理。

【例 10-3】您认为各种传播媒体的新闻资讯可信程度如何（以 1 分为最可信值，1 分为最不可信值，请您根据您的评价在 1~10 分之间给不同媒体评分，并将评分值填入所选答案前的□内）：□1.电视　□2.广播　□3.互联网　□4.杂志　□5.报纸

使用等距量表不仅能反映类别的顺序，而且能反映类别的差距。例如，被调研者的答案如下：1.电视（9 分）；2.广播（3 分）；3.互联网（4 分）；4.杂志（2 分）；5.报纸（8 分）。

从其评分中可以看出，各媒体按可信度高低排列，依次是电视→报纸→互联网→广播→杂志。同时，其评分也反映出电视与报纸的可信度差距较小，它们的新闻资讯可信度远高于其他的媒体。综合所有被调研者的答案，根据各类型媒体的综合平均值，既可以排列出各媒体新闻资讯可信度的高低顺序，又能比较相互间的可信度差距。

但需要指出的是，等距量表的评分值是人为设定的数值，并非客观的标准值，因此在数值之间进行算术上的加减乘除运算是没有意义的。例如某调研者给电视评分为 9 分，给广播评分为 3 分，只能反映出他认为电视比广播更可信，而不能说电视的可信度是广播的 3 倍。在实际调研中，被调研者给某类媒体高分值，而给另一类媒体低分值，也可能是受到某一突出事件的影响或个人对媒体的认识差异而造成的。

4. 等比量表

等比量表是一种最高层次的度量量表，除了具有其他量表的尺度功能外，它还是一种有绝对零点特性的态度量表。所谓绝对零点，是指量表中客观上有真正零点的标准值，数值之间具有算术上的加减乘除运算的意义。在市场调研中，人数、收入、成本、支出等变量都是可用等比量表进行测量的类别。

很显然，等比量表的测量尺度，一是能反映类别的不同，如根据家庭平均月收入的层次，可以将家庭分为高收入户、中等收入户与低收入户三类。二是能根据收入的高低进行顺序排列。三是可反映出不同收入类别的差距，如高收入户与低收入户的差距。四是能运用乘除运算将类别间进行比率分析，例如，

若高收入户的平均月收入是 2 万元，而低收入户的平均月收入是 2000 元，用等比量表测算，我们可以说高收入户的平均月收入是低收入户的 10 倍。

以上四种量表对事物的测量层次是由一般到具体、由简单功能到复杂功能逐步递进的。高层次的态度测量量表功能包含了低层次的量表功能。例如，等距量表不仅能反映类别的位置差距，而且能反映类别的顺序排列（顺序量表）和进行类别的划分（类别量表）。但在市场调研实践中，由于态度通常是一种思想性的东西，较难用客观的标准来进行测量，因此在市场调研中等比量表应用得不多，最常用的是类别量表和顺序量表。

### 二、常用的态度测量表

市场调研中使用的测量被调研者态度的量表有很多，总的来说，可以分为两大类，即直接量表和间接量表。所以，常用的态度测量表也是由直接量表和间接量表组成。

1. 直接量表

直接量表是由调研人员以直接方式了解被调研者态度的测量技术。这是一种比较常用的态度测量方法，它通常是由调研人员向被调研者提出询问态度的问题或语句，然后根据后者的回答或选择的答案测量和了解其态度取向。

（1）评比量表。

评比量表又称评价量表，是由调研人员事先将各种可能的选择答案标示在一个评价表上，然后要求应答者在该测量表上指出他（她）的态度或意见，评比量表的特点是以较为直接的方式向被调研者了解其态度，提问方法直接、明确，易于理解，因而在市场调研中应用较为广泛。

【例 10-4】可口可乐与百事可乐之间，您更喜欢哪个品牌？□可口可乐　□百事可乐；请您根据喜欢的程度对品牌产品进行评价（在相应的栏内打"√"），如表 10-1 所示。

表 10-1　可口可乐与百事可乐评价表

| 序号 | 品牌名称 | 您的喜欢程度 ||||||
|---|---|---|---|---|---|---|
| | | 非常喜欢 | 喜欢 | 一般 | 不喜欢 | 非常不喜欢 |
| 1 | 可口可乐 | | | | | |
| 2 | 百事可乐 | | | | | |

从以上评比量表的应用可以看出，调研者通过给问句设定不同程度的答案或设定一定的分值，就可以在调研后根据所收集到的资料进行分析，了解调研对象的态度类别及态度的程度。

例如，可以用自然数设定各答案的分值，"非常不喜欢"给1分，"不喜欢"给2分，"一般"给3分，"喜欢"给4分，"非常喜欢"给5分。或者按态度类别设定各答案的分值，中性态度的"一般"给0分；正面肯定态度的"喜欢"给1分，"非常喜欢"给2分；负面否定态度的"不喜欢"给-1分，"非常不喜欢"给-2分。这样，根据设定的分值，就可以在汇总调研资料时计算总分值、平均分值或百分比值，并以相关分值判断人们对某事物的态度取向和态度程度。

（2）等级量表。

等级量表是一种顺序量表，它是将许多研究对象同时展示给受访者，并要求根据研究对象的某一特点（或标准），将事物属性进行排序或分成等级，并用数字表示。例如，要求受访者根据总体印象对不同品牌的商品进行排序，体育比赛中的冠军、亚军、季军（或第一名、第二名、第三名等）。如表10-2、表10-3所示。

表 10-2　等级量表分类（1）

| 描述教师对待班级的态度 |||||
|---|---|---|---|---|
| 非常肯定 | 大多数时候是肯定的 | 既不肯定也不否定 | 偶尔否定 | 非常否定 |
| 5 | 4 | 3 | 2 | 1 |
| | | | | |

如果你感到教师对待班级的态度是极其肯定的话，就在这个问题上记

"5"分。

表 10-3 等级量表分类（2）

| 描述班级学生的态度 ||||| 
|---|---|---|---|---|
| 全班都觉得极其愉快和/或满意 | 大多数学生显得愉快和/或多数时候感到满意 | 大约半数人显得愉快和/或满意 | 有时候学生会感到愉快和/或满意 | 全班都显得很不愉快和/或不满意 |
| 5 | 4 | 3 | 2 | 1 |
|  |  |  |  |  |

如果你觉得班级在大多数时候令人满意，但不总是令人满意的话，就对这个问题记"4"分。

（3）语意差别量表。

语意差别量表是通过一系列的形容词来让应答者表明他们对某个给定目标的态度，要求被调研者在问句下提供的两种极端态度中间进行选择，以此来判断其态度取向的一种态度测量表。

【例10-5】您如何评价A品牌的饮料产品？（请根据您的看法，在下面的量表上打"√"）

```
         非常   比较   一般   比较   非常
   昂贵的_____便宜的
  有营养的_____没有营养的
   合口味的_____不合口味的
  有益健康的_____有害身体的
    高档的_____低档的
```

以上介绍的三种态度测量量表都属于直接量表，都是由调研者直接将拟定好的询问有关态度的问题向调研对象进行提问，由被调研者的回答直接来了解其态度的测量量表。

2. 间接量表

间接量表是通过较为婉转、隐蔽的方式了解被调研者态度的测量方法。运用间接法了解调研对象的态度时，调研者会用特定含义的语句向调研对象询问，并由其对语句选择的情况或对语句的反映来判断其态度取向。由于间接法在测量态度时具有婉转、隐蔽与间接的特点，容易产生因被调研者对问题的不理解或误解而放弃作答、作答不当而错答等问题，因此，必须谨慎应用间接量表做态度测量。间接量表最常用的是李克特量表。

李克特量表是由美国社会心理学家李克特于1932年在原有的总加量表基础上改进而成的。这种量表是由一组对某事物的态度或看法的陈述组成，回答者对这些陈述分成"非常同意、同意、不知道、不同意、非常不同意"五类，或者"赞成、比较赞成、无所谓、比较反对、反对"五类，根据每个调研对象回答的积极程度分别赋予5、4、3、2、1分，将其所得的分数累加得到一个总分，这个总分就反映出了调研对象对某个议题的态度。

李克特量表在形式上与沙氏通量表相似，都要求受测者对一组与测量主题有关的陈述语句发表自己的看法。其区别是，沙氏通量表只要求受测者选出他所同意的陈述语句，而李克特量表要求受测者对每一个与态度有关的陈述语句都表明他同意或不同意的程度。另外，沙氏通量表中有关态度的语句按有利和不利的程度都有一个确定的分值，而李克特量表仅仅需要对态度语句划上有利或者不利，以便事后进行数据处理。

李克特量表构造的基本步骤如下。

（1）收集大量（50~100）与测量的概念相关的陈述语句。

（2）由研究人员根据测量的概念将每个测量的项目划分为"有利"或"不利"两类，一般测量项目中有利的或不利的都应有一定的数量。

（3）选择部分受测者对全部项目进行预先测试，要求受测者指出每个项目是有利的或不利的，并在强度描述语中进行选择，一般采用所谓"五点"量表：a.非常同意；b.同意；c.无所谓（不确定）；d.不同意；e.非常不同意。

（4）对每个回答给一个分数，如从"非常同意"到"非常不同意"的有利项目分别为1、2、3、4、5分，不利项目的分数就为5、4、3、2、1分。

（5）根据受测者的各个项目的分数计算代数和，得到个人态度总得分，并依据总分多少将受测者划分为高分组和低分组。

（6）选出若干条在高分组和低分组之间有较大区分能力的项目，构成一个李克特量表。比如可以计算每个项目在高分组和低分组中的平均得分，选择那些在高分组平均得分较高并且在低分组平均得分较低的项目。

李克特量表的构造比较简单而且易于操作，因此在市场营销研究实务中应用非常广泛。在实地调研时，研究者通常给受测者一个"回答范围"卡，请他从中挑选一个答案。需要指出的是，目前在商业调查中很少按照上面给出的步骤来制作李克特量表，通常是由客户项目经理和研究人员共同研究确定。

在李克特量表中，受访者要对每一条语句分别表示同意的程度。一般采用5级：非常同意、同意、无所谓、不同意和非常不同意，当然也可以是相反的顺序，如1表示非常不同意，5代表非常同意等。可以将各数字代表的含义在题目开头给出，然后让受访者根据对每个陈述语句的同意程度填写1~5中的某个数字，但更常用的一种格式是将1~5分别列在每个陈述语句的后面，让受访者根据自己同意或不同意的程度在相应的数字上打钩或划圈。后一种方式看起来不太简洁，但更便于受访者理解和回答。

在员工满意度研究中，李克特量表的使用十分普遍，由于它比较容易设计和处理，受访者也容易理解，因此在邮寄访问、电话访问和人员访问中都很适用。其主要缺点是回答时间较长，因为受访者需要阅读每条态度陈述语句。

## 第二节　其他测量技术

### 一、投射技术

在定性市场研究中，有时我们会希望运用一种比较自然的、敏感度较低的方式来使被访者表达出他的情感、需求、动机等，这时我们就会运用到投射技术。

投射技术，或称投射测验，原本是心理测试中用于人格评估的一种方法。所谓投射是指个人把自己的态度、愿望、情绪、动机等人格特征不自觉地反应于外界事物或他人的一种心理现象，即个人的人格结构对感知、组织及解释环境的方式发生影响的过程。投射测验就是通过被访者对于这种结构不明确的、模糊不清的刺激的反应来分析、推断其相应的人格特征。刺激本身并不含有一定的意义，然而它们所引发的反应则是有特殊意义的，此意义来自被访者对测验刺激的主观解释和想法，在不知不觉中，投射出其心理上的需要、情绪、动机、冲突、防御等内在状态。投射测验的工具都是由一组或一系列不具有明确结构的材料或作业组成，它们在含义上相当暧昧，使被访者对测验的目的和意图难以捉摸。被访者在反应上并不受限制，且鼓励以自由联想方式作答。

人的所有知觉经验中，都会有投射作用。也就是说，知觉者总是将一些内在的主观经验投射到刺激来源上，认为该刺激具有某些性质。这些主观经验可以是信念、预期、情绪、需要、动机等，既包括长期、稳定的人格特质，也包括当时的特定主观状态。

投射技术的缘起和发展与心理分析理论有密切关系。心理分析理论强调人格结构的大部分是无意识成分，必须借助某种无确定意义、非结构化的刺激情境为引导，才能使个体隐藏在无意识中的欲望、需求、动机、冲突等泄露出来。投射技术在这一理论框架下，被用来作为发掘被访者无意识过程的工具。投射测验的设计者常用心理分析观点作为指导来选择刺激，解释测验的结果。

投射技术的基本理论假设是：第一，人们对于外界刺激的反应都是有原因且可以预测的，而不是偶然发生的；第二，这些反应固然取决于当时的刺激或情境，但个人本身当时的心理状况、过去的经验、对将来的期望，以及对当时的知觉与反应的性质和方向都发生了很大的作用；第三，人格结构的大部分处于潜意识中，个人无法凭其意识说明自己，而当个人面对一种不明的刺激情境时，却常可以使隐藏在潜意识中的欲望、需求、动机、冲突等泄露出来。

1. 投射技术的分类及其在市场研究领域的应用

（1）联想法。

这种投射测验是给被访者呈现一连串不相联系的字词或图片，让被访者说出由每个刺激所引发的联想内容。在心理学领域最有影响力的联想类投射测验是罗夏墨迹测验，是由瑞士精神病医生海曼·罗夏于1921年创立的。测验材料由10张墨迹图片组成，其中5张是浓淡不同的黑白墨迹图片，2张是红与黑两色组合图片，3张是几种颜色组合的图片。要求被访者将看到图片后所想

到的东西自由地、原封不动地说出来，答案无所谓对错。

罗夏墨迹测验作为一种非文学性的测验，基本不受知识水平和文化背景的形响，而且可以较好地避免被访者的掩饰和伪装，结果具有很高的真实性。在市场研究领域我们也会用到根据图片进行联想的投射测验，罗夏墨迹测验的图片设计和评价标准都具有一定的参考价值。在市场研究中比较常用的方法主要是词语联想，词语联想的内容大致可分为以下几类。

①已存在品牌。比如给被访者呈现"欧来雅"品牌文字，请其随心所欲地说出联想到的所有内容，以此可以了解到"欧莱雅"在消费者心目中的品牌形象。

②新品牌命名。比如给出某纯净水品牌的三个备选名字：渴望、纯露、清清，请被访者说出看到每个名字后联想到的内容，以此来了解每个名字带给消费者的印象是怎样的。

③产品名称。比如给出某类手机产品名称，请被访者说出看到名称后联想到的所有内容，以此来了解消费者对于手机的关注、需求方面以及手机给他们生活带来的影响。

词语联想方法比较简便易行，可以快速地收集大量的信息，分析也相对容易，在调研当中是一种比较有效的投射技术。

（2）完成法。

在市场研究领域比较适用的是句子完成法和故事完成法。

句子完成法是给被访者提供一些不完整的句子，请其将句子填充完整，以从中了解消费者的内心想法。例如，如果我有一辆轿车，我会……

故事完成法是给被访者提供一个没有讲完的故事，请其将故事讲完，从而可以了解到消费者自身的真实想法。例如，大明和他的妻子花 40 万元买了一套房子，准备用 20 万元来买家具和装修，但是大明的妻子准备购买的全套家具要花掉 12 万元，这样只有 8 万元可以用来装修，这对于一套两室两厅 120 平方米的房子就有些不够了。于是，大明和妻子商量后决定……

完成法与词语联想法一样，也比较简便易行，可以快速地收集大量的信息，而且形式比较生动活泼，容易引起被访者的参与兴趣，是一种不错的市场研究投射技术。

（3）选择或排列法。

这两种方法在心理学领域与市场研究领域都有一定的应用且方法基本相同。

选择法或称归类法，是指让被访者从提供的很多图片或形容词中挑选出与所要描述的事物相匹配的那些。美国最大的广告代理商环球 BBDO 公司开发的照片归类法就是归类法投射技术的一个很好的例子。他们给被访者提供了一组表现不同类型人群的照片，如白领、工人、大学生等，让被访者将照片与他所认为的这个人应该使用的品牌放在一起。对通用电器公司的照片归类调研发现，被访者认为这个品牌吸引的是年长而保守的商界人士，为了改变这种形象，通用电气公司进行了一次"为生活增添光彩"的宣传促销活动。另外一次为 Visa 信用卡所做的照片归类调研发现，在被访者心目中 Visa 卡的形象是健康、女性、中庸，于是公司开展了名为"随心所欲"的针对高收入的男性市场的宣传促销活动。

排列法的通常做法是将给出的同类产品的一些品牌按照喜好程度或其他标准进行排序，以获得被访者对各个品牌最基本的看法。比如列出 10 个洗发水品牌：飘柔、潘婷、沙宣、夏士莲、诗芬、伊卡露、力士、风影、舒蕾、好迪，请被访者根据个人的喜好程度进行排序。这种方法在需要将同类型产品的各个品牌进行比较时最为适用。

2. 投射技术的优缺点

投射技术的主要优点如下。

（1）测验目的不会明确地告知被访者，以避免被访者有意防范而提供虚假答案。

（2）测验形式比较灵活，容易引起被访者的参与兴趣。

（3）很多测验的材料是非文字的，可适用于不同文化背景和年龄范围的人群。

投射技术的主要缺点如下。

（1）解释比较复杂，需要一定的专业知识和经验。

（2）分析结果带有施测者的主观色彩。

（3）费用相对较高。

总之，只要我们合理有效地将投射技术应用于定性市场研究领域，它能够

给我们带来很多的帮助和启发；同时也要注意到投射技术的局限性，切不可为了投射而投射。

## 二、深度访谈

深度访谈是一种无结构的、直接的、一对一的访问形式。访问过程中，由掌握高级访谈技巧的调研员对调研对象进行深入的访问，用以揭示对某一问题的潜在动机、态度和情感。深度访谈最常应用于探测性调研，应用范围包括：详细了解复杂行为、敏感话题，或对企业高层专家、政府官员进行访问。

深度访谈作为定性研究中的一种方法，在目前的社会学领域中有着重要的地位。所谓深度访谈就是半结构式的访谈。汤姆·文格拉夫提出了半结构式深度访谈的两个最重要的特征：第一，它的问题是事先部分准备的（半结构的），要通过访谈员进行大量改进，但只是改进其中的大部分，作为整体的访谈是"你和你的被访者的共同产物"；第二，要深入事实内部。

深度访谈的优点是访谈对象的观点不会互相"感染"，更适合于了解复杂、深刻的问题，诸多复杂、抽象的问题难以三言两语表述清楚，只有通过深度访谈、自由式交谈才能详尽、彻底。

1. 深度访谈的特点

（1）深入。

深度访谈并不单纯指访谈者与被访者重复地面对面的接触，更主要的是指访谈双方的交流是自由、轻松的，甚至是无障碍的平等交流。问题多半是一个大范围或一个题目细化后的访谈提纲，由访谈者与被访谈者在一定的范围内就访谈提纲进行自由交谈。双方围绕一定的题目，访谈者可从中获得大量与研究问题有关的丰富的社会背景材料，和访谈对象在这一背景中的所思、所言、所为等生动而鲜活的资料。

（2）深信。

在访谈的深入交流过程中，访谈者要高度尊重并重视被访者的说法、观点，超越访谈者个人的感受、理解与解释。访谈这一交往过程包含访谈者（信息发送者）、被访者（信息接收者）、通道、信息编码、信息反馈等基本要素。访谈过程中，信息的传递和反馈是双向的，访谈的每一方都在不断地将信息回送给另一方，双方都可能是信息的发送者和接收者。作为整体的访谈是访谈者和被访者的共同产物。访谈者和被访者之间是平等的关系。访谈者不是操控访谈过程，而是引导访谈过程；被访者不是被研究的对象，而是研究的信息提供者。访谈者要事先准备部分的访谈信息（半结构的），以中性的语言提出研究的问题，对于被访者的回答，无须做出反馈或评价，不能进行诱导，更不必去迎合或说服访谈者，应当始终保持中性的立场。访谈者只有持着客观、尊重的态度，才能从被访者身上得到真实而深入的信息。

（3）深究。

在深入访谈的基础上，面对真实、丰富的访谈材料，访谈者要善于去芜存菁，探索隐藏在表面陈述中的深刻意义。深度访谈的重点不仅是得到被访者的陈述，而且要通过被访者的陈述材料，探索其中折射出来的对某些活动、事件、现象的多元观点。在这当中，访谈者要搁置自我的感受、解释与理解，超越自我的假设，探索潜藏在表层观点下所蕴含的意义。有人曾将访谈比喻为采矿，访问者就像是采矿者，面对被访者提供的反馈信息，访谈者的工作就是去不断地挖掘它。不要寄希望于让被访者道出背后的真理，而是要靠访谈者的深入思考。

2. 访谈的原则

（1）针对性原则。

深度访谈的目的在于发现核心问题，分析问题的成因，进而提出建设性意见。整个访谈过程要聚焦于访谈目标的核心问题，围绕问题可以发散讨论，但不可过分纠缠，访谈主线不可偏离，要适时收敛，并善于引导使之回归主题。

（2）和谐性原则。

访谈双方处于相互平等的位置，访谈者应积极营造轻松和谐的环境和氛围，消除访谈对象的心理压力，真诚与坦诚地交流。只有在一种和谐的访谈氛围中，双方才可能围绕共同感兴趣的论点，平等交流，道出真实想法，并深入思考、开拓思路，进而产生思想和见解的共鸣。

（3）适度性原则。

在捕捉有价值的信息时，应适度激发访谈对象潜在的态度和观点，暗示、鼓励他们提供更新、更多的信息，帮助他们理清思路，明晰观点；围绕访谈主题，如访谈双方有观念、观点或认识差异，要引导访谈对象陈述观点，保持对

访谈对象的尊重和论争底线，避免出现不必要的争辩。

3. 访谈前的准备工作

（1）明晰访谈目的与价值。

首先要确定深度访谈的总目的。访谈以发现问题为出发点，重在剖析问题的产生背景、形成过程、条件和原因，为形成破解问题的思路提供依据和基础，访谈的最终目的和最高价值在于科学、客观地提出建设性意见和方案。

（2）详细了解访谈对象。

了解访谈对象的背景、经历，必要时甚至了解其兴趣、主要特长等情况，对访谈过程中的沟通和理解能够起到很好的作用。另外还要考虑访谈对象的思想情感，特别是对生活、工作的态度，尽可能多地了解有关访谈对象的内隐信息资料。要记住，被访者不是被研究的对象，而是研究的教学信息提供者。

（3）合理安排访谈。

访谈前根据访谈的目的合理安排访谈对象、人数、时间、地点等，不可机械地把所有的访谈和多种访谈目的安排在一起。深入访谈以单独访谈为主，应注意选择适宜的环境和时间，可重点围绕关键问题深挖细论、深入思考。

（4）科学制定访谈提纲或框架。

对要访谈的问题进行内心预设，要根据访谈目的科学设计访谈内容，明确了解什么情况、掌握什么信息，据此列出访谈提纲。要针对访谈的目的准备好有探讨性的话题，以此因势利导深入交流。另外，还要设计、确定好访谈流程。

第一，拟定访谈环境，包括访谈物理环境和访谈对象的心理环境；

第二，准备接触性话题，重点解除顾虑与紧张；

第三，选择间接性话题，准备好几种可能的、恰当的切入点和时机，如谈及访谈对象的工作背景、经历等，为进入访谈正题做好铺垫；

第四，确定实质性话题，围绕访谈目的定好几种深入探讨的话题，体味表面现象背后的因素，了解因素产生的背景，揭示背景起作用的过程，进而探讨问题的实质和出路。

# 第十一章 市场调研资料统计整理与显示技能

## 第一节 市场调研资料统计整理

### 一、市场调研资料统计整理的意义

通过市场调研，我们取得了大量的资料，但这些资料一般是分散的、不系统的个体资料，它们只能说明总体各单位的具体情况而不能说明总体的特征。因此，必须对这些分散的、不系统的个体资料采用科学的方法进行加工、整理和汇总，并以此计算各种反映总体特征的综合指标，来认识和分析总体的特征。

统计整理在市场调研工作中起着承前启后的作用。统计整理工作质量的高低，直接影响着整个调研工作的效果。市场调研收集到的资料，只有经过科学的审核、分类和汇总等整理工作，才能使调研发挥出从整体反映事物的数量特征的功能，否则调研取得的资料再丰富，其作用也发挥不出来，市场调研分析就无法进行。

此外，统计整理还是积累历史资料的必要手段。研究中经常要进行动态分析，这就需要长期积累的历史资料。而根据累计资料的要求，对已有的资料进行甄选，以及按照历史的口径对现有资料的重新调整、分类和汇总，都必须通过统计整理工作来完成。

## 二、市场调研资料统计整理的内容

市场调研资料统计整理的内容，主要包括以下几个方面。

（1）对市场调研收集上来的原始资料进行审核与检查，如果发现调研单位的资料不齐全或有差错，要及时查询订正。

（2）对各项指标进行综合汇总，并按调研和分析目的的要求进行各种分组，汇总出各组单位数和各项指标的总数。

（3）将汇总的结果编制成统计表与统计图，以便进一步分析说明。

## 三、市场调研资料统计整理的步骤

市场调研资料统计整理就是根据研究任务的要求，对调研收集的资料进行分组、汇总，使其条理化、系统化的工作过程。市场调研收集来的资料，不论是哪一种类型都必须经过整理才能进行进一步的分析。资料的类型不同，研究的目的不同，资料整理的方法也不同。

市场调研资料统计整理是一项细致、周密的工作，需要有计划、有组织地按照以下步骤进行。

1. 设计和编制资料的整理方案

市场调研资料整理方案是市场调研设计在整理阶段的继续和具体化，市场调研资料的整理必须严格依据整理方案进行。整理方案是根据研究的目的和要求，事先对整个工作做出全面的计划和安排。其主要内容包括确定汇总的指标与综合统计表，确定分组方案，选择资料汇总形式，确定资料审查的内容与方法，确定与历史资料的衔接方法，对整理各工作环节做出时间安排和先后顺序安排等。市场调研资料整理方案是保证市场调研资料整理工作按时、按质、按量完成的指导性文件，方案设计是否合理直接关系到市场调研资料整理工作的质量。因此，一定要做到慎重周密。

2. 对市场调研资料进行审核检查

为了保证市场调研资料的质量，在对资料进行整理前，应对调研得来的数据资料的准确性、及时性和完整性进行严格的审核。数据资料的整理，可分为对原始数据资料的审核、整理和对二手资料的检查、整理。

对于原始数据资料的审核和整理应主要从完整性和准确性两个方面进行。完整性主要是指检查应调研的单位是否有遗漏、所有的调研项目或指标是否填写齐全等；准确性主要是指检查原始数据是否真实、可靠，计算是否有误等。审查数据是否准确的方法主要有逻辑审查和计算审查两种。

（1）逻辑审查。

逻辑审查主要是从定性角度审查数据是否符合逻辑，内容是否合理，各项目或数量之间有无相互矛盾的现象。例如儿童年龄段的人所填的职务是高级工程师，对此显然违背逻辑的项目，应予以纠正。

（2）计算审查。

计算审查是指审查调研表中的各项数据在计算结果和计算方法上有无错误。例如各分项数字之和是否等于相应的合计数，各结构之和是否等于1或100%，出现在不同表格上的同一指标数值是否相同等。

对于二手资料的整理应注意及时性，要分清楚哪些资料是目前可用的，哪些是目前不适用的，哪些需要再加工，哪些不需要再加工。

3. 进行科学的统计分组与汇总

根据市场调研资料统计整理方案的要求，按已确定的汇总组织形式和具体方法，依照一定标志对调研资料进行分组。按分组的要求，对各项数字进行汇总，计算分组单位数、总体单位数、分组标志总量和总体标志总量。在市场调研资料统计整理过程中，对大量的原始资料进行分组、汇总和计算是一项主要的工作。

4. 审核汇总后的调研资料

对整理好的资料再一次进行审核，改正汇总过程中发生的各种差错。汇总后的审核可以从以下几个方面进行。

（1）复计审核，即对每个指标数值进行复核计算。

（2）表表审核，即审核不同市场调研资料上重复出现的同一指标数值是否一致，对市场调研资料中互有联系的各个指标数值，则审核它们之间是否衔接和符合逻辑性。

（3）表实审核，即将汇总得到的指标数值与了解的实际情况联系起来进行检查。

（4）对照审核，即对某些统计、会计、业务三种核算都进行计算的指标数

值、应进行相互对照检查，看数字是否相同，以便从中发现可能出现的错误。在审核过程发现错误时应查明原因，及时更正。

5. 编制统计表、绘制统计图

把整理好的市场调研资料用统计表或统计图的形式表现出来，可以简明扼要地表现社会经济现象在数量方面的具体特征和相互关系。

6. 市场调研资料的系统积累与保管

市场调研资料整理在市场调研工作中起着承前启后的作用，它实现了从个别单位的标志值向说明总体的数量特征的指标值的过渡，是感性认识上升到理性认识的过渡阶段。市场调研资料整理的质量直接影响着市场调研工作的成果。

通过以上整理，可为后续的市场调研分析工作提供及时、准确、全面的数据资料。

## 第二节　统计分组

### 一、统计分组的概念

统计分组是根据市场调研的需要，按照一定的标志将总体区分为若干个性质不同而又有联系的组成部分的一种统计研究方法。这些组成部分称为这一统计总体的"组"。

统计分组对总体而言是"分"，即把统计总体划分为一定意义上的性质相异的若干个组，对个体而言是"合"，即把一定意义上的性质相同的个体组合成一组。其分组原则是"穷尽和互斥"，即每一个单位都要分到组中并且保证组间各单位具有差异性，组内各单位具有同质性。统计分组是把总体划分为一个个性质不同的范围更小的总体。例如对全国总人口这一总体，根据研究的需要可以按性别等不同的标志进行分组，如表11-1所示。

表 11-1  我国 2010 年第六次人口普查主要数据

| 指标 | 年末数（万人） | 比重（%） |
| --- | --- | --- |
| 全国总人口 | 133972 | 100.00 |
| 按城乡分 | | |
| 城镇 | 66557 | 49.68 |
| 乡村 | 67415 | 50.32 |
| 按性别分 | | |
| 男性 | 68687 | 51.27 |
| 女性 | 65285 | 48.73 |
| 按年龄分 | | |
| 0～14 岁 | 22239 | 16.60 |
| 15～64 岁 | 99849 | 74.53 |
| 65 岁以上 | 11883 | 8.87 |

通过分组，我们将性质相同的各单位结合在一起，将性质相异的各单位分开，区分了事物之间质的差异，并能据此从数量上揭示事物的内部联系，从而反映出我国人口的分布与特征，满足其研究问题的需要。

## 二、统计分组的作用

（1）划分性质不同的各种类型，研究其特点和规律性。

将社会经济现象总体划分为性质不同的类型，这是统计整理工作中应用最广泛、最主要的分组。例如表 11-1 中全国总人口按照城乡划分为城镇和乡村，接下来就能够通过分组观察城乡的人口差别，利于其深入分析。

（2）分析总体中各个组成部分的结构情况。

将社会经济现象总体按照某个标志分成若干组成部分，并计算其总体内部各组成部分占总体的比重，揭示总体内部的构成，表明部分与总体、部分与部分之间的关系。在表 11-1 中，男性占 51.27%，女性占 48.73%，可以由此分析出男女比例协调情况。

（3）可以揭示现象之间的依存关系。

一切社会现象都不是孤立的，而是处于互相联系、互相依存、互相制约

之中。通过统计分组，可以揭示这种关系及其在数量上的表现。例如，观察1990—2006年我国城镇居民和农村居民收入与恩格尔系数的关系可以发现，随着城镇居民家庭人均可支配收入及农村居民家庭人均纯收入水平的提高，其恩格尔系数都在不断地下降，如表11-2所示。

表11-2　1990—2006年我们城镇居民和农村居民收入与恩格尔系数的关系

| 年份 | 城镇居民 家庭人均可支配收入（元） | 城镇居民 恩格尔系数（%） | 农村居民 家庭人均纯收入（元） | 农村居民 恩格尔系数（%） |
| --- | --- | --- | --- | --- |
| 1990 | 1510.2 | 54.2 | 686.3 | 58.8 |
| 1992 | 2026.6 | 53.0 | 784.0 | 57.6 |
| 1994 | 3496.2 | 50.0 | 1221.0 | 58.9 |
| 1996 | 4838.9 | 48.8 | 1926.1 | 56.3 |
| 1998 | 5425.1 | 44.7 | 2162.0 | 53.4 |
| 2000 | 6280.0 | 39.4 | 2253.4 | 49.1 |
| 2002 | 7702.8 | 37.7 | 2475.6 | 46.2 |
| 2004 | 9421.6 | 37.7 | 2936.4 | 47.2 |
| 2006 | 11759.5 | 35.8 | 3587.0 | 43.0 |

### 三、分组标志与分组类型

1. 分组标志的选择原则

（1）要根据研究的目的与任务选择分组标志。

我们之所以选择一定的标志对总体进行分组，是为了达到一定的研究目的，完成一定的研究任务。研究目的不同，选取的分组标志就有所不同。例如对学生这个总体，要研究学习情况，可以按照分数进行分组；要研究生源地，可以按照省份分组；要研究男女生的不同看法，可以按照性别进行分组。

（2）要选择能够反映事物本质或主要特征的标志。

明确了市场调研资料研究的目的，还不等于能够选择好分组标志，因为说明同一问题可能有若干个相关标志，在进行分组时，应选择最能反映事物本质特征的标志。

例如研究城镇居民家庭生活水平状况，能够反映居民家庭生活水平的标志有家庭人口数、就业人口数、每一就业者负担人数（含本人）、家庭年收入、平均每人年收入等，其中最能反映居民家庭生活水平状况的标志是"平均每人年收入"，所以应选择这一标志作为分组标志。

（3）要根据现象的历史条件以及经济条件来选择。

社会经济现象随着时间、地点、条件的变化而发生变化，其标志的内涵也会发生变化。同一分组，在过去适用，现在就不一定适用；在这一场合适用，在另一场合就不一定适用。例如，在计划经济时期，企业按所有制形式分组一般是分为四组：全民所有制企业、集体所有制企业、私营企业和其他企业。而现在按企业登记注册类型可分为：国有企业、集体企业、股份合作制企业、联营企业、有限责任公司、股份有限公司、私营企业、港澳台商投资企业、外商投资企业、个体企业等类型。又如，对最低生活水平的确定，就不能沿用20世纪五六十年代的标准，而应根据目前的生活水平状况制定标准，然后再进行分组。此外，行业的划分也发生了很大变化。

结合研究对象所处的历史条件、经济条件选择分组标志，这样可以保证分组标志在不同时间、不同场合的适用性。

2.统计分组的类型

（1）根据分组标志的性质划分。

根据分组标志的性质不同，可分为按品质标志分组法和按数量标志分组法两种。

①按品质标志分组法，是指选择反映事物属性差异的品质标志作为分组标志进行分组。例如，人口按性别、民族、职业、文化程度等分组；企业总体按所有制可分为国有、集体、联营、股份合作、其他等组。

按品质标志分组就是用反映事物的属性、性质的标志分组，它可以将总体单位划分为若干性质不同的组成部分。这种分组在许多情况下概念明确，但有时也会产生不容易划分的情况，即每个总体单位应当划归哪一类的问题。例如城镇居民和乡村居民按其居住地划分，就会产生不易划分的情况，为了使这些复杂的分类在全国统一执行，国家统计局及中央有关部门统一制订有各种分类目录与规定标准。

②按数量标志分组法，是指选择反映事物数量差异的数量标志作为分组标

志进行分组。社会经济统计工作的研究对象是社会经济现象总体的数量方面，所以，按数量标志分组是我们研究的重点。例如企业按工人数量、产值、产量等标志进行分组；居民家庭按子女人数分组，可分为0人（无子女）、1人、2人、3人等。

按数量标志分组的目的，并不是单纯确定各组在数量上的差别，而是要通过数量上的变化来区分各组的不同类型和性质。因此，按数量标志分组，应根据事物内在特点和统计研究的要求，先确定总体在某数量标志的特征下有几种性质不同的组成部分，再研究确定各组成部分之间的数量界限。

按数量标志分组就是用事物数量的多少作为分组标志的分组。数量标志可以是绝对数，也可以是相对数，这种分组是按照具体数值界限划分的，一般不会产生困难，其关键在于如何划分它们的界限。

（2）根据分组标志的个数划分。

根据分组标志的个数不同，可分为简单分组法和复合分组法两种。

①简单分组是指对总体按一个标志进行分组。例如，按产值对企业进行分组、按文化程度对人口总体进行分组等。对同一个总体选择两个或两个以上的标志分别进行简单分组，就形成平行分组体系。例如，为了了解人口总体的基本特征，我们将人口总体按性别、年龄、民族、居住地的不同进行了分组，形成如下平行分组体系。

| a. 按性别分组 | 男 | 女 | |
| b. 按居住地分组 | 城镇人口 | 乡村人口 | |
| c. 按年龄分组 | 0～14岁 | 15～64岁 | 65岁以上 |
| d. 按民族分组 | 汉族 | 少数民族 | |

平行分组体系的特点是每一个分组固定一个分组标志，即只考虑一个因素的差异对总体内部分布情况的影响，而且各个简单分组之间彼此独立，没有主次之分，不互相影响。

②复合分组是指对同一总体选择两个或两个以上分组标志层叠起来进行分组。复合分组所形成的分组体系叫作复合分组体系。例如，对人口总体选择按居住地和性别层叠分组形成的复合分组体系，如表11-3所示。

表 11-3　复合分组表

| 居住地 | 人口数（人） |
|---|---|
| 城镇 | |
| 男 | $n_1$ |
| 女 | $n_2$ |
| 乡村 | |
| 男 | $n_3$ |
| 女 | $n_4$ |

复合分组体系的特点是每一次分组除了要固定本次分组标志对分组结果的影响外，还要固定前一次或前几次分组标志对分组结果的影响。各个分组标志之间有主次之分。

复合分组体系可以从不同角度了解总体内部的差别和关系，因而比平行分组体系更能全面、深入地研究分析问题。但是也要注意，复合分组的组数等于各简单分组组数的连乘积，如果复合分组选择的标志过多的话，就会使复合分组体系过于庞大，将增加分组的难度，也更不容易反映现象的本质特征，制表也不方便。所以，复合分组时分组标志一般不宜过多。例如，上例中人口按居住地和性别进行复合分组的组数为 $2\times 2=4$ 组，如果按居住地、性别、年龄、民族 4 个标志进行复合分组的话，分组的组数就成了 $2\times 2\times 2\times 3=24$ 组变量分配数列的编制。

# 第三节　分配数列

## 一、分配数列的概念

在统计分组的基础上，将总体中的所有单位按组整理，形成总体中各单位数在各组间的分配，称为次数分配或次数分布；分配在各组的单位数叫次数或

频数；各组次数与总次数的比叫频率或比率。将各组组别与次数依次排列而形成的数列叫次数分配数列，简称分配数列。分配数列有两个组成要素：一个是分组，另一个是次数或频率。

## 二、分配数列的种类

分配数列是统计整理的结果，根据分组标志的性质不同，可以分为品质分配数列和变量分配数列。

1. 品质分配数列

按品质标志分配而形成的数列叫作品质分配数列，简称品质数列。只需将品质标志的表现一一列出来，然后汇总出每一种标志表现出现的次数即可，如表 11-4 所示。

表 11-4 某地区企业分类表

| 经济类型 | 企业数（个） | 比重（%） |
| --- | --- | --- |
| 国有企业 | 100 | 40 |
| 股份制企业 | 80 | 32 |
| 合资企业 | 50 | 20 |
| 独资企业 | 20 | 8 |
| 合计 | 250 | 100 |

2. 变量分配数列

按数量标志分组而形成的数列称为变量分配数列，简称变量数列。

（1）单项式变量分配数列。

单项式变量分配数列，简称单项式数列，是按每个变量值分别列组而形成的数列。在编制单项式数列时，通常是先将调研所得资料按照数值由小到大的顺序排列，然后确定各组的变量值和组数，一般有多少个变量值就有多少组，最后汇总出各变量值出现的次数，编制单项式数列。由于单项式数列每组只有一个变量值，各组之间的界限划分也非常明确，因此编制出的数列也很稳定。

对离散变量，如果变量值的变动幅度小，就可以一个变量值对应一组，编制单项式变量分配数列。例如居民家庭按儿童数或人口数分组，结果如表 11-5 所示。

表 11-5  某地区居民家庭人口分布表

| 人口数（人） | 频数（%） |
| --- | --- |
| 1 | 2 |
| 2 | 20 |
| 3 | 68 |
| 4 | 7 |
| 5 | 3 |

（2）组距式变量分配数列。

组距式变量分配数列，简称组距式数列，是把各变量值按照一定组距进行分组而形成的数列。离散变量如果变量值的变动幅度很大，变量值的个数很多，则把整个变量值依次划分为几个区间，各个变量值按其大小确定所归并的区间，区间的距离称为组距，这样的分组称为组距式分组，如表 11-6 所示。

表 11-6  我国农村居民按纯收入分组的户数占调研户比重情况（单位：%）

| 户纯收入 | 1995 年 | 2000 年 | 2005 年 | 2006 年 |
| --- | --- | --- | --- | --- |
| 100 元以下 | 0.21 | 0.31 | 0.65 | 0.48 |
| 100~200 元 | 0.36 | 0.20 | 0.11 | 0.09 |
| 200~300 元 | 0.78 | 0.43 | 0.20 | 0.14 |
| 300~400 元 | 1.47 | 0.69 | 0.31 | 0.26 |
| 400~500 元 | 2.30 | 1.01 | 0.41 | 0.35 |
| 500~600 元 | 3.37 | 1.37 | 0.57 | 0.52 |
| 600~800 元 | 9.54 | 4.44 | 1.88 | 1.64 |
| 800~1000 元 | 11.63 | 5.72 | 2.84 | 2.28 |
| 1000~1200 元 | 11.83 | 6.75 | 3.53 | 2.80 |
| 1200~1300 元 | 5.38 | 3.75 | 1.97 | 1.61 |
| 1300~1500 元 | 9.74 | 7.42 | 4.40 | 3.75 |
| 1500~1700 元 | 7.92 | 7.48 | 4.89 | 4.22 |

续表

| 户纯收入 | 1995 年 | 2000 年 | 2005 年 | 2006 年 |
| --- | --- | --- | --- | --- |
| 1700～2000 元 | 9.39 | 10.45 | 7.67 | 6.68 |
| 2000～2500 元 | 10.29 | 14.54 | 12.49 | 11.46 |
| 2500～3000 元 | 5.89 | 10.29 | 11.42 | 10.98 |
| 3000～3500 元 | 3.49 | 7.11 | 9.55 | 9.38 |
| 3500～4000 元 | 1.95 | 4.76 | 7.57 | 7.88 |
| 4000～4500 元 | 1.34 | 3.44 | 5.93 | 6.60 |
| 4500～5000 元 | 0.86 | 2.40 | 4.64 | 5.25 |
| 5000 元以上 | 2.26 | 7.45 | 18.96 | 23.62 |

在组距式变量数列中，需要明确三个要素。

第一，组限。在组距式变量数列中，各组的界限称为组限。组限分为上限和下限，上限是每组最大的标志值，下限是每组最小的标志值。在组距式分组中，如果各组的组限都齐全，则称为闭口组；如果组限不齐全，存在最小组无下限和最大组无上限的情况，则这样的组叫开口组，其中只有上限无下限的称为下开口组，只有下限无上限的称为上开口组。

确定组限应满足两方面的要求：一是组限应是决定各组事物之间不同性质的数量界限；二是组限应能正确反映总体内各个单位的实际分布特点。因此，在编制组距式分配数列之前，应对标志值的分布情况进行仔细审查，在分布较集中的标志值中确定出组距的中心位置，然后再根据组距的大小定出组限，使最小组的下限不低于最小的变量值，最大组的上限不高于最大的变量值，尽可能使总体内各单位的分布特征表现出来。

在编制组距数列时，作为各组名称的变量可以是离散变量，也可以是连续变量，这两种变量组限的表示方法有所不同。

按连续变量分组划分组限时，相邻两组的组限必须重叠。例如，某县城居民按人均月消费支出分组有 300～400、400～500、500～600 等组，这是由于连续变量相邻两个变量值之间可以做无限的分割，如果上下限是两个不同的数值的话，那么相邻两组上下限之间就可能有很多数值无组可归，不符合穷尽性原则。因此，相邻两组上下限必须用同一个数值表示，这样才不至于发生遗漏。

在统计工作中,如果遇到某单位的标志值刚好等于相邻两组上下限数值时,为避免重复计算,一般遵循"上组限不在内"的原则。例如,某县城居民按人均月消费支出分组中有 300~400、400~500 两组,如果某户居民人均月消费支为 400 元,则应计入 400~500 这一组。

按离散变量划分组限时,相邻两组的组限可以以整数断开。因为离散变量不能用小数表示,相邻两个变量值可以以整数断开,所以,即使相邻两组的组限不重叠,也不会导致遗漏。例如,企业按职工人数分组可以表示为 10 以下、10~50、51~100、101~500、501~1000、1001 以上。也可以按"上组限不在内"原则分为重叠式组限,如职工人数分组可以写成 10 以下、10~50、51~100、101~500、501~1000、1001 以上。

总之,对于离散型的变异值,可以选择离散型组距数列,也可以选择连续型组距数列。但对于连续型变量,则只能编制连续型组距数列。

第二,组距。即每组下限与上限之间的距离(组上限－组下限)。

在组距式分组中,根据组距是否相等可分为等距分组和不等距分组。

等距分组是指各组的组距均相等。由于各组组距相等,各组次数的分布不受组距大小的影响。

不等距分组是指各组组距不相等。不等距分组各组的次数多少受组距不同的影响,组距大,则次数可能多;组距小,则次数可能少。因此必须消除组距对其分布的影响,即需要计算次数密度(次数密度＝次数／组距),其作用是主要用于消除各组组距不相等而造成的现象分布的影响。

第三,组中值。组中值是各组标志值波动范围的中点值,也就是每组上限和下限之间的中点数值。由于组距数列使用变量值变动的一段区间来表现变量值的取值,因而掩盖了分布在各组内各单位的实际变量值,为了反映各组中个体单位变量值的一般水平,往往要计算组中值来代表。其计算公式为:组中值 ＝(上限＋下限)/2。

例如,表 11-6 中,200~300 这一组的组中值为:(200+300)/2=250(元)。

由于开口组缺少上限或下限,因此确定组中值一般以相邻组的组距作为自己假定的组距,利用相邻组组距的一半来调整计算组中值:上开口组中值＝下

限+邻组组距/2，下开口组中值＝上限－邻组组距/2。

例如，表11-6中，100以下这一组的组中值为：100-（200-100）/2=50（元），而5000元以上这一组的组中值为：5000+（5000-4500）/2=5250（元）。

用组中值来代表组内变量值的一般水平存在一个假定，即假定各单位变量值在本组范围内呈均匀分布，或在组中值两侧呈对称分布。而实际上，各组变量值往往不是均匀分布，组中值与各组的实际平均水平仍有一定的差距，它只是各组实际平均值的近似代表值。

### 三、变量分配数列的编制举例

1. 单项式变量数列的编制

例如，某生产车间20名工人的日加工零件数（单位：个）如下。

100  105  103  101  106  103  105  106  102  104

101  103  103  103  101  104  104  103  102  102

据此编制变量数列，可以观察到，工人日产量在100～106之间，组距是6，数据比较集中，所以我们选择单项式的变量数列进行编制，如表11-7所示。

表11-7  某生产车间20名工人日加工零件数分组表

| 零件数（件） | 频数（人） |
| --- | --- |
| 100 | 1 |
| 101 | 3 |
| 102 | 3 |
| 103 | 6 |
| 104 | 3 |
| 105 | 2 |
| 106 | 2 |

2. 组距式变量数列的编制

某班40名同学的期末考试成绩如下（单位：分）。

74  58  60  60  61  63  64  68  69  70

70 74 74 75 77 78 78 78 78 79
80 82 82 84 84 86 87 87 88 88
69 89 90 60 61 93 75 87 96 70

据此编制变量分配数列，以评价学生考试成绩。

第一步，将数据进行排序。

53 58 60 60 61 63 64 68 69 70
70 74 74 75 77 78 78 78 78 79
80 82 82 84 84 86 87 87 88 88
88 89 90 90 91 93 95 96 96 98

第二步，经计算可知，全距＝最大值－最小值＝98-53=45，所以应该选择组距式变量分配数列。

第三步，确定组数与组距。

同一变量数列中，组数与组距相互制约，组距大组数就少，组距小组数就多。组数与组距的确定，应力求符合现象的实际情况，充分体现总体分布的特征。二者谁先被确定，应视具体情况全面考虑。在实际应用中，组距应是整数，最好是 5 或 10 的整倍数。在确定组距时，必须专虑原始资料的分布状况和集中程度，注意组距的同质性，尤其是对带有根本性的质量界限，绝不能混淆，否则就失去了分组的意义。

在等距分组条件下，存在以下关系：组数＝全距/组距。

在本例中，我们选 10 为组距，45/10=4.5，所以把数据分为 5 组。同时，组限也就能确定下来了。

第四步，编制变量分配数列，如表 11-8 所示。

表 11-8　某班期末考试成绩分布表

| 分数 | 人数（人） | 比率（％） |
| --- | --- | --- |
| 50～60 | 2 | 5.00 |
| 60～70 | 7 | 17.50 |
| 70～80 | 11 | 27.50 |
| 80～90 | 12 | 30.00 |
| 90～100 | 8 | 20.00 |
| 合计 | 40 | 100.00 |

## 第四节　分配数列的要素及其意义

编制分配数列是市场调研资料统计整理中的一种重要方法，它可以表明总体中所有单位在各组间的分布状态和分布特征，并据以研究总体某一标志的平均水平及其变动规律。分配数列可以说明总体的构成情况，是反映总体数量特征、揭示事物规律的重要方法。

分配数列中分布在各组中的个体单位数叫作次数，又称频数；各组次数（即各组单位数）占总次数（即总体单位数）的比重叫作比率或频率；各组次数之和等于总次数，各组频率之和等于1或100%。分配数列包括品质分配数列和变量分配数列，无论是哪种分配数列，都是由各组的名称和各组的次数或频率这两个基本要素构成。两种分配数列构成要素的不同之处仅有一点，即品质数列组的名称使用文字表示的标志属性差异，而变量分配数列组的名称则是使用标志值（即变量的不同水平）表示的数量变异界限，如表11-9和表11-10所示。

表11-9　2006年末我国人口数及构成情况

| 性别 | 人口数 ||
|---|---|---|
| | 绝对数（万人） | 相对数（%） |
| 男 | 67728 | 51.52 |
| 女 | 63720 | 48.48 |
| 合计 | 131448 | 100.00 |

各组名称　　　次数　　　频率
各组的单位数

表 11-10　某县城居民家庭人均月消费性支出分配数列

| 人均月消费性支出（元） | 户数 | |
| --- | --- | --- |
| | 绝对数（户） | 相对数（%） |
| 300～350 | 2 | 5.00 |
| 350～400 | 7 | 17.50 |
| 400～450 | 15 | 37.50 |
| 450～500 | 10 | 25.00 |
| 500～550 | 4 | 10.00 |
| 550～600 | 2 | 5.00 |
| 合计 | 40 | 100.00 |

各组名称　　　　　次数　　　　　　　频率
　　　　　　　　各组的单位数

分配数列中各组的名称是表明标志变异范围及其变异程度界限的。而次数（频数）和频率，前者是以绝对数的形式表现各组的总体单位数目，后者则是以相对数的形式表现各组的总体单位数目。在变量数列中，次数越大组的标志值对于总体指标计算所起的作用越大，反之，次数越少的组的标志值所起的作用也越小。频率与次数所起的作用其根本性质是相同的，不同的是它还可以表明各组标志值对总体的相对作用程度。这种相对作用程度的具体数值，也是各组标志值在总体中出现的概率。

为研究整个变量数列的次数分配状况和进行某种统计计算，统计工作中还经常要计算累计次数及其频率分布。将变量数列中各组的次数和频率逐组累计相加形成累计次数分布，它表明总体在某一变量值的某一水平上下总共包含的总体次数和频率。

累计次数和累计频率的计算方法有两种：向上累计和向下累计。向上累计，又称较小制累计，是将各组的次数或频率由变量值低的组向变量值高的组累计，各累计数的意义是各组上限以下的累计次数或累计频率；向下累计，又称较大制累计，是将各组次数或频率由变量值高的组向变量值低的组累计，各累计数的意义是各组下限以上的累计次数或累计频率。例如，某县城居民家庭人均月消费性支出次数累计，如表 11-11 所示。

表 11-11　某县城居民家庭人均月消费性支出次数累计

| 人均月消费性支出（元） | 户数（户） | 频率（%） | 向上累计 累计次数（户） | 向上累计 累计频率（%） | 向下累计 累计次数（户） | 向下累计 累计频率（%） |
|---|---|---|---|---|---|---|
| 300~350 | 2 | 5.00 | 2 | 5.00 | 40 | 100.00 |
| 350~400 | 7 | 17.50 | 9 | 22.50 | 38 | 95.00 |
| 400~450 | 15 | 37.50 | 24 | 60.00 | 31 | 77.50 |
| 450~500 | 10 | 25.00 | 34 | 85.00 | 16 | 40.00 |
| 500~550 | 4 | 10.00 | 38 | 95.00 | 6 | 15.00 |
| 550~600 | 2 | 5.00 | 40 | 100.00 | 2 | 5.00 |
| 合计 | 40 | 100.00 | — | — | — | — |

由表 11-11 可知，该县城调研的 40 户居民家庭中人均月消费性支出低于 400 元的有 9 户，占全部调研户数的 22.5%。人均月消费支出高于 500 元的有 6 户，占全部调研户数的 15%。

又如，对表 11-8 某班学生期末考试成绩分布次数进行累计，如表 11-12 所示。

表 11-12　某班学生期末考试成绩分布次数累计

| 考分 | 次数 人数（人） | 次数 比率（%） | 向下累计次数 人数（人） | 向下累计次数 比率（%） | 向上累计次数 人数（人） | 向上累计次数 比率（%） |
|---|---|---|---|---|---|---|
| 50~60 | 2 | 5.00 | 2 | 5.00 | 40 | 100.00 |
| 60~70 | 7 | 17.50 | 9 | 22.50 | 38 | 95.00 |
| 70~80 | 11 | 27.50 | 20 | 50.00 | 31 | 77.50 |
| 80~90 | 12 | 30.00 | 32 | 80.00 | 20 | 50.00 |
| 90~100 | 8 | 20.00 | 40 | 100.00 | 8 | 20.00 |
| 合计 | 40 | 100.00 | — | — | — | — |

## 第五节　市场调研资料统计整理结果显示

### 一、统计表

通过统计整理得到的反映社会经济现象总体特征的综合资料，是统计工作的初步成果，需要运用一种形式将展示出来，以便于人们分析和利用。统计表就是表现统计资料的一种基本形式，也是应用得最广泛的一种形式。

统计表分为广义的统计表与狭义的统计表。广义的统计表泛指统计工作各个阶段以纵横交叉的线条所绘制成的用来表现统计资料的表格；狭义的统计表是专门用以表现经过整理的系统化的统计资料的表格。这里所讲的统计表，主要是把它当作统计整理工作过程的最后一个环节，是统计整理的成果。

运用统计表来展示统计整理的结果能使大量的统计资料条理化、系统化，因而能更清晰地表述统计资料的内容，简明易懂，节省篇幅。而且利用统计表还便于比较各项目（指标）之间的关系，方便计算，易于检查数字的完整性和正确性。

1. 统计表的基本形式

从形式上看，统计表由总标题、横行标题、纵栏标题和指标数四部分组成。总标题是统计表的名称，用以概括说明统计表中所反映的统计资料的内容，多数情况要包括总体的时间和空间限制，一般位于表的上端正中央。横行标题是统计表横行内容的名称，通常用来说明总体及其各组的名称，是统计表所要说明的对象，一般列在表的左方。纵栏标题是统计表纵栏内容的名称，通常用来表示反映总体及其各组成部分数量特征的统计指标的名称，一般位于表的上方。指标数值列在各横行标题与各纵栏标题交叉处。统计表中任何一个数字的内容都由横行标题和纵栏标题所限定，横行是其反映的对象，纵栏是其反映的内容。另外，为了补充统计表中未说明的问题，统计表往往还附有一些说明，包括资料来源、指标计算方法、填报单位、填表人、填表日期等。

从其内容上看，统计表由主词和宾词两部分组成。主词也叫主词栏或主栏，是统计表的主体，也就是统计表所要说明的对象，它可以是各个总体单位名称或总体各个分组的排列，也可以是总体现象所属时间的排列。主词通常用横行标题来表示。宾词亦称宾词栏或宾栏，它是说明主词的各项指标，一般由纵栏标题和指标数值组成。统计表的主词和宾词的位置一般如上所述，但不是固定不变的，有时为了编排合理与阅读方便，也可以将主词和宾词的位置互换。

2.统计表的分类

统计表按对总体分组的情况不同，可分为简单表、分组表和复合表。

（1）简单表。

简单表是指对统计总体未做任何分组，仅按单位名称或时间顺序排列而成的统计表，如表11-13、表11-14所示。

表11-13　我国主要河流基本情况

| 名称 | 流域面积（平方千米） | 河长（千米） | 年径流量（亿立方米） |
| --- | --- | --- | --- |
| 长江 | 1808500 | 6300 | 9513 |
| 黄河 | 752433 | 5464 | 661 |
| 松花江 | 557180 | 2308 | 762 |
| 辽河 | 228960 | 1390 | 148 |
| 珠江 | 453690 | 2214 | 3338 |
| 海河 | 263631 | 1090 | 228 |
| 淮河 | 269283 | 1000 | 622 |

表11-14　2000—2006年我国国民收入及国内生产总值（单位：亿元）

| 年份 | 国民收入 | 国内生产总值 |
| --- | --- | --- |
| 2000 | 98000.5 | 99214.6 |
| 2001 | 108068.2 | 109655.2 |
| 2002 | 119095.7 | 120332.7 |
| 2003 | 135174.0 | 135822.8 |
| 2004 | 159586.7 | 159878.3 |
| 2005 | 184739.1 | 183867.9 |
| 2006 | 211808.0 | 210871.0 |

简单表按总体单位排列的,可以用来对比分析总体各单位的情况及其差别;按时间顺序排列的,可用来分析现象的动态。

(2)分组表。

分组表又称简单分组表,是指对统计总体仅按一个标志进行分组而形成的统计表,如表 11-4、表 11-6、表 11-7、表 11-8 所示。利用分组表可以深入分析现象的内部结构和现象间的相互依存关系。

(3)复合表。

复合表又称复合分组表,是指对统计总体按两个或两个以上标志进行层叠分组而形成的统计表,如表 11-15 所示。

表 11-15　2006 年全国高等学校普通本、专科部分学科招生人数(单位:人)

| 项目 | 本科 | 专科 | 合计 |
| --- | --- | --- | --- |
| 经济学 | 152592 | 116181 | 268773 |
| 法学 | 110019 | 86176 | 196195 |
| 文学 | 470022 | 346900 | 816922 |
| 工学 | 798106 | 1194320 | 1992426 |
| 农学 | 47312 | 52708 | 100020 |
| 医学 | 155242 | 224841 | 380083 |
| 管理学 | 411464 | 662161 | 1073625 |
| 合计 | 2530854 | 2929676 | 5460530 |

3.宾词的设计

统计表中宾词的设计主要指统计指标的编排。宾词指标的设计在不要求分组的情况下,可以按照指标的主次先后排列;在需要分组时,宾词指标的设计可分为简单设计和复合设计两种。

宾词指标的简单设计是将宾词中的各个指标做平行设置,即指标与指标之间彼此独立,如表 11-16 所示。

表 11-16　宾词指标平行配置表

| 企业 | 职工人数 | 性别 | | 工龄 | | |
|---|---|---|---|---|---|---|
| | | 男 | 女 | 5年以下 | 5~10年 | 10年以上 |
| 合计 | | | | | | |

宾词指标的复合设计是将说明主词的各个指标按分组标志做层叠设置，如表 11-17 所示。宾词指标的复合设计能够更全面、深入地描述所研究总体的特征，但由于复合设计中根据分组标志所划分的指标栏目数量呈乘积关系，当分组标志较多时，宾词指标会分得过多过细，容易造成统计表混乱不清。因此，对宾词指标的复合设计应慎重考虑。

表 11-17　宾词指标复合配置表

| 企业 | 职工人数 | | | 工龄 | | | | | | | | |
|---|---|---|---|---|---|---|---|---|---|---|---|---|
| | | | | 5年以下 | | | 5~10年 | | | 10年以上 | | |
| | 小计 | 男 | 女 | 小计 | 男 | 女 | 小计 | 男 | 女 | 小计 | 男 | 女 |
| 合计 | | | | | | | | | | | | |

4. 编制统计表的要求

编制统计表时应遵循科学、实用、简练、美观的原则，要符合以下要求。

（1）统计表的各种标题，特别是总标题的表述，应十分简明、确切地概括表的内容。另外，还应写明资料所属的时间和空间范围。

（2）统计表的内容应简明扼要，且具有系统性。强调简明扼要是要避免庞杂，使人一目了然；强调系统性是要求统计表的内容要有整体性、层次性和逻辑性。

（3）统计表中主词各行及宾词各栏的排列，应有一个合理的顺序。一般应按先局部后整体的原则进行排列、即先列各分组，后列总计。当没有必要列出所有各组时，可以先列总计，而后列出其中一部分重要数值。

（4）将复合分组列在横行标题时，应在第一次分组的各组组别下退一字填写第二次分组的组别。此时，第一次分组的组别就成为第二次分组的各组小计，以此类推。若复合分组列在纵栏标题时，应先按第一次分组的组别列为各大栏，再按第二次分组的组别将各大栏分别分为各小栏。

（5）统计表纵栏较多时，为便于阅读，可编栏号。习惯上在主词和计量单位各栏用甲、乙、丙、丁等文字标明，宾词各栏用1、2、3、4等数码编号。各栏统计数字间有一定关系的，也可用数学符号表示。

（6）国际上规范的统计表是"三线表"，统计表上下两端应以粗线或双线绘制，表中其他线条应以细线绘制。统计表左右两端习惯上均不划线，采用"开口"表示。统计表通常应设计成长方形表格，长宽之间应保持适当的比例，过于细长、过于粗短的表格应尽量避免。

（7）文字应书写工整、字迹清晰；数字应填写整齐，数位对准。当数字为"0"时应写出来，如不应有数字要用符号"—"表示；当缺某项数字或可略而不计时用符号"…"表示；当某项资料应免填时，用符号"×"表示。统计表中的数字部分不应留下空白。当某数值与相邻数值相同时，仍应填写，不应用"同上""同左"等字样代替。

（8）统计表中的数字资料都要注明计量单位。计量单位应按统计制度的规定填写，不得另设不同的计量单位。为使统计表阅读方便，计算单位应按如下方法表示：当各指标数都以同一单位计量时，就将计量单位写在统计表的右上角；当同栏指标数值以同一单位计量，而各栏的计量单位不同时，则应将单位标写在各纵栏标题的下方或右方；当同行统计资料以同一单位计量，而各行的计量单位不同时，则可在横行标题后添列一计量单位栏，用以标明各行的计量单位。

（9）对于某些需要特殊说明的统计资料，应在统计表的下方加注说明，例如统计资料的来源、填表时间、制表人和审核人等。

## 二、统计图

统计图是根据经过整理的统计数字资料，运用几何图形或具体事物的形象绘制的表现研究对象数量关系和数量特征的图形，是人们用来展示统计整理结果的另一种常用形式，与统计表相比，它对问题的表现具有更为鲜明、形象、生动和直观的特点。常用的统计图有以下三种。

1. 条形图

条形图是用相同宽度的条形的长短或高低来比较统计指标大小的图形。例如，根据表11-13的数据资料，可画条形图以反映我国主要河流的长度，如图11-1所示。

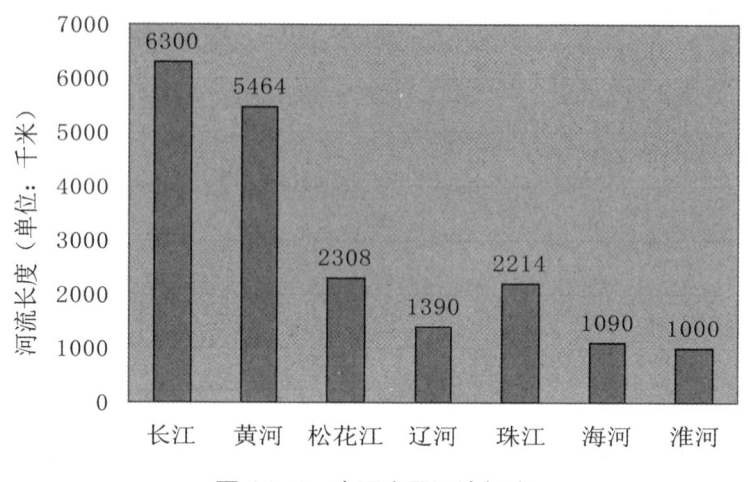

图 11-1 中国主要河流长度

2. 饼形图

饼形图又称圆形图，是用圆形的面积大小来表示统计资料的图形，多以图形内扇形面积的大小表示现象数值的大小或现象各部分所占的比重，如图11-2所示。饼形图常常用于总体各部分的结果比例，对于显示较少的数据很有效，但数据量太大时则很难说明问题。

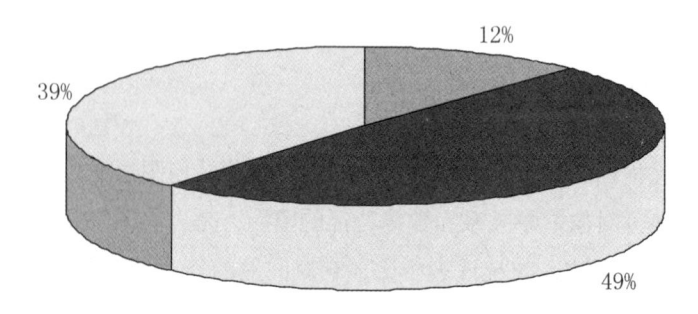

图 11-2 2006年我国国内生产总值结构图

3. 曲线图

曲线图是在坐标轴平面上，以曲线的升降来表现统计值大小及其变动趋势的图形。例如，根据某企业 2000—2009 年产品销售额，可得到如图 11-3 所示的曲线图。

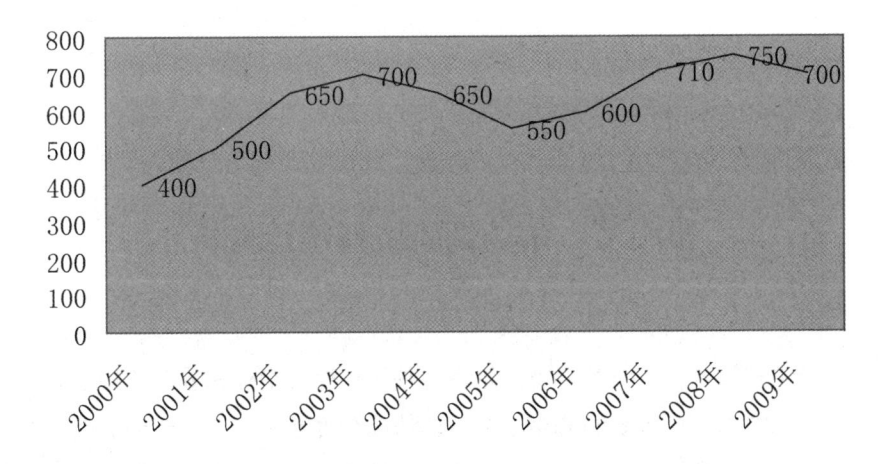

图 11-3　某企业产品销售额（单位：万元）

# 第十二章 市场调研资料统计分析技能

## 第一节 市场调研资料统计分析

市场调研资料统计分析，就是运用各种统计综合指标和方法，将市场调研收集起来的丰富的统计资料和生动的具体情况结合起来，对社会经济现象的各个方面进行分析研究，从而揭示其发展变化的规律性，提出解决问题的办法的一种逻辑思维活动。

### 一、市场调研资料统计分析的作用

市场调研资料统计分析是整个调研工作的一个重要阶段，是调研统计工作的最终环节，是充分发挥统计整体性能的关键环节，其好坏直接影响统计的质量。在统计实践中，只有开展统计综合分析，才能好地发挥统计的作用，为各级领导和有关方面的公众提供有数据有分析的资料，为制订计划和规划，实行宏观调控，决定有关方针、政策提供科学依据。统计分析的作用具体表现在以下几个方面。

1. 全面、准确地反映客观情况

统计分析从数量方面总体认识客观事物，既是人们认识上的需要，使认识更加清晰、明确，又可以避免以偏概全，使我们的认识较为全面和正确。

2. 深入地把握社会经济现象的规律性

只有对客观现象总体的数量方面进行分析，才能获得规律性的认识。

### 3.参与社会经济管理

统计分析把数据、情况、问题、建议等融为一体,既有定量分析,又有定性分析,比一般统计数据更集中、更系统、更清楚地反映客观实际,便于研究、理解和利用,因而是发挥统计信息、咨询、监督作用的主要手段。与此同时,也提高了统计工作的社会地位。

## 二、市场调研资料统计分析的特点

### 1.以统计数据为基础,定量与定性分析相结合

统计数字是统计分析最主要的源泉,是统计分析的主要语言。一篇好的统计分析报告通常是自始至终利用统计数字进行分析的。

### 2.综合运用多种分析方法

统计分析要采用分组分析法、对比分析法、集中趋势分析法、离中趋势分析法、指数因素分析法、相关分析法、综合评价分析法等多种统计方法进行分析。

### 3.统计分析要将数字与实际情况相结合

在统计分析中,不能离开实际情况单纯地罗列数字,不能就数字论数字。有些情况不可能用统计数字来反映,若单凭统计数字进行分析,往往难于把问题说清楚,也不易把问题产生的原因和情况弄明白,因此,要密切结合数字背后的实际情况进行分析,以便得出具体而确切的分析结论。

### 4.统计分析要具有时效性

这是保证统计信息价值的重要条件,不适时进行统计分析是无意义的活动。

## 三、统计分析的形式

### 1.按照研究的内容不同,可分为综合分析和专题分析

综合分析是从整体上对研究对象的各个方面带有全局性的问题进行的系统性分析研究,如国民经济综合分析、部门综合分析、地区综合分析、企业综合分析等。专题分析是对社会经济发展的某一方面、某一环节中的重大问题或关

键问题所进行的专门分析和研究,如某企业的销售分析、某地区可持续发展分析等。

2. 按照研究对象的层次不同,可分为宏观分析和微观分析

宏观分析主要是指对国民经济的发展目标和总任务、战略重点、战略步骤、总量变动及发展规律等问题所进行的分析。国民经济要保持长期、稳定、协调、持续的发展,必须要有长远规划;地区、部门的发展也需要有长远规划和目标。统计分析通过对大量、全面的资料的研究,可以对制定、检查战略和各项有关方针政策提供依据,促进各项事业的发展。微观分析主要是指对个别消费者、生产者、企业和单位的经济活动的数量变化和发展规律所进行的统计分析。在实际工作中,运用最广泛的是对企业经营管理、产品营销和经济效益方面的分析研究。

3. 按照观察时间的不同,可分为定期分析和预计分析

定期分析是指在一定时期内对生产经营活动情况的全面分析。预计分析是指在报告期尚未结束前,根据计划完成进度,结合主客观条件,预计到计划期结束前的任务完成情况的一种分析方法。

此外,按照统计分析的类型,还可以分为调查型、说明型、情报型、公报型、研究型、预测型和报道型等;按照统计认识作用的层次不同,可以分为状态分析、规律分析和前景分析。分析的不同形式,反映的统计分析的内容和要求都不一样,因此,应根据不同情况搞好分析研究、写好分析报告,体现统计分析的广泛性和多样性特征,防止统计分析的格式化和固定化。

# 第二节 市场调研资料统计分析方法

## 一、集中趋势分析法

集中趋势是指一组数据向某一中心值靠拢的倾向。研究数据分布的集中趋势的主要指标是各类统计平均数,或称平均指标。统计平均数能将总体中变量

值的差异抽象化，反映总体分布的一般水平或代表水平，反映数据分布的集中趋势。取得集中趋势代表值平均数的方法通常有两种：一是根据各项数据来计算的平均指标，它能够概括反映所有各项数据的平均水平，这种平均指标称为数值平均数，常用的数值平均数有算术平均数、调和平均数和几何平均数等；二是把总体中处于特殊位置上的数据看作平均数，这种平均值称为位置平均数，常用的位置平均数有中位数、分位数和众数等。

1. 数值平均数

（1）算术平均数。

算术平均数也叫均值，它在统计学中具有重要的地位，是集中趋势最主要的测度值，之所以如此，原因有两个：一是它的计算方法与许多客观现象中的个别现象与总体现象间存在的数量关系相符合；二是用算术平均数作为一组数据的集中趋势值不仅考虑到变量值的大小，而且还考虑到变量值出现的频数。变量数列中任何变量值大小的变化及变量值出现频数的变化，都会引起算术平均数的改变。因此它是一个最灵敏的指标，也是对资料所提供信息运用最充分的指标。根据掌握资料的不同，算术平均数可分为简单算术平均数和加权算术平均数两种。

简单算术平均数是根据未经分组整理的原始数据计算算术平均数。假设一组数据为 $x_1$、$x_2$、$\Lambda$、$x_n$，则算术平均数的计算公式为：$\bar{x} = \dfrac{x_1 + x_2 + \cdots + x_n}{n} = \dfrac{\sum\limits_{i=1}^{n} x_i}{n}$。

加权算术平均数是根据分组整理的数据计算算术平均数。如果数据很多，就需要将它们进行分组，形成频数分布数列，此种数据计算算术平均数就应采用加权算术平均数。假设原始数据被分为 n 组，各组的组中值为 $x_1$、$x_2$、$\Lambda$、$x_n$，各组变量值出现的频数分别为 $f_1$、$f_2$、$\Lambda$、$f_n$，则算术平均数的计算公式为：$\bar{x} = \dfrac{x_1 f_1 + x_2 f_2 + \cdots + x_n f_n}{f_1 + f_2 + \cdots f_n} = \dfrac{\sum\limits_{i=1}^{n} x_i f_i}{\sum\limits_{i=1}^{n} f_i}$。

（2）调和平均数。

调和平均数也称为倒平均数，它是对变量的倒数求平均，然后再取倒数而得到的平均数，用 $H$ 来表示。调和平均数也有简单调和平均数和加权调和平均数两种。

简单调和平均数：$H = \dfrac{n}{\dfrac{1}{x_1} + \dfrac{1}{x_2} + \cdots + \dfrac{1}{x_n}} = \dfrac{1}{\sum\limits_{i=1}^{n} x_i}$

加权调和平均数：$H=\dfrac{m_1+m_2+\text{L}+m_n}{\dfrac{m_1}{x_1}+\dfrac{m_2}{x_2}+\text{L}+\dfrac{m_n}{x_n}}=\dfrac{\sum\limits_{i=1}^{n}m_i}{\sum\limits_{i=1}^{n}\dfrac{m_n}{x_n}}$

实际工作中，由于获取的资料是各组的标志值和各组的标志总量，而没有各组单位数的资料，因而不能直接采用算术平均数的计算公式来计算平均值，而需要对公式进行变形后才能计算平均数，这个变形后的公式就是调和平均数。

（3）几何平均数。

几何平均数是 $n$ 个变量值连乘积开 $n$ 次方根，它主要用来计算比率和速度的平均值。当我们所掌握的变量值本身是比率的形式，而且各比率的乘积等于总比率，这时就可以采用几何平均法计算平均比率。几何平均数有简单几何平均数与加权几何平均数两种。

简单几何平均数适用于计算未分组资料的平均比率或平均速度，设 $n$ 个变量值为 $x_1$、$x_2$、$\Lambda$、$xn$，则其计算公式为：$G=\sqrt[n]{x_1 \cdot x_2 \cdots x_n}=\sqrt[n]{\prod\limits_{i=1}^{n} x_i}$。

加权几何平均数适用于分组资料的平均比率或平均速度的计算，设变量值为 $x_1$、$x_2$、$\Lambda$、$xn$，每个变量值出现的个数为 $f_1$、$f_2$、$\Lambda$、$fn$，则其计算公式为：$G=\sqrt[\sum\limits_{i=1}^{n}f_i]{x_1^{f_1} \cdot x_2^{f_2} \text{L} x_n^{f_n}}=\sqrt[\sum\limits_{i=1}^{n}f_i]{\prod\limits_{i=1}^{n} x_i^{f_i}}$。

2. 位置平均数

算术平均数、调和平均数和几何平均数都是根据总体全部单位的标志值计算的，所以被称作数值平均数。在有些情况下，我们还可以直接根据标志值在变量数列中的位置来确定平均数，这样确定的平均数被称为位置平均数，主要有中位数、分位数、众数几种。

（1）中位数。

将一组数据按由小到大的顺序排列，居于中间位置的变量值即为中位数，用 Me 表示。由于其位置居于正中，数值既不大又不小，所以可以作为一般水平和集中趋势的代表值。中位数是位置平均数，它不受极端值的影响，在各变量值差异较大或频数分布为偏态时，中位数比算术平均数更具有代表性；在缺乏计量手段时，也可用中位数近似地代替算术平均数。

中位数的计算一般分为两步：首先，确定中位数的位置；然后，找出中间位置对应的变量值。

①由未分组资料确定中位数。首先确定中位数的位置，其公式为：中位数的位置＝($n$+1)/2。

$n$ 为变量值的个数，若 $n$ 为奇数，则对应中位数位置的那个变量值 $Me$ 即为中位数。若 $n$ 为偶数，则对应于中位数位置左、右相邻变量值的简单算术平均数即为中位数：$M_e = \frac{1}{2}\left(x_{\frac{n}{2}} + x_{\frac{n}{2}+1}\right)$。

②由分组资料确定中位数。由分组资料的单项变量数列求中位数比较简单，分组资料具有各组的频数分配，因此可按下面的公式确定中位数位置：中位数的位置＝$\sum f/2$，即累计频数的一半。然后找出中位数组，该组的变量值就是中位数。

（2）分位数。

分位数是将变量值按大小顺序排列并等分为若干部分后，处于等分点位置的数值。常用的分位数有四分位数、十分位数和百分位数，它们分别是将数值序列 4 等分、10 等分和 100 等分的 3 个点、9 个点和 99 个点。其中，四分位数第 2 个点的数值、十分位数第 5 个点的数值和百分位数第 50 个点的数值，就是中位数。所以，中位数就是一个特殊的分位数。这里只介绍四分位数的计算，其他分位数与之类似。

①根据未分组数据确定分位数。对于未分组的原始数据，确定四分位数的位置，用 $QL$、$QM$、$QU$ 分别表示第一个、第二个和第三个四分位数，则它们的位置分别是（$n$+1）/4、2（$n$+1）/4、3（$n$+1）/4，根据位置即可确定各四分位数。

②根据变量数列确定分位数。为方便起见，这里会给出下限公式。用 $QL$、$QM$、$QU$ 分别表示第一个、第二个和第三个四分位数，则它们的位置分别是 $\sum f/4$、$2\sum f/4$、$3\sum f/4$，根据位置即可确定各四分位数。

下四分位数：$Q_L = L_{QL} + \dfrac{\dfrac{\sum f}{4} - S_{QL-1}}{F_{QL}} \times d_{QL}$

上四分位数：$Q_U = L_{QU} + \dfrac{\dfrac{3\sum f}{4} - S_{QU-1}}{F_{QU}} \times d_{QU}$

其中，$L_{QL}$ 表示下四分位数组的下限；$L_{QU}$ 表示上四分位数组的下限；$F_{QL}$ 表示下四分位数组的频数；$F_{QU}$ 表示上四分位数组的频数；$d_{QL}$ 表示下四分位数

组的组距；$d_{QU}$ 表示上四分位数组的组距；$S_{QL-1}$ 表示向上累计，累计到下四分位数组前一组的累计频数；$S_{QU-1}$ 表示向上累计，累计到上四分位数组前一组的累计频数。

（3）众数。

众数是一组数据中出现频数最多的变量值，用 $M_o$ 表示。众数也是一种位置平均数，不受极端数值的影响，在实际工作中应用较为普遍，在总体单位数较多且有明显的集中趋势时可以用众数表示集中趋势代表值，如总体单位数较少或虽较多但无明显集中趋势就不存在众数。当变量数列中有两个或几个变量值的频数都比较集中时，就可能有两个或几个众数，因此，众数可能不是唯一的。

## 二、离散趋势分析法

1. 全距

全距也称极差，是一组数据的最大值与最小值之差。用 $R$ 表示。即 $R=xmax-xmin$。

全距是反映数据离散程度的最简单的指标，计算简单，易于理解，但是它容易受极端值的影响。由于全距只是利用两个极端值计算的，不能反映中间数据的分散状况，因而不能准确地描述数据的离散程度。

2. 平均差

平均差是各变量值与其算术平均数离差绝对值的算术平均数。用 $A.D$ 表示。由于各变量值对其算术平均数的离差总和恒等于零，即 $\sum_{i=1}^{n}(x_i-\bar{x})=0$。因此，计算平均差时采用离差的绝对值 $|x_i-\bar{x}|$。

（1）根据未分组资料计算平均差的公式为：$A.D=\dfrac{\sum_{i=1}^{n}|x_i-\bar{x}|}{n}$

（2）根据分组资料计算平均差的公式为：$A.D=\dfrac{\sum_{i=1}^{n}|x_i-\bar{x}|f_i}{\sum_{i=1}^{n}f}$

平均差是根据全部数据计算的，反映全部变量值与算术平均数的平均差异，与全距比较，更能全面反映变量值的离散程度，但它采取离差的绝对值形式，这给平均差的数学处理带来了不便。因此，平均差并不是测定离散程度的最好的指标。

3. 方差与标准差

方差和标准差是测度数据变异程度的最重要、最常用的指标。方差是各个变量值与其算术平均数的离差平方的算术平均数。方差的计量单位和量纲不便于从经济意义上进行解释，所以，实际统计工作中多用方差的算术平方根——标准差，来测度总体的离散程度。标准差又称均方差，具有量纲，与变量值的计量单位一致。方差和标准差的计算也分为简单平均法和加权平均法，另外，对于总体和样本，公式略有不同。

（1）总体的方差和标准差。

总体的方差为 $\sigma^2$，标准差为 $\sigma$，对于未分组整理的原始资料，方差和标准差的计算公式分别为：$\sigma^2 = \dfrac{\sum_{i=1}^{n}(X_i-\bar{X})^2}{N}$，$\sigma = \sqrt{\dfrac{\sum_{i=1}^{N}(X_i-\bar{X})^2}{N}}$。

对于分组整理的资料，方差和标准差的计算公式分别为：$\sigma^2 = \dfrac{\sum_{i=1}^{n}(X_i-\bar{X})^2 F}{\sum_{i=1}^{n} F}$，$\sigma = \sqrt{\dfrac{\sum_{i=1}^{N}(X_i-\bar{X})^2 F}{\sum_{i=1}^{n} F}}$。

（2）样本的方差和标准差。

样本的方差、标准差与总体的方差、标准差在计算上有所差别。总体的方差和标准差在对各个离差平方平均时是除以数据个数或总频数，而样本的方差在对各个离差平方平均时是用总离差平方和除以样本数据个数或总频数减1。

样本的方差为 $s^2$，标准差为 $s$，对于未分组整理的原始资料，方差和标准差的计算公式为：$s^2 = \dfrac{\sum_{i=1}^{n}(x_i-\bar{x})^2}{n-1}$，$s = \sqrt{\dfrac{\sum_{i=1}^{N}(x_i-\bar{x})^2}{n-1}}$。

对于分组数据，方差和标准差的计算公式为：$s^2 = \dfrac{\sum_{i=1}^{n}(x_i-\bar{x})^2 f_i}{\sum_{i=1}^{n} f_i - 1}$，$s = \sqrt{\dfrac{\sum_{i=1}^{n}(x_i-\bar{x})^2 f_i}{\sum_{i=1}^{n} f_i - 1}}$。

一般情况下，我们只能计算样本方差或样本标准差。

4. 离散系数

全距、平均差、方差和标准差都是反映变量值离散程度的绝对指标。其数值的大小不仅取决于变量值的差异程度，还受变量值平均水平的影响，而且也与原变量值的计量单位有关，原变量值采用不同的计量单位，其离散程度指标的数值也不同。因此，对于平均水平不同或计量单位不同的不同组别的变量值，是不能直接用上述变异指标进行比较的。为了消除变量值水平高低和计量单位不同对离散程度的影响，需要计算离散系数。离散系数通常是就标准差来计算的，因此也称为标准差系数。它是标准差与其相应的算术平均数的比值，是反映变量值离散程度的相对指标，用 $V\sigma$ 表示。其计算公式为：$V_\sigma = \dfrac{\sigma}{\bar{x}}$。

离散系数越大，说明该组变量值的离散程度越大；离散系数越小，说明该组变量值的离散程度也越小。

5. 是非标志的标准差

对于许多实际问题，总体中包含的单位数都可以分为具有某一标志的单位数和不具有某一标志的单位数两组。例如在全部产品中，分为合格品和不合格品两组；在全部耕地面积中，分为稳定高产田和非稳定高产田两组；人口按性别分为男性和女性两组；等等。这种用"是"或"非"表示的标志，叫作是非标志。如果全部总体单位数用 $N$ 来表示，具有所研究标志的单位数用 $N_1$ 表示，它在全部总体单位数中所占的比重叫作成数，用 $p$ 表示，则 $p=N_1/N$。不具有所研究标志的单位数用 $N_0$ 表示，它在全部总体单位数中所占的比重也叫成数，用 $q$ 来表示，则 $q=N_0/N$，两个成数之和等于 1。$N_1/N + N_0/N = 1$，即 $p+q=1$，因而 $q=1-p$。

是非标志的标志值，通常使用文字"是"和"非"表示，为了计算平均数和标准差，必须把它们数量化："是"用 1 表示，"非"用 0 表示。这样一来，平均数和标准差就可以列表计算，如表 12-1 所示。

表 12-1　是非标志的平均数和标准差计算表

| 是非标志值 $x_i$ | 总体单位数 $f_i$ | $x_i f_i$ | 离差 $x_i - \bar{x}$ | 离差平方 $(x_i - \bar{x})^2$ | 离差平方加权 $(x_i - \bar{x})^2 f_i$ |
|---|---|---|---|---|---|
| 1 | $N_1$ | $1 \times N_1$ | $1-p$ | $(1-p)^2$ | $(1-p)^2 N_1$ |
| 0 | $N0_0$ | $0 \times N_0$ | $0-p$ | $(0-p)^2$ | $(0-p)^2 N_0$ |
| 合计 | $N$ | $N_1$ | — | — | $(1-p)^2 N_1 + (0-p)^2 N_0$ |

应该指出，是非标志的标准差，是在一定的范围内波动的。这个范围的下限是 0，上限是 0.5，因为 $\sigma p$ 决定于 $p$ 和 $q$ 的乘积，如果 $p$ 或 $q$ 有一个等于 0，则 $\sigma p$ 等于 0。同时 $p$ 和 $q$ 又是同一总体内的两个比率，$p$ 大则 $q$ 小，$q$ 大则 $p$ 小，两者相辅相成，当 $p=0.5$ 时，是非标志的标准差最大：$\sigma_p = \sqrt{p(1-p)} = \sqrt{pq} = \sqrt{0.5 \times 0.5} = 0.5$，此时是非标志的变异程度最大，是非标志方差的最大值为 0.25。

# 第十三章 市场调研预测技能（一）
## ——定性预测

## 第一节 对比类推法

对比类推法是指将预测目标产品或经济指标与相类似的产品或经济指标进行对比分析，来推断预测对象未来发展状况的一种预测方法。

对比类推法的基本理论依据是：将处在不同时空的经济现象的相关情况进行对比分析，找出其发展过程中的形似性或规律性，用已发生经济现象的发展情况推断预测对象的发展变化趋势。对比类推法的应用范围非常广泛，常常应用在新产品需求量和销售量的预测方面。

对比类推法包括地区对比类推法、产品对比类推法、行业对比类推法、更新换代对比类推法等多种类型。

### 一、地区对比类推法

地区对比类推法是利用不同地区同类产品或相似产品发展过程的相似性，根据产品在先进入地域的发展情况来预测产品在后进入地域的发展情况的预测方法。

即使是同一产品，在不同地区或国家也有领先或落后的发展状况，可以根据某一地区的市场状况类推另一地区的状况。例如，把当前我国私家车大规模发展的市场情况，与美国或其他发达国家私家车膨胀时期的市场状况进行对比分析，就可以应用地区对比类推法对我国现在的汽车消费量进行预测分析了。

## 二、产品对比类推法

产品对比类推法是利用相似产品发展过程中所表现出来的相似特征进行对比类推的方法。相似产品总是会在产品特性、功能、价格、材质等方面具有相似之处，那么我们就可以利用这些相似之处，根据已有产品的发展状况研究，来预测新产品的发展状况。因此，这种方法常被应用到预测新产品的生命周期发展趋势方面。

例如，通过对通用汽车公司乐风汽车在我国销售量的研究，可以预测通用新款科鲁兹汽车在国内的销售状况，因为这两种型号的汽车在性能和品质方面有相似性，因此可利用产品对比类推法进行预测。

## 三、行业对比类推法

行业对比类推法是根据某种产品在不同行业使用的时间不同，根据已使用行业该产品发展呈现的规律性来预测未使用行业使用该产品的发展趋势。例如，电脑最早出现时被称为微机，最早被使用在数学等科研领域，现在电脑不仅被应用到各行各业，甚至已经在普通家庭中得到普及，因此，我们就可以利用电脑先后被利用的行业领域不同，预测电脑在其他行业的发展趋势。

## 四、更新换代对比类推法

随着科技的发展，新工艺、新技术、新材料的使用，产品更新换代的周期越来越短。更新换代对比类推法就是以产品更新换代之前的市场状况预测产品更新换代之后的市场状况的一种对比类推法。

例如，海尔自动洗衣机的更新换代非常快，在推出每一款新产品之前，企业都要对新产品的市场发展状况进行预测。他们将滚筒式自动洗衣机与传统的立式自动洗衣机进行对比分析之后，认为滚筒式自动洗衣机具有独特的省水特点，预测其将会有良好的市场发展前景，便随即投入市场。

## 第二节　综合意见法

综合意见法，也称为集合意见法、集体经验判断法，是将相关人员集中起来，对市场调研和预测的目标进行分析和讨论，并做出个人判断，通过对各预测值的综合统计处理，得出最终市场预测结果的方法。

综合意见法与个人经验判断法有相似之处，即两种方法都是依靠相关人员的经验和智慧，进行思考分析和综合，最后得出预测值，两种预测方法都带有明显的主观性。但综合意见法与个人经验判断法相比，有着十分明显的优点，它利用了集体的经验和智慧，避免了个人经验判断的片面性，提高了预测的准确性与可靠性。

### 一、综合意见法的种类

根据预测意见的获得方式不同，可以分为以下几种。

1. 座谈意见交换法

座谈意见交换法是指通过座谈讨论的方式，使参加预测的人员相互交换意见，针对预测目标，在座谈会上提出个人主观的预测估计值，然后由主持者对各种意见进行综合整理分析，得出预测结果。

2. 部门意见汇总法

部门意见汇总法是指对企业遇到的某方面问题进行预测时，由企业内部各个部门分别提出预测值，然后把各部门预测值加以汇总整理，形成集体预测值的判断预测法。需要注意的是，要根据预测问题选择预测部门，尽量选择对预测目标较为了解的部门作为预测部门。例如，要预测某企业下一年产品的销售量，就可以选择销售部、生产部、策划部等部门作为预测部门。

3. 意见测验法

意见测验法是指针对企业外部的有关人员（如消费者或用户），制定测验表格或采取其他方法征求对方意见，加以综合分析，做出预测推断的一种方法。经常采用的有消费者或用户现场投票法、发调研表征求意见法、商品试销或试用征求意见法。

根据预测人员的来源不同，可以分为以下几种。

1. 综合企业内管理人员意见法

把预测小组的组成人员限于处于企业管理层次的管理人员，将他们的判断意见加以归纳、整理、分析，从而确定预测值。

2. 综合企业内业务人员意见法

把预测小组的组成人员限于企业内部的业务人员，通过归纳、整理、分析企业内部业务人员的判断意见，进行定性预测。

3. 综合企业内外业务人员意见法

预测小组的人员可以是企业内的业务人员，或者是有业务关系的批零企业的业务主管人员，以及联合企业的业务主管人员，通过归纳、整理、分析他们的判断意见，进行定性预测。

## 二、综合意见法的实施步骤

第一步，组成预测小组，提出预测要求。

选择若干熟悉预测对象的人员组成预测小组，并向预测小组成员提供预测对象的相关资料，提出预测目标和预测要求。

第二步，预测小组进行预测。

预测人员根据预测目标和预测要求，凭借个人的经验和智慧对预测对象进行预测，在分析时应尽量将定性分析与定量分析相结合。最终提出个人的预测值，并说明预测的方法与依据。在每个成员的预测结果中要至少确定三个要点，例如预测某产品未来的销售量，须确定以下三点：第一，确定未来该产品市场的可能状态；第二，确定每种市场状态出现的概率；第三，确定每种状态下产品销售量可能达到的水平（状态值）。

第三步，收集预测值并进行统计计算。

组织人员收集每个预测人员的预测值，并计算其预测的期望值，即各项主观概率与状态值乘积之和。

第四步，对不同的预测人员的预测值赋予不同的权重。

由于预测人员对市场的了解程度和经验不同，他们对最终预测结果的影响程度也不同。为了达到最高的准确性，要对预测人员的预测值分别给予不同的权数表示这种预测差异，然后再采用加权平均法计算最终预测值。如果各位预测人员的预测值所占权重相同，即各位预测人员对预测结果的影响程度相同，则直接采用算术平均法计算最后的预测值。

第五步，确定最终预测值。

### 三、几种常用的综合意见法

1. 经理判断意见法

经理判断意见法就是将熟悉企业和市场发展情况的各部门经理或负责人聚集起来，组成预测小组，对市场的某个问题发表意见，进行分析判断，最后将大家的意见进行综合处理得出预测值的方法。

经理判断意见法的优点在于：

（1）预测成本低。采用本方法只需较少的预测费用，成本低廉。

（2）简单易行，迅速及时。该方法只需集合管理方面的人员进行定性预测，操作过程简单，不需要太长时间，预测速度快。

（3）预测结果较可靠。这种综合意见法综合了对市场情况熟知且有经验的管理人员的预测意见，发挥集体智慧，预测结果较为可靠。

（4）适用于不可控因素较多的情况。这种方法是根据管理者的经验进行判断，不需要大量的统计资料，更适用于不可控因素较多的预测情况。

经理判断意见法的缺点在于：

（1）整个预测过程是综合分析个人经验的过程，预测结果具有一定的主观性。

（2）该方法主要集中了企业内部的经验人士进行分析判断，忽视了市场变化和消费者的意见，在市场变化较快，消费者需求发生变化时，这种方法的预测准确性较低。

【例13-1】某MP3生产企业，组织甲、乙、丙三位厂长进行销售量预测，他们根据个人的经验和知识，对企业产品未来一年的销售状况进行了预测，得到预测值如表 13-1 所示。

表 13-1 三位厂长的预测值统计表（单位：万件）

| 厂长 | 销路好 | | 销路中等 | | 销路差 | | 期望值 |
|---|---|---|---|---|---|---|---|
| | 销售估计值 | 概率 | 销售估计值 | 概率 | 销售估计值 | 概率 | |
| 甲 | 200 | 0.1 | 150 | 0.8 | 130 | 0.1 | 153 |
| 乙 | 300 | 0.3 | 200 | 0.5 | 150 | 0.2 | 220 |
| 丙 | 280 | 0.2 | 200 | 0.7 | 180 | 0.1 | 214 |

在表 13-1 中，每个厂长都根据自己的经验预测了未来一年企业产品销售量的最高值、中等值和最低值，并且给出每种值出现的可能概率。根据每种预测值出现的概率，可以计算出甲、乙、丙三位厂长的期望值。

甲厂长的期望值 =（200×0.1+150×0.8+130×0.1）÷（0.1+0.8+0.1）=153（万件）；

乙厂长的期望值 =（300×0.3+200×0.5+150×0.2）÷（0.3+0.5+0.2）=220（万件）；

丙厂长的期望值 =（280×0.2+200×0.7+180×0.1）÷（0.2+0.7+0.1）=214（万件）。

根据各位厂长在企业的地位、作用和权威不同，假定厂长乙是主管市场营销业务的，其预测方案具有较大的权威性，给予较大的权数 2，厂长甲、丙的预测方案给予较小的权数 1，则本次厂长预测的综合预测值为：（153×1+220×2+214×1）÷（1+2+1）=201.75（万件）。

2. 销售人员意见法

销售人员意见法是将各地区的销售代表或普通销售人员集中起来组成预测小组，对某产品的销售状况进行预测的一种综合意见法。由于销售人员是最接近消费者的人员，能够直接了解消费者的需求倾向及不同花色、品种、规格、样式的产品的销售状况，因此对产品的相关情况进行预测时，销售人员的预测意见具有较强的影响力。

销售人员意见法的优点在于：

（1）简单易行。

（2）能反映消费者需求情况。销售人员是顾客的直接接触者，甚至是消费者意见的最直接的接收者，因此，销售人员对消费者的意向有较深刻的了解，对市场有很敏锐的洞察力，预测结果能够反映消费者的意见。

（3）适应范围广。该方法可应用于商品销售量预测、商品需求量预测，以及消费者对产品花色、品种、规格的需求预测。反映消费者意见的预测都可以采取这种方法，应用范围较为广泛。

销售人员意见法的缺点在于：

（1）片面性。销售人员可能对行业整体形势及企业的总体规划缺乏了解，只从微观情况出发进行预测，降低了预测的准确性。

（2）存在误差。销售人员受知识、能力和经验所限，其预测判断存在误差，预测意见受情绪的影响较大。

（3）主观性。当预测任务关系到销售人员的利益时，预测意见可能就会带有很大的主观性。例如，有些销售人员为了能超额完成下年度的销售配额指标，获得奖励或升迁机会，可能会故意压低预测值。

（4）销售人员的预测积极性不高。很多销售人员对预测任务不感兴趣，给出预测值时非常草率，导致预测误差。

3.顾客意见法

顾客意见法是指对消费者在未来购买某种商品的意向进行调研，根据多名消费者的意向调研，对该商品的需求量做出推断的一种综合意见法。这种方法的基本原理是凭借多名消费者购买商品的决策倾向，反映他们未来对商品的需求状况，以此来对商品未来的销售状况进行预测。

顾客意见法与市场调研中的消费者意见调研有相似之处，它也是通过编制问卷、抽取样本、调研实施、统计分析等程序进行预测，但它的目的不止于市场调研，而是进行定性预测。由于顾客意见法所得结论的参考价值较大，因此它一般是作为其他定性预测方法的辅助而不单独使用进行定性预测。

## 第三节　头脑风暴法

头脑风暴法又称智力激励法、BS 法、自由思考法，是由美国 BBDO 广告公司的奥斯本于 1939 年首次提出、1953 年正式发表的一种激发性思维方法。头脑风暴一词的含义是"无限制地自由联想和讨论"，其目的在于激发人们在自由联想和讨论的过程中产生新观念或新设想。

在总体决策过程中，群体成员之间往往相互影响，容易出现"随大流"的现象，产生群体思维。群体思维限制了创造性思维的出现，降低了决策的质量。为了保证群体决策的创造性，激发最具创新性的意见和观点，专家们研究了很多改善群体决策质量的方法，头脑风暴法就是其中的一个典型。

简单来说，头脑风暴法就是一个产生新观点的过程，它的特点在于以会议的形式让与会者敞开思想，使各种设想在相互碰撞中激起创造性的思维风暴。本书把头脑风暴法的含义界定为：集合相关专家，采用会议形式，在一定时间内围绕某个中心议题，广开言路，畅所欲言，发表各自的观点，激发创造性思维，整个过程就像在专家头脑中掀起一场风暴，因此称为头脑风暴法，又可称为畅谈法、集思广益法。

### 一、头脑风暴法的特点

头脑风暴法作为集合群体智慧的有效方法，被广泛地应用到各行各业进行问题分析和决策制定，在市场预测中的应用也越来越多。它的特点主要体现在以下几个方面。

1. 头脑风暴会议时间较短

一般情况下，头脑风暴会议的时间只有一小时左右，这是根据人的思维特点安排的，时间太长容易使人产生疲倦感，不利于创造性思维的出现。

2. 头脑风暴会议得出的意见是专家意见的综合和改善

头脑风暴会议上提出的各种想法，会在大家的讨论中不断完善和改进，最后得出的创新想法是集体智慧的结晶。

3. 头脑风暴会议讲究即兴发言

头脑风暴会议上各位专家的发言，不是事先准备好的，而是在会场上的即兴发言，以此来激发专家的创新思维。

4. 头脑风暴会议气氛自由

头脑风暴会议要求大家打破常规，不要受到习惯性思维的限制，畅所欲言，各抒己见。

5. 头脑风暴会议根据探讨问题的大小可以多次进行

如果问题复杂，可以分为几次头脑风暴会议分阶段讨论，最后再进行总结汇总。

## 二、头脑风暴法的种类

头脑风暴法根据其开展过程的特点不同，可分为直接头脑风暴法和质疑头脑风暴法。前者是在专家群体决策的基础上尽可能激发创造性，产生尽可能多的设想；后者则是鼓励提出质疑，对方案的现实可行性进行评估。

直接头脑风暴法和质疑头脑风暴法都是开发集体创造性思维的方法。直接头脑风暴法就是我们通常所说的头脑风暴法，如果不加以特别说明，下文中所指的头脑风暴法就是"直接头脑风暴法"。直接头脑风暴法是质疑头脑风暴法的前提和基础，只有经过直接头脑风暴法得出一系列的创造性想法和方案之后，才能够对这些想法和方案进行质疑。质疑头脑风暴法是直接头脑风暴法的必要补充，增加了头脑风暴法所得想法和方案的可行性，是保证群体决策正确性、可行性的必要步骤。

## 三、头脑风暴法的操作步骤

1. 会前准备阶段

第一，明确会议议题。头脑风暴会议策划方应当明确会议议题，设定会议要解决的问题，弄清问题的实质，并提前对要讨论的问题进行研究，收集相关资料。

第二，确定会议参加人。即选定参加头脑风暴会议的专家人数和人员，人数一般以 8~12 人为宜，不宜太多。所选专家应是所讨论问题的专业人员，也可选择一些研究领域较广泛的专家，总体上要根据讨论问题和实际情况进行专家选择。除了专家的选择，还要确定主持人和记录人员，记录工作也可由主持人负责。

第三，确定时间、地点并提前通知专家做准备。

2. 会议进行阶段

第一，热身阶段。该阶段是会议的开始阶段，是主持人活跃现场气氛的时候，要求主持人创造一种自由、宽松、活跃的会议氛围，使大家以一种无拘无束的状态进入议题讨论。主持人在宣布开会之前，先说明会议的规则，然后以有趣的话题引入要讨论的问题，让大家的思维处于轻松和活跃的状态。会议氛围越是轻松活跃，头脑风暴的效果就越好。

第二，说明问题。主持人扼要地介绍有待解决的问题。介绍时须简洁、明确，过多的信息会限制人的思维，干扰创新思维的激发。

第三，初步讨论阶段。请各位专家阐述各自的观点和想法，主持人或记录人员记录大家的发言。

第四，重新表述问题。主持人和记录人员通过对第一阶段各位专家的意见进行整理归纳，总结出有创意的见解和方案，并把总结内容宣读给在场专家，以便大家进一步向着一个方向畅谈。一方面激发大家的创新性思维，另一方面又要把大家的思维紧紧地拉拢在所研究和探讨的问题上。

第五，畅谈阶段。这是出现创意的阶段。在事先制定的规则下，引导大家自由发言，相互启发，相互补充，真正做到畅所欲言，然后将会议发言纪录进行整理。

3. 会后补充阶段

第一，补充阶段。会议结束后的一二天内，主持人应向与会者询问会后有无新想法和新思路，以补充会议记录。

第二，筛选阶段。补充阶段结束后，将大家的想法整理成若干方案，再根据各个方案的可识别性、创新性、可实施性等标准进行筛选。经过多次反复比

较和筛选，最后确定 1~3 个最佳方案。这些最佳方案往往是多种创意的优势组合，是会议专家集体智慧综合发挥的结果。

### 四、头脑风暴法的实施要点

1. 专家人选的确定。

所谓专家是指在某一特定领域有专门技能、知识和经验的个人或组织，因此，组织专家进行预测具有一定的准确性。头脑风暴法应用过程中，在专家的选择上主要应考虑以下几个方面。

（1）在数量上，专家人数一般以 8~12 人为宜，也可略有增减。与会者人数太少不利于交流信息，激发思维；人数太多则不易掌控会议时间，并且每个人发言的机会相对减少，也会影响会场气氛。只有在特殊情况下，与会者的人数可不受上述限制。

（2）在专家的研究领域上，要尽量选择相关领域的专家，同时这些专家还应具有较高的分析能力、演绎能力和归纳总结能力，不仅在学术上专业，在逻辑分析和方法论的应用上也应具有较强的能力。同时，头脑风暴会议的参加者不应固定在某领域，也可以选择一些不同背景的参会者，他们或许能提供不同的信息，为会议增添创新元素。

（3）在专家的职位级别上，具体考虑以下原则：如果参加者相互认识，要从同一职位（职称或级别）的人员中选取。领导人员不应参加，否则可能对参加者造成某种压力；如果参加者互不认识，可从不同职位（职称或级别）的人员中选取。开会时不应宣布参加人员的职称，不论成员的职称或级别高低，都应同等对待。

2. 主持人的任务和技巧

（1）对主持人的要求。主持人应当对所研究问题有全面的了解，并且熟知头脑风暴法的操作程序和规则，具有较强的逻辑演绎和总结归纳能力，并且能够随机应变，调节会议气氛。

（2）主持人的任务。主持人是控制会议进程，促进头脑风暴进行的关键人物。其主要任务是在头脑风暴会议开始时介绍讨论的议题、讨论规则，在会议进程中启发引导，掌控进程；在会议进行到一定阶段时，总结归纳发言的核心内容，通报会议进展情况，提出自己的设想，激发专家思维；活跃会场气氛，安排会议进程。

（3）主持人的技巧。主持人作为头脑风暴法实施的关键角色，必须掌握一定的技巧。

第一，善于营造活跃的会场气氛，可以采取小幽默、小例子的形式创造轻松的讨论气氛，为专家思维的自由碰撞创造条件。

第二，点名发言，创造均等机会。主持人可点名让参会专家轮流发言，并有意控制每个人的发言时间。

第三，保持中立态度，使用中立的语言。主持人要善于使用中立的语言语气或者微笑点头等行为语言，鼓励与会者多提出设想。对每个参会者的发言都不做评论，只做进一步的引导，激发思维的进一步深入。例如，可以说"请解释一下你的意思""请详细说一下你的想法"等语言，但禁止说"这样不可能""太离谱了""这个想法好"等评论性的语言。

第四，强调数量要求。对每一位会议参加人员规定一定的发表观点的数量，使大家产生压力，以鼓励大家多提出想法。

第五，使用发言板。为每位参会者准备一个书写板，方便大家书写整理自己的思路，也可准备一个公共的发言板，让大家轮流写出各自的意见。一般情况下，为每人准备一个发言板，更有利于各位专家思路的整理和观点的综合。

第六，能够控制会议的高潮和低谷。在大家思维激荡的时候，应积极地促进大家观点的发表和进一步的畅想，并做好总结和记录。在会议的低谷，大家的思维畅想出现暂时停滞时，应适时组织专家进行休息、散步、唱歌等调整活动，之后再进行畅想和讨论。

3. 会议时间的掌握

会议时间由主持人灵活掌握，不宜会前硬性规定。经验表明，创造性较强的设想一般在会议开始10~15分钟后逐渐产生，因此，会议时间最好安排在40~60分钟之间，时间太短，难以达到畅所欲言的效果，时间太长容易导致疲劳，反而得不偿失。在创造性思维不断激荡的时候，应当适当延长会议时间；相反，如果预定时间还没有到，但是10分钟内仍然没有新主意和新观点出现，那么会议可告一段落。

4. 会议纪律的制定

要实现头脑风暴法的预期目的，参会人员必须遵循会议的纪律和规则：注意力集中并积极投入，不消极旁观；不准私下议论，以免分散注意力；只谈自己的想法，不评论别人的想法；发言开门见山，简洁明了，一次发言只谈一种见解。

5. 不可忽视记录员

头脑风暴会议需要设置一名记录员。记录员的主要任务是将与会者的所有想法进行及时的整理记录，不可主观修改别人的观点，并且记录最好要写在大黑板等醒目处，方便参会者看清楚。

6. 选择适宜的会议环境

实施头脑风暴法，应选择整洁、简单、没有外界打扰的环境。会场最好布置成圆形或者 U 形，创造平等的参会氛围，有利于大家在公平的环境中自由讨论和畅想。

### 五、头脑风暴法的实施原则

1. 自由畅想

参会者在自由、活跃的气氛中，应尽量放松思维，让思维自由驰骋，针对问题，从不同方向和角度大胆设想，尽可能标新立异，即使是荒唐的想法也要第一时间提出来。

2. 会后评判

头脑风暴会议进行时，不容许任何人对别人的想法和观点进行或好或坏的评论，所有的评判都放在会议结束后进行，这样一方面是为了让参会者不受别人评判的影响，积极大胆发言；另外一方面也使头脑风暴会议有章可循，工作安排合理。另外，禁止在会议上评判，也包括发言者对自己想法的批评，有些人习惯用一些自谦之词，这在头脑风暴会议上也是禁止的。

3. 追求数量

追求数量是头脑风暴会议的首要任务，该方法认为，会上提出的方法和设想越多，创造性的想法也就越多，头脑风暴会议得出观点的质量也就越高，因此，整个会议要求各位参会者尽可能多地提出新设想、新方案。

**4. 一律平等**

这里的平等不仅指参会人地位的平等，不论领导还是员工，都有自由发表意见的权利，更重要的是指"新想法"的平等，记录人员对参会人的意见应以完全诚实的态度去记录。即使是荒诞的想法也要认真完整地记录，因为这也许正是创造性思维的来源。

**5. 改进补充**

鼓励大家自由畅想的目的，是最终能综合出一个或几个有创造性的可实施的想法。因此，在会议进程中，主持人要积极引导参会人员综合大家的意见，对他人的意见和观点进行补充、改进，以利于最终提出几个有创造性的、集合众人智慧的想法或方案。

## 第四节　德尔菲法

德尔菲是古希腊的一座城市，因阿波罗神殿而驰名，传说阿波罗有着高超的预测能力，故德尔菲成了预测、策划的代名词。德尔菲法是在20世纪60年代初由兰德公司提出的，是为了避免集体讨论存在的屈从于权威或盲目服从多数的缺陷提出的一种定性预测方法。

德尔菲法又名匿名专家意见法，是运用匿名方式反复多次征询专家意见，进行背靠背的交流，充分发挥专家们的智慧、知识和经验，经过反复征询、归纳、修改，最后汇总成专家基本一致的看法，作为预测结果的方法。由于通过多轮次、背对背的调研，专家对问卷所提问题的看法不受他人影响，得出的预测结果较为可靠。

### 一、德尔菲法的特点

德尔菲法由于其独特的特点，在进行定性预测时，具有较广的应用范围。

德尔菲法的优点在于：

（1）准确性高。

（2）专业性。能够充分利用专家的经验和学识进行预测。

（3）匿名性。采用背靠背的方式进行意见的征询，每一位专家独立自由地做出判断，专家之间互不联系，保证了意见的客观性和创新性。

（4）收敛性。专家给予意见回执后，马上进行分类汇总，并及时反馈给专家，以便他们分析判断，直到大家的意见达成一致。这种方法对于解决涉及利益的敏感问题，有困难的、有争论的和带有感情色彩的问题时，具有独特的效果。

德尔菲法的缺点在于：

（1）难于控制专家的回答情况。专家时间紧张或工作较忙，回答问题时往往比较草率。

（2）存在一定主观性。专家提出自己的预测意见后，组织者要对各种意见进行统计处理，但由于多采用主观判断法进行统计处理，预测值存在一定的主观性。

（3）专家选择难度大。由于轮番征询次数较多，反馈时间较长，有的专家可能因工作或其他原因而中途退出，影响预测的准确性，因此合适专家的选择存在难度。

（4）不适用于短期预测。由于整个德尔菲法的实施需要较长时间的反馈与综合，因此不适用于时间要求较短的预测。

（5）过程复杂，耗时长。

尽管如此，本方法由于其独特的背靠背征询意见的方式，在很多时候仍不失为一种有效的定性预测法。

## 二、德尔菲法的作用

市场经济中充满了不确定因素和未知事件，准确的市场预测为决策提供了可靠的依据，德尔菲法对企业的正确经营管理和决策发挥了重要的预测作用，主要体现在以下几个方面。

1. 为开发新产品提供依据

通过德尔菲法进行长期销售预测，了解产品目前所处的生命周期，从而为新产品的开发提供依据。

2. 为生产计划及采购计划提供依据

根据德尔菲法的预测，编制销售计划，根据预测值制订年度和月度生产计划以及采购计划。

3. 德尔菲法的预测值为企业投资计划及人事计划提供参考

通过德尔菲法对销售量的预测，可以为企业未来的投资方向和人事安排提供参考资料。

4. 为定价策略的制定提供依据

根据销售量和市场占有率的预测值，为企业制定正确的价格策略提供依据。

5. 为库存量的确定提供依据

正确的销售预测，能够指导企业库存，不会出现生产过剩或库存不足的现象。

### 三、德尔菲法的操作步骤

1. 确定预测主题，拟定征询提纲

预测之前必须明确本次预测的目的和主题，并根据预测目标列出含义明确的征询问题，对所询问的程序和问题列出提纲，以利于预测的顺利进行。

2. 选择专家，组成专家小组

尽量选择本领域的专家，并在理论和实践方面都比较权威的专家中进行选择。专家的数量一般不超过20人，人数太少不利于预测的准确性，人数太多则会延长预测时间，加大预测的工作量。

3. 专家首次预测

以通信方式向各位专家发出调研表、相关背景资料和其他材料，使各位专家明确预测的目的、时间期限以及调研表的填写要求，并要求专家背对背地发表各自的观点，进行预测。

4. 首次预测总结

对专家首次预测的反馈，及时进行对比分析和统计整理之后，再次将整理结果提供给大家，进行第二轮预测，并要求专家对别人的意见做出评价。这

一轮预测还要询问专家需要哪些新资料，将其提供给专家，并对再次预测提出要求。

5. 轮番征询专家意见

这是德尔菲法的主要环节，如第三、第四步所述，轮番征询专家意见，一般每一轮征询时间约为 7~10 天，经过三、四轮征询之后，当各位专家的意见趋于一致时，结束征询。

6. 分析总结

最后对预测结果进行统计分析，并计算最后的预测值，最好能以图表的形式给出预测值。

### 四、德尔菲法实施的注意事项

1. 灵活掌握德尔菲法的实施步骤

对于有些问题的预测，也许经过三轮征询就得出了趋于统一的意见，这时候就不必再次进行第四轮征询。对于德尔菲法的实施步骤应当灵活掌握。

2. 保证专家的匿名性

专家的匿名性不仅指每种观点上不标注专家姓名，更重要的是指专家之间互不知情，要完全杜绝专家间的横向联系，以保证德尔菲法预测的客观性。

3. 专家的选择要基于其对企业的了解程度

针对企业的问题做预测，既可以选择高层管理人员，也可以选择一线的管理人员或者外请专家，这取决于专家对企业的了解程度。例如在预测企业未来劳动力需求状况时，企业可以挑选人事部门、计划部门、市场开发部门、生产及销售部门的一线经理作为专家，也可以挑选高层领导人员或社会专家组成预测小组，根据他们对企业的了解程度不同进行选择

4. 提供资料要详细

每次预测都要根据预测主题，为专家提供充分的背景资料，使其有足够的根据做出判断。首次预测还要附加填表说明和预测要求，轮番征询时也要轮番询问专家是否需要其他资料，并及时提供，如果有新的要求，要及时向专家说明。

5. 过程尽量简化

调研表应当准确表达意思，不询问与调研无关的问题，所提问题应是专家能够回答的问题，允许专家粗略地估计数字，不要求精确。

6. 结果不一致时，采取进一步的统计整理方法

向专家说明预测对企业的意义，争取他们的支持，如果轮番征询后仍然没有得出统一意见，也可以用中位数和上下四分位数来做结论。事实上，很多情况下预测结果都是不统一的，还需要进一步统计整理。

## 第五节 主观概率法

### 一、主观概率和主观概率法

在自然界中，某一事件在相同的条件下可能发生也可能不发生，我们把这种不确定的事件称为随机事件。不同随机事件发生的可能性大小不同，我们把这种可能性定义为概率。根据计算方法的不同，可以把概率分为主观概率和客观概率，通过定性分析得出的概率值为主观概率，通过相同条件下无限次重复实验得出的概率值为客观概率。例如，某种新产品投入市场之后的销售状态就是一个不确定的随机事件，该商品可能畅销，也可能滞销，如果用系数成百分比的数值表示每种状态出现的可能性，就是概率。这种概率值如果是通过预测者主观判断确定的，那么就是主观概率。又如，在相同条件下投掷硬币，进行无限次实验后，发现硬币正反面出现的概率相同，都是 50%，这就是客观概率。

我们把主观概率的定义界定为：市场预测者根据主观经验确定的某事件发生可能性大小的预测值。主观概率表示预测者对某种事件状态发生的心理评价，概率值越大，表示推测者越肯定该种事件状态的出现。需要注意的是，主观概率的取值范围在 0~1 之间，并且针对某个事件进行预测时，对该事件可能出现的各种状态的主观概率估计值之和必须等于 1。

主观概率法是预测者对市场中某事件各种状态发生的概率进行主观估计并计算预测值，然后综合各位预测者预测值的平均值，以这个平均值作为市场预测结论的定性分析方法。跟据各位预测者对预测对象的掌握程度不同，对预测者分别赋予一定的权数，采用加权算术平均法计算最终预测值。主观概率法作为一种定性分析方法，一般和其他预测方法结合运用。

## 二、主观概率法的特点

1. 主观性

主观概率法是依靠预测者的经验判断做出的预测，有着明显的主观性。不同的人由于经验、知识及对预测对象的把握程度不同，会做出不同的概率估计，得出不同的预测结果。因此，主观概率法的应用应选择经验丰富的预测者，并且尽量避免使用个人经验判断，推崇集体判断。

2. 简单易行

主观概率法的实施主要依靠预测者，只要集合几个经验丰富、对预测对象有较好把握的专家作为预测者，主观概率法就可以实施。

3. 针对性

主要运用在无法用已有数据直接进行统计预测的预测活动中，例如教育评价、满意度预测、民意测试等。

## 三、主观概率法的操作步骤

第一步，集合预测者，确定主观概率。集合有关专家对预测对象可能出现的各种情况进行主观预测，确定每种情况出现的概率值。

第二步，计算每位预测者的期望值。

第三步，计算预测值。

采用加权平均法进行预测值的计算是指：根据市场预测者的知识、经验以及对预测对象的把握程度不同，不同预测者预测意见的重要程度也不同，这时就需要对各位专家的预测值赋予不同的权重，以表现预测者之间的差别；如果各位预测者预测意见的重要程度相同、权重相同，则可以直接采用简单算术平均法进行计算。

【例 13-1】某彩电生产企业召集 5 位市场预测人员，对下一季度彩电销售状况可能出现的三种状态进行主观估计，得出的估计值和概率如表 13-2 所示。

表 13-2  5 位预测者的估计值和概率（单位：台）

| 预测人员 | 估计值及概率 ||||||  期望值 |
|---|---|---|---|---|---|---|---|
|  | 最高值 | 概率 | 中等值 | 概率 | 最低值 | 概率 |  |
| 1 | 2400 | 0.3 | 2200 | 0.5 | 2000 | 0.2 | 2220 |
| 2 | 2450 | 0.2 | 1900 | 0.6 | 1900 | 0.2 | 2160 |
| 3 | 2500 | 0.1 | 2000 | 0.7 | 2000 | 0.2 | 2190 |
| 4 | 2350 | 0.1 | 1900 | 0.6 | 1900 | 0.3 | 2065 |
| 5 | 2300 | 0.2 | 1800 | 0.6 | 1800 | 0.2 | 2020 |

期望值的计算公式：期望值 = 最高估计值 × 概率 + 中等估计值 × 概率 + 最低估计值 × 概率

例如，1 号市场预测人员的期望值为：2400×0.3+2200×0.5+2000×0.2=2220（台）。

根据这一公式计算出每位预测人员的期望值，如表 13-2 最后一列所示。

从表 13-2 中可以看出，每个预测人员每次预测的概率值均大于 0 小于 1，所有事件概率之和等于 1。

假设 5 位市场预测人员预测值的重要性相同，即赋予每个人相同的权重，可以直接采用算术平均法进行计算：（2200+2160+2190+2065+2020）÷5=2127（台），则 2127 台就是该企业下一季度销售量的预测值。

但是在实际中，由于知识、经验以及对预测对象的把握程度不同，每位预测者的预测准确性不同，对预测结果的影响程度也不同。因此根据实际情况，赋予每位预测人员不同的权重，例如给予 1 号和 3 号预测者的权数是 3，2 号和 4 号预测者的权数是 2，5 号预测者的权数是 1，则利用加权平均法计算得出：（2200×3+2160×2+2190×3+2065×2+2020×1）÷（3+2+3+2+1）≈2155（台）。

可以看出，采用两种平均法算出的预测值是不一样的，在实际情况中，预

测人员具有相同预测权重的状况很少，因此，采用加权平均法算出的预测值更准确，更接近实际。

尽管主观概率法是凭借主观经验进行预测的方法，具有明显的主观性，但由于其简单易行的特点，在市场预测分析中仍然具有很大的实用价值。它能够快速地帮助企业明确市场趋势，使用简明易懂的方法进行预测。如果市场预测分析期内市场供需情况比较正常，营销环境没有重大变化，则长期从事市场营销活动的专家和有关人士做出的主观判断是比较可靠的。但在实际应用中，需严防一位或两位预测人员做出主观判断，提倡进行集体思维判断，以使结果更加可靠。

## 第六节　先行指标预测法

在经济发展过程中客观地存在着周期性波动。通常经济发展都要经历"低谷→扩张→高峰→收缩→低谷"的循环，在描述经济的景气状态时，我们选用了一系列经济指标，并把它们称为景气指标。景气指标主要包括先行指标、同步指标和滞后指标三类。

先行指标是指在经济全面增长或衰退尚未出现之前就率先发生变动的指标，可以预示经济周期中的转折点和估计经济活动升降的幅度，推测经济波动的趋向。例如新订单承包契约、政府颁发的许可证等先行指标，可反映出企业或政府看好未来经济行情；又如，原料价格、消费者物价指数等先行指标，能够反映一些敏感的经济活动。

一般情况下，先行指标的变动往往要比市场行情的变动提前3个月以上，因此，我们可以根据先行指标的变动预测未来经济行情。

同步指标又称为一致指标，是指伴随经济的涨落而变化的指标，综合反映经济总体所处状态，其峰与谷出现的时间与经济运行峰与谷出现的时间一致。例如工业生产、就业与失业、商业销售等，这些指标能够衡量总体经济活动的进展情况。

滞后指标是指在经济波动发生之后才发生变化的指标，它是对总体经济运行中已经出现的峰和谷的一种确认，可以对先行指标显示的信号进行验证。在时间上，这些经济指标的变动落后于市场经济活动。例如单位产品、抵押贷款利息率、城乡居民储蓄额、商品库存、职工工资总额、全部投资支出等。

先行指标作为景气指标的一种，具有很强的预测未来经济状况的能力，常常被用来进行市场行情的预测。先行指标预测法就是利用先行指标的指示作用，预测未来经济形势和市场变化的一种定性分析预测法。

## 一、市场预测中的常用先行指标

1. 消费者物价指数

消费者物价指数（Consumer Price Index，简称 CPI）是世界各国普遍采用的一种经济指标，用于分析市场价格的基本动态，是政府制定物价政策和工资政策的重要依据，在市场预测中是一种有效的先行指标。

消费者物价指数在我国又称为居民消费价格指数，是反映与居民生活有关的产品及劳务价格的变动指标，通常用来预测通货膨胀水平。这里的"与生活有关的产品及劳务"包括生活必需品如食物、新旧汽车、汽油、房屋、公用设备、衣服以及医疗的价格等，此外，还包括一些奢侈品例如大型体育运动的门票以及高级餐厅的晚餐费用等。

如果消费者物价指数升幅过大，则表明通货膨胀已经成为经济不稳定因素，央行会有紧缩货币政策和财政政策的倾向，从而造成经济前景不明朗。因此，消费者物价指数升高不是一个乐观指标。例如，在过去的 12 个月，消费者物价指数上升 2%，这表示居民的生活成本比 12 个月前平均上升 2%，生活成本提高，居民的金钱价值便随之下降。那么，年前收到的一张 100 元纸币，现在只可以买到价值 98 元的商品或服务。随之而来的是，消费者的购买力会下降，市场需求受到影响，企业的生产和销售也要受到影响。因此，消费者物价指数是一种重要的市场预测指标。

在我国，居民消费价格指数按照所涉及的范围不同，可以分为城市居民消费价格指数、农村居民消费价格指数以及全国居民消费价格总指数，通过编制这些指数来分析市场经济状况，为市场预测提供依据。消费者物价指数的作用

主要体现在以下几个方面。

（1）反映通货膨胀状况。

消费者物价指数是反映通货膨胀率的必要指标，通货膨胀率直接说明一定时期内商品价格持续上升的幅度，即通货膨胀的严重程度。相互关系式如下：

$$通货膨胀率 = \frac{报告期消费者物价指数 - 基期消费者物价指数}{基期消费者物价指数} \times 100\%$$

（2）反映货币购买力变动情况。

货币购买力是指单位货币能够购买到的消费品和服务的数量。消费者物价指数上涨，货币购买力下降，反之则上升。消费者物价指数与货币购买力指数的关系如下：

$$货币购买力指数 = \frac{1}{消费者物价指数} \times 100\%$$

（3）反映职工实际工资的变动情况。

消费者物价指数的提高意味着职工实际工资的减少，相反，消费者物价指数的下降意味着职工实际工资的提高。因此，可根据消费者物价指数将名义工资转化为实际工资，以衡量职工的实际购买能力。计算公式为：

$$实际工资 = \frac{名义工资}{消费者物价指数}$$

2. 消费者信心指数

消费者信心（Consumer Confidence），也称为消费者情绪（Consumer Sentiment），是指消费者根据国家或地区的经济发展形势对就业、收入、物价、利率等问题进行综合判断后得出的一种看法和预期。在许多国家，消费者信心的测量被认为是消费总量预测指标的必要补充。

消费者信心指数（Consumer Confidence Index，简称CCI）是反映消费者信心强弱的指标，是综合反映并量化消费者对当前经济形势、收入预期以及消费心理状态等主观感受的指标，能够用来预测经济走势和消费趋势。消费者信心指数越大，表明消费者对未来经济形势、收入状况预期越高，越可能增加消费，减少储蓄；消费者信心指数越小，则表明消费者对经济的预期较低，可能会进行更多的储蓄。

消费者信心指数由消费者满意指数和消费者预期指数构成。构成消费者满意指数的二级指标有对收入的满意程度、对生活质量的满意程度、对宏观经济的满意程度、对消费支出和就业状况的满意程度等。构成消费者预期指数的二级指标有未来一年的收入预期，未来两年在购买住房、装修、购买汽车上的花费预期，未来6个月股市变化的预期等。

从市场预测的研究和实践来看，消费者信心指数与重要的宏观经济指标之间存在密切联系，对未来的整个经济发展趋势有相当的预见性，是定性预测中可利用的一个重要先行指标。

## 二、先行指标预测法的特点和先行指标的选择

1. 先行指标预测法的特点

先行指标独有的预警作用，使先行指标预测法成为一种省时省力的定性预测方法，而且，随着专业部门对重要先行指标的科学统计和整理，先行指标预测法的准确度也得到了提高，因此，该方法不失为一种科学有效的定性预测方法。

但是先行指标预测法也存在很多局限性：第一，先行指标预测法只能预测未来市场的走势及趋向，却不能预测未来市场或经济的变化幅度，因此，它只能从定性上对市场变化状况进行衡量，却不能给出定量分析；第二，先行指标只是时态上的领先，由于事物影响因素的复杂性，先行指标并不一定代表经济变动的方向，先行指标预测的准确性难以保证；第三，为了保证先行指标预测法的准确程度，计算综合指数是一个有效的方法，但是综合指数的计算又会受到主观分析任意性的影响，最终影响预测的准确性。

2. 先行指标的选择

先行指标预测法能够进行定性预测，源于先行指标对经济形势的征兆作用，以及先行指标与同步指标、滞后指标之间的循序发展关系。因此，利用先行指标预测法进行预测的关键在于预测指标的正确选择。一般情况下，进行市场预测时，先行指标的选择要考虑企业预测的目标、企业生产条件、企业的外部约束条件等多方面因素，选择合适恰当的先行指标，是进行正确预测的前提。

# 第十四章 市场调研预测技能（二）——定量预测

## 第一节 时间序列预测法

### 一、时间序列的类型

时间序列是指某一经济现象的指标值按照时间先后顺序排列而成的数列。通过将某现象的数量变化按照时间的先后顺序排列，揭示这一现象随时间推移的发展变化规律，从而用来预测该经济现象的发展方向。

根据时间序列的发展变化，以及经济指标在散点图上呈现的趋势，时间序列主要有以下几种类型。

1. 水平型时间序列

水平型时间序列是指整体序列无明显变化趋势，整体水平相对稳定的时间序列。水平型时间序列的走势无倾向性，后序值既不倾向于逐步增加，也不倾向于逐步减少，总是在某一水平上下波动，且波动不大、无规律性。故水平型时间序列又称为稳定型时间序列或平稳型时间序列。

通常呈水平型时间序列的经济现象有：日用生活必需品的销售量、耐用消费品的开箱合格率、耐用消费品的返修率等。

2. 季节型时间序列

季节型时间序列是指整体序列的变化趋势按照日历时间周期起伏波动的序列。即在某日历时间段内，时间数列的后序值逐步向上，到达顶峰后逐步向下，探谷底后又逐步向上，周而复始。因为最初研究产生于伴随一年四季气候变化而出现的经济现象，故称为季节型时间序列。其实，这里的"季节"可以是一年中的四季、一年中的12个月、一月中的4周、一周中的7天等，只要呈现类似季节变动的现象，就可以利用季节型时间序列进行分析。

通常呈季节型时间序列的经济现象有：啤酒、雪糕、羊绒衫等与气候有关的季节性商品的季度或月度销售量。

3. 循环型时间序列

循环型时间序列是指变动周期不固定的周期变动。序列的变化呈现周期变动，但是周期不固定，可能是两年或数年，例如商业周期、资本主义社会的周期性经济危机等。

4. 直线趋势型时间序列

直线趋势型时间序列是指变化趋势呈现直线变化的序列，时间序列的后序值逐步增加或逐步减少，呈现出一种向上或向下的线性趋势，相当于给水平型时间数列一个斜率。常见的直线型时间序列有：某新产品的销售量、某段时期的人均收入等。

5. 曲线趋势型时间序列

曲线趋势型时间序列是指呈现不规则的、随机的变化趋势的序列。这种时间序列的变动倾向不固定，不发生周期性变化，后序值增加或减少的幅度会逐渐扩大或缩小。它包括除以上四种变动趋势以外的一切变动，通常是由意外事件、偶然因素引起的。例如战争、水灾、地震、测量误差等都会引起不规则变动，呈现曲线变动趋势。季节型时间序列和循环型时间序列是特殊的曲线趋势型时间序列。

## 二、时间序列预测法的特点和基本步骤

时间序列预测法就是指运用统计方法，编制和分析时间序列，找到时间序列发展变化的规律性，并将时间外推或延伸，以预测经济现象未来发展趋势的一种预测方法。这种方法将预测目标的影响因素都综合到"时间"这一要素上来，通过对时间的延伸，根据预测对象过去的发展规律，预测其未来发展趋势，因此，又称为历史延伸预测法、时间序列分析法。

根据时间序列预测法的基本预测思想，它主要有以下几个特点。

1. 假设时间序列过去的变化规律会延伸到未来

由于时间序列预测法用"时间"将所有的影响因素综合起来进行分析，因此，它的预测前提是假定"某种经济现象过去的变化规律会延伸到未来"，这是时间序列预测法的基本前提。

2. 以"时间"为主要指标进行统计分析

事物发展过程中会受到很多因素的影响，时间序列分析法撇开了事物发展的因果关系，只从"时间"这一指标出发分析市场的过去和未来，这是时间序列分析法的一大特点。其实，从时间序列的类型可以看出，时间序列分析法并不是没有考虑其他影响因素，而是以时间为主要指标，综合所有其他影响因素的作用进行的分析预测。

3. 时间序列的变动趋势是综合因素影响的结果

时间序列根据影响因素的不同，会呈现出不同的变化趋势，不同类型时间序列的变动趋势是综合多种因素的影响结果得出的，如果某经济现象主要受到稳定因素的影响，那么它很可能呈现直线变动趋势，而突然发生的地震、水灾则会带来经济现象的不规则变动。

时间序列预测法的实施步骤如下。

第一步，编制时间序列。收集历史资料，加以整理并编成时间序列。

第二步，分析时间序列。时间序列的变动趋势是多种因素共同作用的结果，因此需要根据时间序列资料绘制散点图，分析确定时间序列的类型，即时间序列的变化趋势。

第三步，根据时间序列的变动趋势确定预测模型。

第四步，根据模型确定预测值。

### 三、时间序列预测法的分类

时间序列预测法根据预测时期的长短，可分为短期预测、中期预测和长期预测；根据对资料的分析方法不同，又可分为平均预测法、指数平滑法、趋势外推预测法、季节指数法等。

1.平均预测法

（1）算术平均法。

算术平均数是指总体各项某一数量标志的平均数，算术平均法即是对一定观察期内预测目标时间序列各期数值求平均数作为下期预测值的时间序列预测法。这种预测方法是时间序列预测法中最简单的一种预测方法，常常用于变动趋势较稳定的时间序列。例如没有季节性变化的粮油食品和日常用品的销售量序列。

算术平均法的公式是：$Y_{n+1} = \frac{\sum Y_i}{n} = \frac{Y_1+Y_2+\cdots\cdots+Y_n}{n}$，其中，$Y_{n+1}$ 表示第 $n+1$ 期预测值，$Y_i$ 表示第 $i$ 期的实际值，$n$ 表示期数。

算术平均法又可以分为简单算术平均法和加权算术平均法。

简单算术平均法是将观测期内的时间序列数据的简单算术平均数作为预测值的预测方法。计算公式为：$\bar{X} = \frac{x_1+x_2+\cdots\cdots+x_n}{n} = \frac{\sum x}{n}$，其中，$\bar{X}$ 表示算术平均数，$x_i$ 表示观测期内的观测值，$n$ 表示观测期，$i=1，2，\cdots，n$。

【例 14-1】某企业 2009 年 1—8 月份销售额如表 14-1 所示，请运用简单算术平均法预测该企业 9 月份的销售额。

表 14-1　某企业 1—8 月份销售额统计表（万元）

| 月份 | 1 | 2 | 3 | 4 | 5 | 6 | 7 | 8 | 合计 |
| --- | --- | --- | --- | --- | --- | --- | --- | --- | --- |
| 销售额 | 200 | 320 | 280 | 230 | 245 | 300 | 400 | 450 | 2425 |

解：$\bar{X} = \frac{200+320+280+230+245+300+400+450}{8} = 303.125$（万元）

根据简单算术平均法，该企业 1 月到 8 月销售额的算术平均数 303.125 就可以看作 9 月份销售额的预测值。这种方法简单易行，但是计算平均数时没有考虑到各期观测值对预测值影响程度的大小，因而预测值与实际值往往会发生较大的偏差。

其实，在时间序列预测中不同观测期的观测值与预测值的关联度是不一样的，距离预测期越近的观测值对预测值的影响越大，距离越远的影响越小。因此，我们可以根据每期观测值对预测值影响作用的大小，对每期观测值赋予不同的权数，采用加权算术平均法进行预测。

加权算术平均法就是对观测期内的不同观测值，根据其对预测值的影响程度赋予不同的权数，将各观测值与权数相乘之和除以权数之和，求得加权平均数作为预测值的预测方法。计算公式为：$\bar{X}=\frac{x_1f_1+x_2f_2+\cdots\cdots x_nf_n}{f_1+f_2+\cdots\cdots f_n}=\sum xf/\sum f$，其中 $\bar{X}$ 表示加权算术平均数，$xi$ 表示观察期内的观测值，$fi$ 表示各观测值的权数，$n$ 表示观测期，$i$=1，2，…，$n$。

加权算术平均法计算的关键在于观测期观测值权数的正确赋值，一般在时间序列预测法中，由于事物发展的连续性，权重的赋值应当遵循"离预测期越近权重越大，离预测期越远权重越小"的原则。

【例 14-2】某自行车生产企业 2009 年 1—8 月份销售额如表 14-2 所示，为了预测 9 月份的销售额，特对 1—8 月份的销售额分别赋予权重为：1、2、3、4、5、6、7、8，请运用加权算术平均法预测该企业 9 月份的销售额（保留小数点后两位）。

表 14-2　某自行车生产企业 1—8 月份销售额统计表（万元）

| 月份 | 1 | 2 | 3 | 4 | 5 | 6 | 7 | 8 |
| --- | --- | --- | --- | --- | --- | --- | --- | --- |
| 销售额 | 200 | 230 | 245 | 280 | 300 | 320 | 400 | 450 |

解：$\bar{X}=\frac{\sum xf}{\sum f}=\frac{200\times1+230\times2+245\times3+280\times4+300\times5+320\times6+400\times7+450\times8}{1+2+3+4+5+6+7+8}\approx 342.64$（万元）

所以，根据加权算术平均法，9 月份的销售额预测值为 342.64 万元。

（2）移动平均法

移动平均法是在简单平均法的基础上发展而来的，是一种简单平滑预测技术，它的基本思想是：根据时间序列资料逐期推移，以一定的跨越期依次计算跨越期内数据的算术平均值，保持跨越期不变，随着观测期的逐期推移，观测期内的数据也随之向前移动，最后将离预测期最近的一个平均数作为预测值。这种方法具有很强的"修匀"作用，当时间序列的数值受周期变动和随机波动的影响，起伏较大，不易显示出现象的发展趋势时，使用移动平均法可以消除这些因素的影响，显示出现象的发展方向与趋势。

移动平均法根据移动平均的次数不同，可以分为一次移动平均法和二次移动平均法。一次移动平均法适用于变动趋势较为稳定的时间序列，如果时间序列的变动趋势不明显，经过一次移动之后，长期趋势仍然没有显现出来，就需要对时间序列再进行一次移动平均。一次移动平均法根据计算方法的不同，分为简单移动平均法和加权移动平均法两种。

简单移动平均法是指对时间序列的观测值，按照一定的跨越期，连续计算算术平均数，并将时间数列向前移动，以最后一个算术平均数作为预测值的方法。它的计算公式是：$\hat{y}_{t+1}=M_t=\frac{x_t+x_{t-1}+x_{t-2}+\cdots+x_{t-n+1}}{n}$，其中 $Mt$ 表示移动平均数；$n$ 表示跨越期；$x_1$，$x_2$，$x_3$，$\Lambda X_n$ 表示时间数列的实际观测值；第 $t+1$ 期的预测值 $\hat{y}_{t+1}=M_t$。

【例 14-3】某电视生产企业 2007 年 1—10 月份商品销售量如表 14-3 所示，假定跨越期为 3 和 5，试用移动平均法预测 11 月份的商品销售量（取整数）。

表 14-3　某电视生产企业 1—10 月份销售量统计表（台）

| 月份 | 电视销售量 | 移动平均数 Mt | |
| --- | --- | --- | --- |
| | | $n=3$ | $n=5$ |
| 1 | 200 | | |
| 2 | 160 | — | |
| 3 | 170 | 177 | — |
| 4 | 210 | 180 | — |
| 5 | 230 | 203 | 194 |
| 6 | 240 | 227 | 202 |
| 7 | 250 | 240 | 220 |
| 8 | 260 | 250 | 238 |
| 9 | 250 | 253 | 246 |
| 10 | 280 | 263 | 256 |

解：以跨越期为 3 进行移动平均，得出移动平均值如第三列所示；以跨越期为 5 进行移动平均，得出移动平均值如第四列所示。

当 n=3 时，第一个移动平均数为：$\hat{y}_4=M_3=\frac{x_3+x_2+x_1}{3}=\frac{170+160+200}{3}\approx 177$，

第二个移动平均数为：$\hat{y}_5=M_4=\frac{x_4+x_3+x_2}{3}=\frac{210+170+160}{3}=180$ ……

当 n = 5 时，第一个移动平均数为：$\hat{y}_4=M_5=\frac{x_5+x_4+x_3+x_2+x_1}{5}=\frac{230+210+170+160+200}{5}=194$

第二个移动平均数为：$\hat{y}_5=M_4=\frac{x_6+x_5+x_4+x_3+x_2}{5}=\frac{240+230+210+170+160}{5}=202$ ……

通过移动平均计算，当跨越期是 3 时，该企业 11 月份的商品销售量预测值为 263 台；当跨越期是 5 时，该企业 11 月份的商品销售量预测值为 256 台。

那么，跨越期不同的情况下计算出的预测值哪一个更准确呢？这就需要对每种预测方法的标准差进行计算比较。标准差是指各预测值与实际值离差平方和的平均数的平方根，计算公式为：$\sigma=\sqrt{\frac{\sum(x_i-\hat{y}_i)^2}{f}}$。其中 $x_i$ 表示第 $i$ 期的实际值；$\hat{y}$ 表示第 $i$ 期的预测值；$f$ 表示预测值的个数（不包括最后一个预测值）。经过计算（过程从略），选择标准差最小的预测值为最终预测值。

从例 14-3 可以看出，移动平均数组成的数列比实际值组成的数列的波动幅度小，长期趋势更为明显，可见移动平均法能够更好地揭示原时间序列的发展趋势。但跨越期选择的不同，也会带来不同的效果。一般情况下，在时间序列观测值数目一定的情况下，跨越期取值越小，得到的移动平均数越多，可以很好地观察时间序列的长期趋势，但是修匀效果较差；跨越期的取值越大，得到的移动平均数越少，长期趋势越模糊，但是对时间序列的修匀效果越好。因此，跨越期的选择要根据历史资料的特点来确定，已有时间序列波动较大时，跨越期取值应该大一些，会有更好的修匀效果；已有时间序列波动较小时，跨越期取值应该小一些，能够得到更好的长期趋势。

在移动平均的过程中，跨越期内不同的观测值对预测值的影响程度是不同的，如果能对重要的观测值赋予较大的权数，预测值将更为准确。加权移动平均法就是对跨越期内不同的观测值，根据其对预测值的影响不同，赋予不同的权数，用观测值与权数的乘积和除以权数之和作为加权移动平均数进行预测的方法。其计算公式为：$\hat{y}_{t+1}=M_t=\frac{x_t w_1+x_{t-1}w_2+x_{t-2}w_3+\cdots+x_{t-n+1}w_{t-n}}{w_1+w_2+w_3+\cdots+w_n}$，其中，$M_t$ 表示移动平均数；n 表示跨越期；$x_1$，$x_2$，$x_3$，$\Lambda xn$ 表示时间数列的实际观测值；第 t+1 期的预测值 $\hat{y}_{t+1} = M_t$；$w_1$，$w_2$，$w_3$，$\Lambda wn$ 表示跨越期内各观测值对应的权数。

仍以例 14-3 为例，某电视生产企业 2007 年 1—10 月份商品销售量如表 14-4 所示，假定跨越期为 5，对跨越期内实际值由远及近赋予的权数为 1、2、3、4、5，试用加权移动平均法预测 11 月份的商品销售量（取整数）。

表 14-4　某电视生产企业 1—10 月份销售量统计表（台）

| 月份 | 电视销售量 | 加权移动平均数 Mt（n=5） |
| --- | --- | --- |
| 1 | 200 | — |
| 2 | 160 | — |
| 3 | 170 | — |
| 4 | 210 | — |
| 5 | 230 | 201 |
| 6 | 240 | 217 |
| 7 | 250 | 233 |
| 8 | 260 | 246 |
| 9 | 250 | 250 |
| 10 | 280 | 261 |

解：以跨越期为 5 进行加权移动平均，移动平均值如表 14-4 第三列所示。当 n=5 时，第一个加权移动平均数为：

$$\hat{y}_6 = M_6 = \frac{230 \times 5 + 210 \times 4 + 170 \times 3 + 160 \times 2 + 200 \times 1}{1+2+3+4+5} \approx 201，$$

第二个加权移动平均数为：

$$\hat{y}_7 = M_6 = \frac{240 \times 5 + 230 \times 4 + 210 \times 3 + 170 \times 2 + 160 \times 1}{1+2+3+4+5} \approx 217 \cdots\cdots 以此类推计算。$$

通过加权移动平均计算，当跨越期为 5 时，该企业 11 月份的商品销售量预测值为 261 台。这一预测值由于考虑了实际观测值对预测值的不同影响，比简单移动平均法的预测值更加准确。

移动平均法的优点在于：一方面，移动平均法通过移动平均，对原有的时

间序列进行了修匀，使原时间序列的长期趋势更为明显，为预测分析提供了依据。另一方面，算术平均法只考虑观测期内的平均变化水平，而移动平均法进行移动平均之后，把远离预测期的观测值去掉，留下对预测期影响较大的观测值，因此预测值比算术平均法的预测值更为准确。

移动平均法的缺点在于：一方面，移动平均法的应用需要收集一定期限的数据资料，如果没有一定期限的观测值，移动平均就无法进行。另一方面，加权移动平均法对不同时期观测值权重的赋值存在一定主观性，应该设计更科学的定量公式进行权重赋值。

2. 指数平滑法

对于变动趋势具有稳定性或规律性的时间序列，随着时间的推延，一般情况下，最近的过去态势会延续到最近的未来，所以预测时应将较大的权数放在最近的资料上，在此思想的指导下指数平滑法应运而生。

简单平均法是对过去数据一个不漏地全部加以同等利用；移动平均法则不考虑较远期的数据，并给予近期资料更大的权重。指数平滑法摒弃了简单平均法和加权移动平均法的缺点，不舍弃过去的数据，对时间序列赋予按照指数规律递减的权数，增加了预测的灵活性，适用于短期经济发展预测。

指数平滑法是指通过计算指数平滑值，配合时间序列预测模型进行的预测方法。其基本原理是任一期的指数平滑值都是本期实际观测值与前一期指数平滑值的加权平均，由于权数由近到远按照指数规律递减，故称为指数平滑法。

设时间序列实际值为 $x_1$，$x_2$，$x_3$，$\Lambda xn$，指数平滑法的基本公式是：$S_t = ax_t + (1-a)S_{t-1}$ ($t=1$，2，3，$\Lambda$，$n$)，$\hat{y}_{t+1} = S_t$。其中，$S_t$ 表示第 $t$ 期的平滑值；$x_t$ 表示第 $t$ 期的实际值；$S_{t-1}$ 表示第 $t-1$ 期的平滑值；$\hat{y}_{t+1}$ 表示第 $t+1$ 期的预测值；$a$ 表示平滑系数，取值范围 [0，1]。

指数平滑法具有如下几个特点。

（1）平滑系数 $a$ 的取值决定 $S_t$ 的变化。

当 $a=1$ 时，$S_t = x_t$；当 $a=0$ 时，$S_t = S_{t-1}$；当 $0 \leq a \leq 1$ 时，$S_t$ 处于 $x_t$ 和 $S_{t-1}$ 的区间。平滑系数 $a$ 越接近于 1，远期实际值对预测值的影响程度越小；平滑系数 $a$ 越接近于 0，远期实际值对预测值的影响程度越大。

根据实践经验总结，$a$ 的选择应当遵循以下原则：当时间序列呈现相对平稳的变化趋势时，可取较小的 $a$ 值，如 0.1 ~ 0.3；当时间数列波动较大时，$a$

应取中间值，如 0.3~0.5；当时间序列具有明显的上升或下降趋势时，$a$ 应取较大值，如 0.6~0.9。在实际计算中，要选取多个 $a$ 值进行计算并检验误差的大小，选择误差最小的 $a$ 值进行预测。

（2）指数平滑法考虑时间序列的全部数据。

由于指数平滑法是对所有的时间序列数据进行加权计算，因此它比加权移动平均法更加合理。

（3）计算相对简单。

尽管指数平滑法进行预测时考虑了所有时间序列数据对预测值的影响，但在实际计算时仅需要两个数值，即 $x_t$ 和 $S_{t-1}$。利用 Excel 进行计算统计，需要的历史数据不多，为预测带来了很大的方便。

（4）指数平滑值数列的初始值根据时间序列项数的多少灵活确定。

指数平滑值数列的初始值是 $S_0$，它是第一个指数平滑值，用公式无从计算，只能进行定性估计。一般情况下，如果时间序列的观测期 $n$ 大于 15，初始值对预测值的影响程度较低，可以直接把第一期实际值作为初始值；如果时间序列的观测期 $n$ 小于 15 或者更少，则需要进行简单的计算估计，一般取最初的三个实际值的算术平均数作为初始值。

根据指数平滑的次数不同，指数平滑法分为一次指数平滑法和多次指数平滑法。

（1）当变化趋势较为平稳时，可采用一次指数平滑法进行预测。

其预测公式为：$S_t^{(1)}=ax_t+(1-a)S_{t-1}^{(1)}$ ($t=1,2,3,\ldots,n$), $\hat{y}_{t+1}=S_t^{(1)}$，其中，$S_t^{(1)}$ 表示第 $t$ 期的一次平滑值，上标（1）表示一次指数平滑；$S_{t-1}^{(1)}$ 表示第 $t-1$ 期的一次平滑值；$x_t$ 表示第 $t$ 期的实际值；$\hat{y}_{t+1}$ 表示第 $t+1$ 期的预测值；$a$ 表示平滑系数，取值范围 [0，1]。

【例 14-5】某服装生产企业 2000—2009 年的服装销售额如表 14-5 所示，试用一次指数平滑法（$a$ 分别取 0.1、0.6、0.9）预测 2010 年的服装销售额（保留到小数点后两位）。

表 14-5  某服装生产企业 2000—2009 年服装销售额（单位：万元）

| 年份 | 2000 | 2001 | 2002 | 2003 | 2004 | 2005 | 2006 | 2007 | 2008 | 2009 |
| --- | --- | --- | --- | --- | --- | --- | --- | --- | --- | --- |
| 销售额 | 400 | 500 | 650 | 700 | 650 | 550 | 600 | 710 | 750 | 700 |

解：第一步，确定初始值。

该例中时间序列的期数为 10 期，初始值对预测值的影响较大，取前三期实际值的算术平均数作为初始值。

$$S_t^{(1)} = \frac{400+500+650}{3} \approx 516.7（万元）$$

第二步，选择平滑系数，计算各年一次指数平滑值。

根据题目要求，分别取 $a=0.1$、$a=0.6$、$a=0.9$，来计算各年一次指数平滑值，可以利用 Excel 进行计算。

当 $a=0.1$ 时，$S_2^{(1)}=ax_1+(1-a)S_1^{(1)}=0.1\times400+0.9\times516.67 \approx 505.00$（万元），
$S_3^{(1)}=ax_2+(1-a)S_2^{(1)}=0.1\times500+0.9\times505.00 \approx 504.50$（万元）……

以此类推，当 $a=0.6$、$a=0.9$ 时也按照这一公式进行计算，最后的计算值如表 14-6 后三列所示。

表 14-6　一次指数平滑计算表（单位：万元）

| 年份 | 期数 $t$ | 销售额 $x_t$ | 平滑值 $S_t^{(1)}$ $a=0.1$ | 平滑值 $S_t^{(1)}$ $a=0.6$ | 平滑值 $S_t^{(1)}$ $a=0.9$ |
|---|---|---|---|---|---|
| 初始值 $S_1^{(1)}$ | — | — | 516.67 | 516.67 | 516.67 |
| 2000 | 1 | 400 | 505.00 | 446.67 | 411.67 |
| 2001 | 2 | 500 | 504.50 | 478.67 | 491.17 |
| 2002 | 3 | 650 | 519.05 | 581.47 | 634.12 |
| 2003 | 4 | 700 | 537.15 | 652.59 | 693.42 |
| 2004 | 5 | 650 | 548.43 | 651.03 | 654.34 |
| 2005 | 6 | 550 | 548.59 | 590.41 | 560.43 |
| 2006 | 7 | 600 | 553.73 | 596.17 | 596.04 |
| 2007 | 8 | 710 | 568.36 | 664.47 | 698.60 |
| 2008 | 9 | 750 | 587.42 | 715.79 | 744.86 |
| 2009 | 10 | 700 | 598.68 | 706.31 | 704.49 |

第三步，误差分析，确定平滑系数。

通过计算各平滑系数下平滑值的平均绝对误差，对不同平滑系数下取得的平滑值进行误差分析，确定应选取进行预测的平滑系数。

平均绝对误差 $\frac{\sum|x_t-S_t^{(1)}|}{n}$，利用 Excel 计算各平滑系数下平滑值的绝对误差及绝对误差和，如表 14-7 第 5、7、9 列所示。

表 14-7　误差分析计算表（单位：万元）

| 年份 | 期数 $t$ | 销售额 $x_t$ | $a=0.1$ $S_t^{(1)}$ | $\|x_t-S_t^{(1)}\|$ | $a=0.6$ $S_t^{(1)}$ | $\|x_t-S_t^{(1)}\|$ | $a=0.9$ $S_t^{(1)}$ | $\|x_t-S_t^{(1)}\|$ |
|---|---|---|---|---|---|---|---|---|
| 初始值 $S_1^{(1)}$ | — | — | 516.67 | — | 516.67 | — | 516.67 | — |
| 2000 | 1 | 400 | 505.00 | 105 | 446.67 | 46.67 | 411.67 | 11.67 |
| 2001 | 2 | 500 | 504.50 | 4.5 | 478.67 | 21.33 | 491.17 | 8.83 |
| 2002 | 3 | 650 | 519.05 | 130.95 | 581.47 | 68.53 | 634.12 | 15.88 |
| 2003 | 4 | 700 | 537.15 | 162.85 | 652.59 | 47.41 | 693.42 | 6.58 |
| 2004 | 5 | 650 | 548.43 | 101.57 | 651.03 | 1.03 | 654.34 | 4.34 |
| 2005 | 6 | 550 | 548.59 | 1.41 | 590.41 | 40.41 | 560.43 | 10.43 |
| 2006 | 7 | 600 | 553.73 | 46.27 | 586.17 | 3.83 | 596.04 | 3.96 |
| 2007 | 8 | 710 | 569.36 | 140.64 | 664.47 | 45.53 | 698.60 | 11.4 |
| 2008 | 9 | 750 | 587.42 | 162.58 | 715.79 | 34.21 | 744.86 | 5.14 |
| 2009 | 10 | 700 | 598.68 | 101.32 | 706.31 | 6.31 | 704.49 | 4.49 |
| 合计 | — | — | — | 95.709 | — | 31.526 | — | 9.272 |

表 14-7 中，$S_1^{(1)}$ 为不同平滑系数下的一次平滑值，$|x_t-S_t^{(1)}|$ 为不同平滑系数下一次平滑值的绝对误差。由表 14-7 可得：

$a=0.1$ 时，平滑值的平均绝对误差为：$\frac{\sum|x_t-S_t^{(1)}|}{n}=\frac{957.09}{10}=95.709$

$a=0.6$ 时，平滑值的平均绝对误差为：$\frac{\sum|x_t-S_t^{(1)}|}{n}=\frac{315.26}{10}=31.526$

$a=0.9$ 时，平滑值的平均绝对误差为：$\frac{\sum|x_t-S_t^{(1)}|}{n}=\frac{92.72}{10}=9.272$

通过比较，$a=0.9$ 时一次平滑值的平均绝对误差最小，因此选择 $a=0.9$ 为平滑系数进行预测。

第四步，确定预测值。

根据一次平滑法的预测，公司 2010 年的销售额预测值为：

$\hat{y}=S_{10}^{(1)}=ax_{100}+(1-a)S_9^{(1)}=0.9\times700+0.1\times744.86\approx704.49$（万元）。

（2）当呈现线性变化趋势时，可采用二次指数平滑法进行预测。

其计算公式为：$S_t^{(1)} = ax_t + (1-a)S_{t-1}^{(1)}$（$t=1, 2, 3, \cdots n$），其中，$S_t^{(1)}$表示第 $t$ 期的一次平滑值；$S_{t-1}^{(1)}$ 表示第 $t-1$ 期的一次平滑值；$x_t$ 表示第 $t$ 期的实际值；$S_t^{(2)}$ 表示第 $t$ 期的二次平滑值；$S_{t-1}^{(2)}$ 表示第 $t-1$ 期的二次平滑值；$a$ 表示平滑系数，取值范围为 [0, 1]。

二次指数平滑法的预测模型为 $\hat{y}_{t+T} = a_t + b_t T$，$a_t = 2S_t^{(1)} - S_t^{(2)}$，$b_t = \dfrac{a}{1-a}(S_t^{(1)} - S_t^{(2)})$，其中，$\hat{y}_{t+T}$ 表示第 $t+T$ 期的预测值；$t$ 表示期数；$T$ 表示由第 $t$ 期到预测期的间隔期数；$a_t$、$b_t$ 表示第 $t$ 期预测模型参数。

【例 14-6】利用例 14-5 中的数据，取 $a=0.9$，试用二次指数平滑法预测 2011 年该企业的服装销售额（保留到小数点后两位）。

解：第一步到第四步类似于例 14-5。

第五步，计算二次平滑值和二次平滑预测模型的参数 $a_t$、$b_t$，如表 14-8 后三列所示。

表 14-8　$a=0.9$ 时的二次指数平滑计算表（单位：万元）

| 年份 | 期数 $t$ | 销售额 $x_t$ | 一次平滑值 $S_t^{(1)}$ | 二次平滑值 $S_t^{(2)}$ | $a_t$ | $b_t$ |
| --- | --- | --- | --- | --- | --- | --- |
| 初始值 $S_1^{(1)}$ | — | — | 516.67 | 516.67 | — | — |
| 2000 | 1 | 400 | 411.67 | 422.67 | 401.17 | −94.5 |
| 2001 | 2 | 500 | 491.17 | 484.27 | 498.07 | 62.1 |
| 2002 | 3 | 650 | 634.12 | 619.14 | 648.12 | 134.87 |
| 2003 | 4 | 700 | 693.42 | 685.99 | 700.85 | 66.86 |
| 2004 | 5 | 650 | 654.34 | 657.51 | 651.18 | −28.49 |
| 2005 | 6 | 550 | 560.43 | 570.14 | 550.73 | −87.37 |
| 2006 | 7 | 600 | 596.04 | 583.45 | 598.64 | 23.31 |
| 2007 | 8 | 710 | 698.60 | 688.08 | 709.12 | 94.64 |
| 2008 | 9 | 750 | 744.86 | 739.18 | 750.54 | 51.10 |
| 2009 | 10 | 700 | 704.49 | 707.96 | 701.02 | −31.22 |

$S_2^{(2)} = aS_2^{(1)} + (1-a)S_1^{(2)} = 0.9 \times 411.67 + 0.1 \times 516.67 = 422.17$（万元）

$S_3^{(2)} = aS_3^{(1)} + (1-a)S_2^{(2)} = 0.9 \times 491.17 + 0.1 \times 422.17 = 484.27$（万元）

……

以此类推，算出二次平滑值如表 14-8 第 5 列所示。

$a_1 = 2S_1^{(1)} - S_1^{(2)} = 2 \times 411.67 - 422.17 = 401.17$（万元）

$a_2 = 2S_2^{(1)} - S_2^{(2)} = 2 \times 491.17 - 484.27 = 498.07$（万元）

……

以此类推，算出 $a_t$ 的值如表 14-8 第 6 列所示。

$b_1 = \dfrac{a}{1-a}(S_1^{(1)} - S_1^{(2)}) = \dfrac{0.9}{1-0.9}(411.67 - 422.17) = -94.5$

$b_2 = \dfrac{a}{1-a}(S_2^{(1)} - S_2^{(2)}) = \dfrac{0.9}{1-0.9}(491.17 - 484.27) = 62.1$

……

以此类推，算出 $bt$ 的值如表 14-8 第 7 列所示。

第六步，建立二次指数平滑预测模型，并进行预测。

由于 $T = 2011 - 2009 = 2$，则预测模型为：$\hat{y}_{t+2} = a_t + 2b_t$。

采取时间序列最末期 2009 年的参数 $at$、$bt$ 的估计值，代入预测模型，预测 2011 年该企业服装销售额为：$\hat{y}_{10+2} = a_{10} + 2b_{10} = 701.02 + 2 \times 31.22 = 763.46$（万元）。

3. 趋势外推法

趋势外推法是指根据时间序列的发展趋势，建立一定的数学模型，以时间的延伸推断未来的一种预测方法。趋势外推法假设现象未来的发展趋势是过去和现在连续发展的结果，因此，趋势外推法常运用于长期趋势预测。趋势外推法按照时间序列呈现的不同趋势形态，分为直线趋势外推法和曲线趋势外推法。趋势外推法所应用的函数模型很多，常用的有线性函数、抛物线函数、指数函数、双曲线函数等。

（1）直线趋势外推法

如果时间序列数据随时间变化的规律近似为一条直线，就可以拟合直线方程作为预测模型进行预测，这种类型的趋势外推法称为直线趋势外推法，又称直线趋势预测法、线性趋势预测法，这种方法的关键是求出直线趋势模型，利用直线趋势的延伸求得预测值。

它的预测模型是：$\hat{y}_t = a + b$，其中，$t$ 表示时间变量；$\hat{y}_t$ 表示时间为 $t$ 时变量 $y$ 的预测值；$a$、$b$ 表示模型参数。

直线趋势外推法的实施步骤如下。

第一步，利用已知时间序列数据绘制散点图，确定时间序列是否具有直线趋势。

第二步，建立直线趋势模型。用最小二乘法确定模型参数。参数 a、b 的计算公式为：$a=\frac{\sum y-b\sum t}{n}$，$b=\frac{n\sum ty-\sum t\sum y}{n\sum t^2-(\sum t)^2}$，其中，$y$ 表示时间序列的观测值；$t$ 表示时间序号变量；$n$ 表示时间序列期数。

为计算方便，我们通常可以通过使 $\sum t=0$，把参数 a、b 的计算公式简化为：$a=\frac{\sum y}{n}$，$b=\frac{\sum ty}{\sum t^2}$。

要得到简化的计算公式，使 $\sum t=0$，必须采取以下方法对时间序号进行编号。

当时间序列的项数为奇数时，取中间项的时间序号 $t=0$，中间项之前的时间序号由近及远取 -1，-2，-3，…，中间项之后的时间序号由近及远取 1，2，3，…，从而使 $\sum t=0$。

当时间序列的项数为偶数时，取中间两项时间序号为一对相反数，比如可取 -1 和 1，这两项前后各项取对应相反数，例如对时间序列中间项前半部分取 -1，-3，-5，…，时间序列中间项后半部分取 1，3，5，…，从而使 $\sum t=0$。

需要注意的是，对时间序号赋值时，时间序列连续两项之间的时间序号间隔相等。

第三步，利用建立的直线趋势模型，随着时间的推移，确定预测值。

【例 14-7】某社区物业公司自 2001 年成立以来到 2009 年已有 9 年的时间，每年营业额情况如表 14-9 所示，试用直线趋势外推法预测该物业公司 2010 年和 2011 年的营业额（计算过程取小数点后两位）。

表 14-9　某物业公司 2001—2009 年的营业额状况（单位：万元）

| 年份 | 2001 | 2002 | 2003 | 2004 | 2005 | 2006 | 2007 | 2008 | 2009 |
| --- | --- | --- | --- | --- | --- | --- | --- | --- | --- |
| 营业额 | 80 | 100 | 200 | 280 | 350 | 380 | 450 | 500 | 550 |

解：第一步，利用已有时间序列数据，通过 Excel 绘制散点图，如图 14-1

所示。由图 14-1 可以看出，时间序列数据随时间变化呈现直线趋势，可以采用直线趋势外推法进行预测。

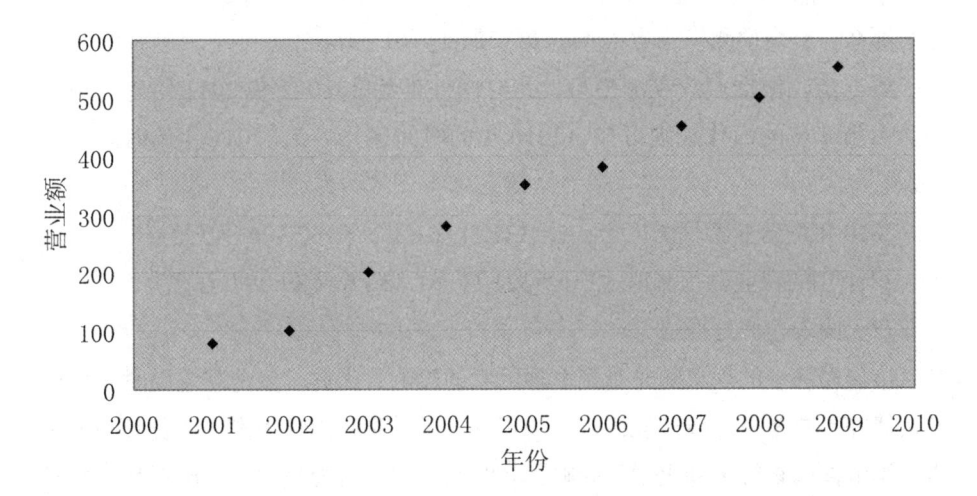

图 14-1　某物业公司 2001—2009 营业额散点图（单位：万元）

第二步，设直线预测模型为 $\hat{y}_t=a+b$，确定参数 $a$、$b$。

按最小二乘法计算参数 $a$、$b$。本事件序列的项数是 9，为了使计算简便，取中间项的时间序列号 $t=0$，中间项之前的时间序列号由近及远取 $-1$，$-2$，$-3$，$-4$，中间项之后的时间序列号由近及远取 1，2，3，4，$\sum t=0$，则以此来计算 $t^2$、$ty$、$\sum t^2$、$\sum ty$、$\sum y$ 等，如表 14-10 所示。

表 14-10　直线预测模型参数计算表

| 年份 | 营业额 $y$（万元） | 时间序号 $t$ | $t^2$ | $ty$ |
| --- | --- | --- | --- | --- |
| 2001 | 80 | −4 | 16 | −320 |
| 2002 | 100 | −3 | 9 | −300 |
| 2003 | 200 | −2 | 4 | −400 |
| 2004 | 280 | −1 | 1 | −280 |
| 2005 | 350 | 0 | 0 | 0 |
| 2006 | 380 | 1 | 1 | 380 |
| 2007 | 450 | 2 | 4 | 900 |
| 2008 | 500 | 3 | 9 | 1500 |
| 2009 | 550 | 4 | 16 | 2200 |
| 合计 | 2890 | 0 | 60 | 3680 |

将有关参数代入参数简化公式，可得：$a=\dfrac{\sum y}{n}=\dfrac{2890}{9}\approx 321.1$，$b=\dfrac{\sum ty}{\sum t^2}=\dfrac{3680}{60}\approx 61.33$。

那么，直线预测模式为：$\hat{y}=a+bt=321.11+61.33t$。

第三步，根据直线预测模型，将时间外推到2010年和2011年，求预测值。由第二步的简化规则可知，2010年的时间序号$t=5$，2011年的时间序号$t=6$。

2010年的营业额预测值为：$\hat{y}_5=321.11+61.33\times 5=627.76$（万元）；

2011年的营业额预测值为：$\hat{y}_6=321.11+61.33\times 6=689.09$（万元）。

（2）曲线趋势外推法。

市场经济中的现象随时受到多种因素的影响，因此，经济现象随时间变化的规律并不总是呈现线性规律，市场现象由于受到政策性因素、消费者心理因素、季节性因素等多种因素的影响，其时间序列有时会呈现出不同形状的曲线变动趋势。在这种情况下，就需要建立曲线模型，然后对时间进行延伸，确定预测值。

曲线趋势外推法是指根据时间序列所呈现的曲线趋势，建立曲线趋势预测模型，随着时间的推移进行趋势预测的预测方法。由于市场影响因素多种多样，使得曲线模型也多种多样，主要有二次曲线、三次曲线和指数曲线等。下面着重介绍二次曲线趋势外推法。

二次曲线趋势外推法的预测模型类似于抛物线方程，它的预测模型是：$\hat{y}_t=a+bt+ct^2$，其中，$\hat{y}_t$表示时间序列的预测值；$t$表示时间序号变量；$n$表示时间序列期数。

式中的$a$、$b$、$c$三个参数同样可以利用最小二乘法进行计算，根据直线趋势模型计算的简化原理，使$\sum t=0$，$\sum t^3=0$，可得计算参数的简化公式如下：

$$a=\dfrac{\sum y \sum t^4 - \sum t^2 \sum t^2 y}{n\sum t^4-(\sum t^2)^2}$$

$$b=\dfrac{\sum ty}{\sum t^2}$$

$$c=\dfrac{n\sum t^2 y - \sum y \sum t^2}{n\sum t^4-(\sum t^2)^2}$$

二次曲线趋势外推法的预测步骤类似于直线趋势外推法，下面以实例说明。

【例 14-8】雪花啤酒厂 2000—2008 年的销售额如表 14-11 所示，试用曲线趋势外推法预测 2009 年的啤酒销售额 ( 计算过程取小数点后两位 )。

表 14-11　雪花啤酒厂 2000—2008 年的销售情况表（单位：万元）

| 年份 | 2000 | 2001 | 2002 | 2003 | 2004 | 2005 | 2006 | 2007 | 2008 |
|---|---|---|---|---|---|---|---|---|---|
| 销售额 | 450 | 500 | 620 | 680 | 750 | 710 | 680 | 640 | 600 |

解：第一步，通过 Excel 根据已有时间序列数据绘制散点图，如图 14-2 所示，可以看出时间序列数据随时间变化呈现类似于抛物线的变化趋势。可以采用二次曲线趋势外推法进行预测。

第二步，设二次曲线趋势预测模型为 $\hat{y}_t = a + bt + ct^2$，确定参数 $a$、$b$、$c$。

按照最小二乘法计算参数 $a$、$b$、$c$。本时间序列的项数和是 9，为了使计算简便，取中间项的时间序列号 $t=0$，中间项之前的时间序列号由近及远取 $-1$，$-2$，$-3$，$-4$，中间项之后的时间序列号由近及远取 1，2，3，4，$\sum t = 0$、$\sum t^3 = 0$，则以此来计算 $\sum y$、$\sum t^2$、$\sum ty$、$\sum t^4$、$\sum t^2 y$ 等数据，如表 14-12 所示。

表 14-12　二次曲线预测模型参数计算表

| 年份 | 销售额 y（万元） | 时间序号 t | $t^2$ | $t^4$ | ty | $t^2 y$ |
|---|---|---|---|---|---|---|
| 2000 | 450 | −4 | 16 | 256 | −1800 | 7200 |
| 2001 | 500 | −3 | 9 | 81 | −1500 | 4500 |
| 2002 | 620 | −2 | 4 | 16 | −1240 | 2480 |
| 2003 | 680 | −1 | 1 | 1 | −680 | 680 |
| 2004 | 750 | 0 | 0 | 0 | 0 | 0 |
| 2005 | 710 | 1 | 1 | 1 | 710 | 710 |
| 2006 | 680 | 2 | 4 | 16 | 1360 | 2720 |
| 2007 | 640 | 3 | 9 | 81 | 1920 | 5760 |
| 2008 | 600 | 4 | 16 | 256 | 2400 | 9600 |
| 合计 | 5630 | 0 | 60 | 708 | 1170 | 33650 |

$$a = \frac{\sum y \sum t^4 - \sum t^2 \sum t^2 y}{n \sum t^4 - (\sum t^2)^2} = \frac{5630 \times 708 - 60 \times 33650}{9 \times 708 - 60^2} \approx 709.61$$

$$b = \frac{\sum ty}{\sum t^2} = \frac{1170}{60} = 19.5$$

$$c = \frac{n \sum t^2 y - \sum y \sum t^2}{n \sum t^4 - (\sum t^2)^2} = \frac{9 \times 33650 - 5630 \times 60}{9 \times 708 - 60^2} \approx -12.61$$

那么，二次曲线趋势预测模型为：$\hat{y}_t = 709.61 + 19.5_t - 12.61_t^2$。

第三步，根据二次曲线预测模型，将时间外推到2009年，求预测值。由第二步的简化规则可知，2009年的时间序号 $t=5$，因此，2009年的销售额预测值为：$\hat{y}_s = 709.61 + 19.5 \times 5 - 12.61 \times 5^2 = 491.86$（万元）。

4. 季节指数预测法

在社会经济研究中，有些现象由于自然条件、生产条件和生活习惯等因素的影响，随着季节的转变而呈现出周期性变动，我们把这种现象称为季节变动。季节变动的周期通常为1年。季节变动的特点表现为逐年同月（或季）有相同的变化方向和大致相同的变化幅度，且变化幅度不大。

季节指数预测法是指利用季节变动的规律性，根据预测变量按月或按季编制的时间数列资料，测定反映季节变动规律的季节指数，并以此为依据进行短期预测的方法。季节指数预测法又称季节周期法、季节指数法、季节变动趋势预测法。

采用季节指数预测法的条件：时间序列数据必须按照季度或月份来收集；必须具有三年以上的历史资料才能采用季节指数预测法。

季节指数预测法应用的关键在于季节指数的确定，根据是否考虑长期趋势对时间序列的影响，季节指数的计算方法也不同，可分为不考虑长期趋势的季节指数法和考虑长期趋势的季节指数法。

不考虑长期趋势的季节指数法，是假定预测对象的时间序列不受长期趋势的影响，呈现明显的季节变动，计算季节指数的方法是直接平均季节指数法，它的预测模型是：$f_i = A_i \div B \times 100\%$，$\hat{y} = x_i \times f_i$，其中：$f_i$ 表示季节指数；$A_i$ 表示观测期内各季观测值的平均数；$B$ 表示观测期数据的总平均数；$x_i$ 表示观测季的趋势值；$\hat{y}_i$ 表示预测期的预测值。

考虑长期趋势的季节指数法是将长期变动趋势与季节变动趋势综合起来进行预测的方法，它的基本思想是将长期趋势预测模型和季节指数分别进行计算，之后再将两个因素相结合进行预测。考虑长期趋势的预测可以采用移动平均法、指数平滑法或趋势外推法。基本预测模型为：$\hat{y}_t=T_tS_i$，其中，$\hat{y}_t$ 表示预测值；$t$ 表示时间序列的时期数；$Tt$ 表示长期趋势模型；$Si$ 表示第 $i$ 季的平均季节指数。

需要注意的是，季节指数用百分比来表示，由于计算周期不一定，季节指数的计算方法也不同。计算周期可能是天，也可能是周、月或季度。如果以天为计算周期，一周 7 天的季节指数之和为 700%，如果以月为计算周期，一年 12 个月的季节指数之和为 1200%；若以季为周期，一年四季的季节指数之和为 400%。如果计算时由于存在误差使季节指数之和不等于相应的标准，则应当用比例法将其调整为标准形式。

（1）不考虑长期趋势的季节指数法操作步骤。

不考虑长期趋势是指时间序列的变化趋势没有明显的长期变动趋势的影响，可以假设长期趋势不存在，用直接平均季节指数法计算季节指数来进行预测。

【例 14-9】某空调生产企业 2006—2009 年各季度的空调销售量如表 14-13 所示，试用季节指数法预测 2010 年各季度的销售量（计算结果取小数点后两位）。

表 14-13　某空调生产企业 2006—2009 年各季度销售量表（单位：万台）

| 年份＼季度销售量 | 第一季度 | 第二季度 | 第三季度 | 第四季度 |
| --- | --- | --- | --- | --- |
| 2006 | 20 | 60 | 30 | 70 |
| 2007 | 30 | 75 | 40 | 80 |
| 2008 | 35 | 80 | 40 | 85 |
| 2009 | 40 | 95 | 50 | 90 |

解：第一步，将表 14-13 的数据按照时间先后顺序排成一列输入到 Excel 表格做成曲线图，如图 14-3 所示，观察该时间序列的趋势变动。根据图 14-3 可以看出，该时间序列具有明显的季节变动趋势，且受长期趋势的影响不

大，属于不考虑长期趋势的季节指数计算，我们可以采用直接平均法计算季节指数。

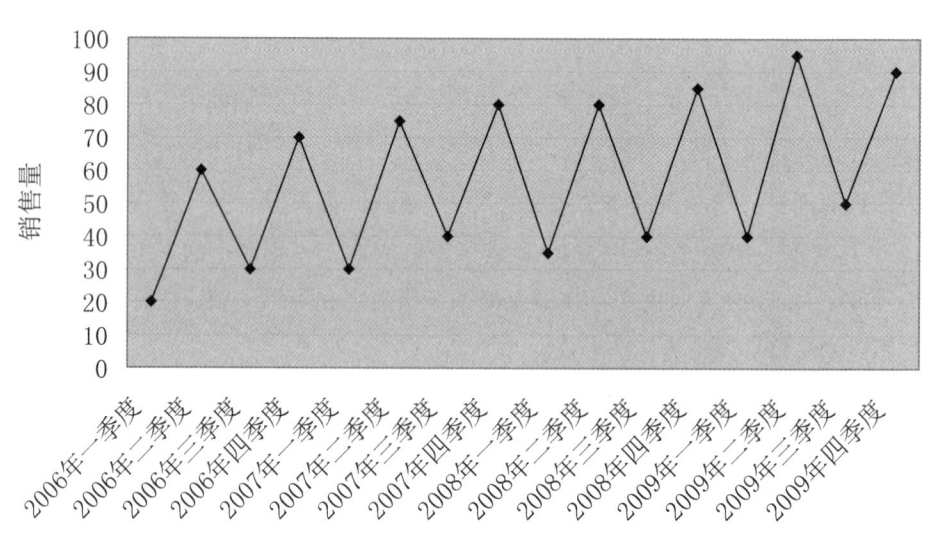

图 14-3 空调企业 2006—2009 年销售量散点图（单位：万元）

第二步，计算季节指数，需要先计算观测期内各季观测值的平均数 $A_i$ 和观测期数据的总平均数 $B$，用 Excel 进行计算，如表 14-14 所示。

表 14-14 不考虑长期趋势的季节指数计算表（单位：万台）

| 年份 | 一季度 | 二季度 | 三季度 | 四季度 | 同年季平均值 $x_i$ |
| --- | --- | --- | --- | --- | --- |
| 2006 | 20 | 60 | 30 | 70 | 45 |
| 2007 | 30 | 75 | 40 | 80 | 56.25 |
| 2008 | 35 | 80 | 40 | 85 | 60 |
| 2009 | 40 | 95 | 50 | 90 | 68.75 |
| 各季平均数 $A_i$ | 31.25 | 77.5 | 40 | 81.25 | — |
| 总平均数 $B$ | — | — | — | — | 57.5 |
| 季节指数 $f_i$（%） | 54.35% | 134.78% | 69.57% | 141.30% | — |
| 2010 年各季预测值 $\hat{y}_t$（万台） | 37.37 | 92.66 | 47.83 | 97.14 | — |

其中，各季观测值的平均数 $A_i$ 为：

$A_1 = \frac{20+30+35+40}{4} = 31.25$，$A_2 = \frac{60+75+80+95}{4} = 77.5$，……，计算结果如表14-14第6行所示。

观测期的总平均数 $B$ 为四年16个季度的平均数，即57.5。计算结果如表14-14第7行所示。

季节指数 $f_i = \frac{A_i}{B} \times 100\%$，$f_1 = \frac{A_1}{B} \times 100\% = \frac{31.25}{57.5} \times 100\% \approx 54.35\%$，$f_2 = \frac{A_2}{B} \times 100\% = \frac{77.25}{57.5} \times 100\% \approx 134.78\%$……计算结果如表14-14第8行所示。由季节指数可以看出，第二季度和第四季度是空调销售的旺季，第一季度和第三季度是淡季。

第三步，根据所得季节指数，对2010年空调各季度的销售量进行预测，预测模型是：$\hat{y}_i = x_i \times f_i$，其中，$x_i$ 是预测季的趋势值。由于该例只包含季节变动，不受长期趋势的影响，因此，取时间序列最末年2009年的各季平均值68.75万台作为2010年各季预测的趋势值，如表14-14最后一列所示。

$x_1 = \frac{20+60+30+70}{4} = 45$，$x_2 = \frac{30+75+40+80}{4} = 56.25$，……

那么，2010年该企业各季的销售量预测值为：

$\hat{y}_1 = x_4 \times f_1 = 68.75 \times 54.35\% \approx 37.37$（万台）；

$\hat{y}_2 = x_4 \times f_2 = 68.75 \times 134.78\% \approx 92.66$（万台）；

$\hat{y}_3 = x_4 \times f_3 = 68.75 \times 69.57\% \approx 47.83$（万台）；

$\hat{y}_4 = x_4 \times f_4 = 68.75 \times 141.30\% \approx 97.14$（万台）。

（2）考虑长期趋势的季节指数法操作步骤。

在市场经济中，季节性商品的销售量变化往往也受长期趋势的影响，因此，包含季节变动的预测更多地要考虑长期趋势的影响，我们这里只介绍受直线趋势影响的季节变动，采用直线趋势比率平均法。直线趋势模型的计算采用趋势外推法。

直线趋势比率平均法的预测模型是：$\hat{y}_t = T_t S_i$，$s_i = \frac{y_i}{T_t}$，其中，$\hat{y}_t$ 表示预测值；$t$ 表示时间序列的时期数；$T_t$ 表示直线趋势方程；$S_i$ 表示第 $i$ 季的平均季节指数。

【例14-10】某雪糕生产企业2006—2009年的销售额如表14-15所示，试用直线趋势比率平均法预测2010年第一季度和第二季度的雪糕销售额（计算

结果保留两位小数)。

表 14-15　雪糕生产企业 2006—2009 年销售额表(单位:万元)

| 年份＼销售量＼季度 | 第一季度 | 第二季度 | 第三季度 | 第四季度 |
| --- | --- | --- | --- | --- |
| 2006 | 5 | 9 | 13 | 8 |
| 2007 | 12 | 18 | 22 | 14 |
| 2008 | 16 | 24 | 28 | 16 |
| 2009 | 20 | 30 | 35 | 20 |

解:第一步,将表 14-15 中的数据按照时间先后顺序排成一列输入到 Excel 表格做成曲线图(见图 14-4),观察该时间序列的趋势变动。

从图 14-4 中可以看出,该时间序列具有明显的季节变动趋势,且受长期线性变动趋势的影响,属于考虑长期趋势的季节指数计算,我们可以采用直接趋势比率平均法计算季节指数。设预测模型为:$\hat{y}_t = T_t S_i$。

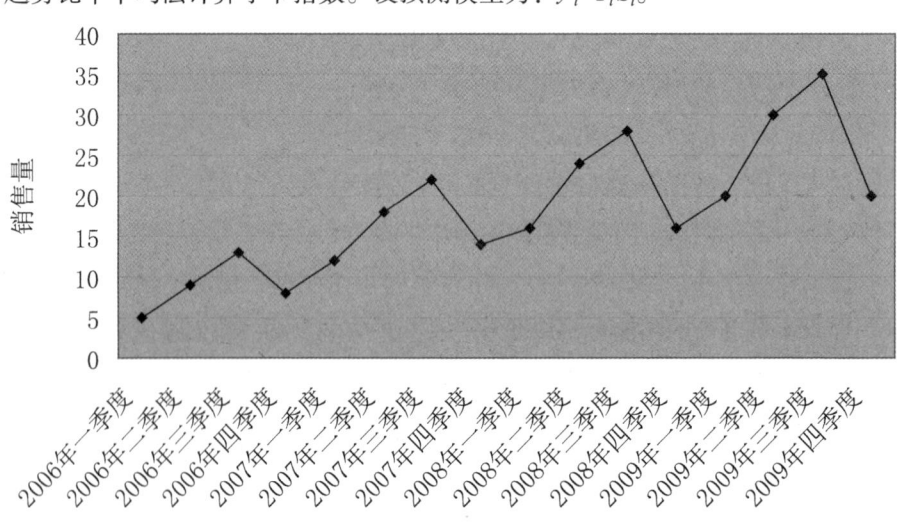

图 14-4　雪糕企业 2006—2009 年销售量散点图(单位:万元)

第二步,确定长期直线趋势 $T_t$。

由于已有时间序列呈现的线性趋势不明显,因此需要加权移动使时间序列更为平滑。这里我们先采用跨越期为3的加权移动平均法，移动平均之后，再利用直线趋势外推法，确定直线长期趋势 Tt。设直线趋势方程为 Tt=a+bt，根据最小二乘法，计算出 $t^2$、$ty$、$\sum t^2$、$\sum ty$、$\sum y$ 等数据。具体计算数据如表 14-16 所示，具体步骤从略。

计算得：$a=\dfrac{\sum y}{n}=\dfrac{265.48}{14}\approx 18.96$，$b=\dfrac{\sum ty}{\sum t^2}=\dfrac{355.57}{280}\approx 1.27$，代入直线趋势方程得：$T_t=18.96+12.7_t$。

表 14-16　直线趋势外推法计算表（单位：万元）

| 季度 | 销售额实际值 $y_t$ | 实际值 $y_t$（n=3） | 时间序号 t | $t^2$ | ty |
| --- | --- | --- | --- | --- | --- |
| 2006 年一季度 | 5 | — | — | — | — |
| 2006 年二季度 | 9 | — | — | — | — |
| 2006 年三季度 | 13 | 10.33 | −7 | 49 | −72.31 |
| 2006 年四季度 | 8 | 9.83 | −6 | 36 | −58.98 |
| 2007 年一季度 | 12 | 10.83 | −5 | 25 | −54.15 |
| 2007 年二季度 | 18 | 14.33 | −4 | 16 | −57.32 |
| 2007 年三季度 | 22 | 19 | −3 | 9 | −57 |
| 2007 年四季度 | 14 | 17.33 | −2 | 4 | −34.66 |
| 2008 年一季度 | 16 | 16.33 | −1 | 1 | −16.33 |
| 2008 年二季度 | 24 | 19.67 | 1 | 1 | 19.67 |
| 2008 年三季度 | 28 | 24.67 | 2 | 4 | 49.34 |
| 2008 年四季度 | 16 | 21.33 | 3 | 9 | 63.99 |
| 2009 年一季度 | 20 | 20 | 4 | 16 | 80 |
| 2009 年二季度 | 30 | 24.33 | 5 | 25 | 121.65 |
| 2009 年三季度 | 35 | 30.83 | 6 | 36 | 184.98 |
| 2009 年四季度 | 20 | 26.67 | 7 | 49 | 186.69 |
| 合计 | — | 265.48 | 0 | 280 | 355.57 |

第三步，计算时间序列各期的季节指数 Ft。

根据直线趋势方程 $F_t=18.96+1.27t$。取时间序号 t=1，2，3，Λ，18，得到 2006 年第一季度到 2010 年第二季度的趋势值 Tt，如表 14-17 所示。

表 14-17　直线趋势外推法计算表（单位：万元）

| 季度 | 销售额实际值 $y_t$ | 时间序号 $t$ | 趋势值 $T_t$ | 季节指数 Ft |
|---|---|---|---|---|
| 2006 年一季度 | 5 | 1 | 20.23 | 0.25 |
| 2006 年二季度 | 9 | 2 | 21.5 | 0.42 |
| 2006 年三季度 | 13 | 3 | 22.77 | 0.57 |
| 2006 年四季度 | 8 | 4 | 24.04 | 0.33 |
| 2007 年一季度 | 12 | 5 | 25.31 | 0.47 |
| 2007 年二季度 | 18 | 6 | 26.58 | 0.68 |
| 2007 年三季度 | 22 | 7 | 27.85 | 0.79 |
| 2007 年四季度 | 14 | 8 | 29.12 | 0.48 |
| 2008 年一季度 | 16 | 9 | 30.39 | 0.53 |
| 2008 年二季度 | 24 | 10 | 31.66 | 0.76 |
| 2008 年三季度 | 28 | 11 | 32.93 | 0.85 |
| 2008 年四季度 | 16 | 12 | 34.2 | 0.47 |
| 2009 年一季度 | 20 | 13 | 35.47 | 0.56 |
| 2009 年二季度 | 30 | 14 | 36.74 | 0.82 |
| 2009 年三季度 | 35 | 15 | 38.01 | 0.92 |
| 2009 年四季度 | 20 | 16 | 39.28 | 0.51 |
| 2010 年第一季度 | — | 17 | 40.55 | — |
| 2010 年第二季度 | — | 18 | 41.82 | — |

第四步，计算平均季节指数。计算公式为：$Si$＝n 年第 i 季度的季节指数和 /n。

根据该公式，计算 2006—2009 年四年四个季度的平均季节指数：$Si$＝（0.25+0.48+0.52+0.56）÷4=0.4525，…，以次类推计算。

2010 年第一、第二季度趋势值 $T_t$ 已根据直线趋势方程在第三步中求出，见表 14-17。

第五步，确定预测值。根据预测模型 $\hat{y}_t = T_t S_i$ 确定 2010 年第一季度和第二季度的预测值，如表 14-18 所示。

2010 年第一季度销售额预测值：$\hat{y}_{17} = T_{17} S_1 = 40.55 \times 0.4525 \approx 18.5$（万元）；

2010 年第二季度销售额预测值：$\hat{y}_{18} = T_{18} S_2 = 41.82 \times 0.67 \approx 28.02$（万元）。

表 14-18　平均季节指数和预测值计算表（单位：万元）

| 年份＼销售量＼季度 | 第一季度 | 第二季度 | 第三季度 | 第四季度 |
|---|---|---|---|---|
| 2006 年 | 0.25 | 0.42 | 0.57 | 0.33 |
| 2007 年 | 0.47 | 0.68 | 0.79 | 0.48 |
| 2008 年 | 0.53 | 0.76 | 0.85 | 0.47 |
| 2009 年 | 0.56 | 0.82 | 0.92 | 0.51 |
| 平均季节指数 $S_i$ | 0.4525 | 0.67 | 0.7825 | 0.4475 |
| 2010 年各季节趋势值 $T_t$ | 40.55 | 41.82 | — | — |
| 2010 年各季预测值 $\hat{y}_t$ | 18.35 | 28.02 | — | — |

# 第二节　回归分析预测法

## 一、相关分析和回归分析

1. 相关分析和相关系数

相关分析就是研究现象之间是否存在依存关系，并探讨具有依存关系的现象间的相关程度的一种统计方法。

两个现象间的相关程度用相关系数 $r$ 来描述。进行相关分析，首先要对相关系数进行分析，以确定现象间的相关程度。

相关系数 $r$ 的取值在 −1 和 1 之间，$r=1$ 时称现象间完全正相关，$r=-1$ 时称现象间完全负相关，当 $r=0$ 时，说明现象之间无相关关系。

$r$ 的取值在 0 和 1 之间时，表示两个现象之间呈正相关，散点图是斜向上的，这时一个变量增加，另一个变量也随之增加；$r$ 取值在 −1 和 0 之间时，两个现象之间呈负相关，散点图是斜向下的，此时一个变量增加，另一个变量将随之减少。

|r|越接近1,两个现象的相关程度越强,越接近O,两个现象的相关程度越弱。通常|r|大于0.75时,认为两个现象有很强的相关关系。

2.相关分析和回归分析的关系

在社会经济研究中,为了更准确地确定变量之间的关系,仅仅进行相关分析是不够的。只研究现象之间是否相关、相关的方向和密切程度,一般不能区分自变量和因变量,而如果要分析现象之间相关的具体形式,确定其因果关系,并用数学模型来表现其具体关系,就需要进行回归分析。例如从相关分析中我们可以确定"质量"和"用户满意度"这两个变量之间具有相关关系,但是这两个变量谁是原因谁是结果、变量之间有什么对应关系,却需要通过回归分析来确定。

回归分析是指通过规定因变量和自变量,建立回归模型,根据实测数据求解模型参数,评价回归模型拟合优度,最后依据回归模型确定变量间的因果关系并进行预测的分析方法。

例如,如果要研究"产品质量"和"用户满意度"之间的因果关系,从实践意义上讲,产品质量会影响用户的满意情况,因此设用户满意度为因变量,记为$y$;质量为自变量,记为$x$。可以建立线性方程为$y=a+bx+e$式中$a$和$b$为待定参数,$a$为回归直线的截距;$b$为回归直线的斜率,表示$x$变化一个单位时,$y$的平均变化情况;$e$为随机误差。

相关分析与回归分析间既有区别又有联系。

二者的区别是:第一,相关分析只观察变量间相关的方向和密切程度,不研究两变量间相关的具体形式;回归分析主要分析自变量与因变量之间的因果关系,并可根据回归方程用自变量的数值推算因变量的估计值。第二,相关分析中的两变量是随机变量,不区分自变量和因变量;回归分析中的两变量区分自变量和因变量,且因变量是随机变量,自变量是给定量。

二者的联系是:第一,回归分析以相关分析为基础,是相关分析的延伸;第二,回归分析是相关分析的深入研究,能够更进一步地说明变量间的数量关系。

## 二、回归分析预测法的分类和步骤

回归分析预测法是指在相关分析的基础上建立回归方程，利用回扫模型和已知变量预测另一个变量的市场预测方法。回归分析能够找到变量间的因果关系进行分析预测，因此在市场调研与预测中具有重要的地位，在对市场现象未来发展状况和发展水平进行预测时，如果能确定影响市场预测对象的主要因素，并获得其数据资料时，就可以采用回归分析预测法进行预测。它是一种行之有效的、实用价值很高的市场预测方法，是市场预测分析中采取的首要方法。

1. 回归分析预测法的类型

回归分析预测法有很多种类型，依据回归分析中自变量的个数不同，可分为一元回归分析预测法、二元回归分析预测法及多元回归分析预测法。在一元回归分析预测法中，自变量只有一个，在二元回归分析预测法中，自变量有两个，而在多元回归分析预测法中，自变量有两个以上甚至多个。

回归分析预测法依据自变量和因变量之间是否存在线性关系，可分为线性回归分析预测法和非线性回归分析预测法。在线性回归预测分析中，变量间的关系表现为直线型，在非线性回归预测分析中，变量间的关系表现为曲线型。

2. 回归分析预测法的操作步骤

（1）明确预测目标，确定因变量与自变量。

根据预测的问题，明确预测的具体目标，是采用预测方法的前提。明确预测目标之后，因变量就确定了，因变量就是预测目标。例如要预测下一年度某品牌汽车的销售量，则销售量就是因变量。

自变量的确定需要通过认真的定性分析，要结合历史和现实资料，并参考预测人员的经验和知识，最终确定与因变量关系最密切的变量为自变量。

（2）进行相关分析，确定相关方向和相关程度。

回归分析是以相关分析为基础的，只有具有相关关系且相关程度较高的两个变量，才有进行回归分析的可能性。因此，进行回归分析之前，分析自变量与因变量之间的相关方向和相关程度，是必要的步骤。

分析自变量与因变量的相关方向可以采取绘制散点图的方法，即将自变量与因变量的数值在坐标系中的相应位置描点绘图，根据这些点所呈现的趋势，

判断自变量与因变量之间的相关方向是正相关还是负相关、是线性相关还是非线性相关，从而为回归模型的建立提供依据。

分析自变量与因变量的相关程度采用计算相关系数的方法，相关系数的计算公式是：

$$r = \frac{n\Sigma xy - \Sigma x \Sigma y}{\sqrt{n\Sigma x^2 - (\Sigma x)^2}\,\Sigma y\,\sqrt{n\Sigma x^2 - (\Sigma y)^2}}$$

其中，$r$ 表示相关系数；$x$ 表示自变量的值；$y$ 表示因变量的值；$\bar{x}$ 表示自变量的平均数；$\bar{y}$ 表示因变量的平均数。

（3）建立回归预测模型。

依据自变量和因变量的相关关系，建立两者的相关关系式，即回归方程，并利用历史统计资料，确定回归方程的参数，最终确定回归分析预测模型。

线性回归的一般预测模型为：$y = a + b_1x_1 + b_2x_2 + \Lambda + b_nx_n$。

比较常用的是一元线性回归预测模型：$y = a + bx$。其他线性回归模型称为多元线性回归模型。当变量间的关系呈现非线性关系时，则需要建立非线性回归方程，如抛物线回归方程。回归方程的参数通常使用最小二乘法计算求得。

（4）回归预测模型的检验。

回归预测模型的建立是为了准确地预测，因此预测之前必须对回归方程的拟合优度和回归参数的显著性进行检验，只有达到要求的回归方程才能应用于预测。常用的检验方法有回归系数检验、F 检验和 T 检验等。

（5）确定预测值。

通过检验的回归预测模型计算预测值，并对预测值进行综合分析，确定最后的预测值。预测值的确定通常分为两种情况：一种称为点预测，即所求得的预测值是一个数值；另一种称为区间预测，即预测所得的结果是一个区间范围。

### 三、一元线性回归分析预测法

1. 一元线性回归分析预测法的基本原理

当影响预测目标因变量的众多自变量中有一个最基本的并起到决定性作用的因素时，可以采用一元回归分析，如果此时自变量与因变量之间呈现线性关系，就可以运用一元线性回归分析预测法进行预测。一元线性回归分析的预测模型是：y=a+bx，其中，x 为自变量，y 为因变量；a 为待定参数，b 称为回归系数，表示 x 每增加一个单位时，x 平均增加的数量。a、b 可用最小二乘法求得，公式为：$a=\frac{\Sigma y-b\Sigma x}{n}$，$b=\frac{n\Sigma xy-\Sigma x\Sigma y}{n\Sigma x^2-(\Sigma y)^2}$。

2. 一元线性回归分析预测法的预测步骤

【例 14-11】某地区 1999—2003 年的居民收入总额与商品年销售总额如表 14-19 所示，已知 2009 年居民收入总额为 210（百万元），试用回归分析预测法预测 2009 年的商品销售总额（计算结果保留小数点后两位）。

表 14-19　某地区 1999—2008 年居民收入总额与商品销售总额表

（单位：百万元）

| 年份 | 1999 | 2000 | 2001 | 2002 | 2003 | 2004 | 2005 | 2006 | 2007 | 2008 |
| --- | --- | --- | --- | --- | --- | --- | --- | --- | --- | --- |
| 居民收入 x | 80 | 88 | 95 | 100 | 115 | 123 | 130 | 145 | 155 | 168 |
| 销售总额 y | 55 | 60 | 70 | 73 | 85 | 90 | 98 | 110 | 120 | 130 |

解：

第一步，明确预测目标，确定因变量与自变量。

本题的预测目标是 2009 年的商品销售总额，因此商品销售总额就是因变量。每年居民收入总额是决定消费者购买力的关键性因素，居民收入总额与年商品销售量有相关关系，并且居民收入的多少对销售总额的多少有很大的影响。因此，把居民收总额作为自变量。

第二步，确定相关方向和相关程度。

将居民收入总额与年销售总额的数值在坐标系中的相应位置描点绘制散点图，如图 14-5 所示。从散点图上可以看出，居民收入总额与销售总额之间呈现线性变化关系，可以利用一元线性回归分析预测法进行预测。

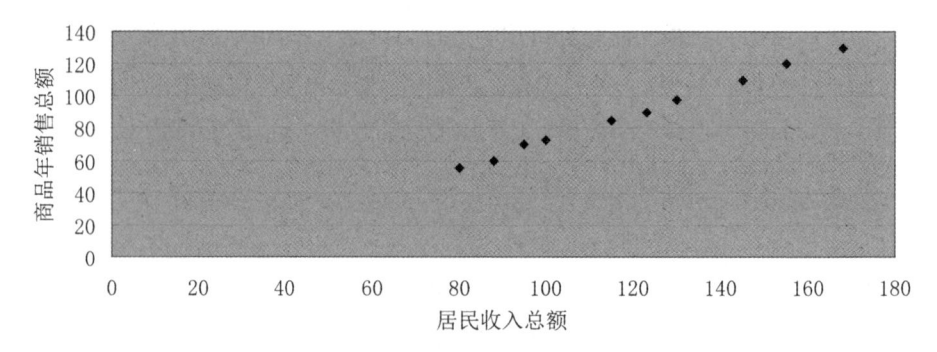

图 14-5　某地区居民收入总额与商品年销售总额关系散点图（单位：百万）

第三步，建立回归预测模型。

依据自变量和因变量的相关关系，设一元线性回归方程为：$\hat{y}=a+bx$，其中，$\hat{y}$ 为因变量的预测值，$x$ 为自变量，根据最小二乘法，计算参数 $a$、$b$ 的值。利用 Excel 计算 $\sum y$、$\sum x$、$\sum xy$、$\sum x^2$、$\sum y^2$ 等数据的值，如表 14-20 所示。

表 14-20　一元线性回归分析计算表（单位：百万元）

| 年份 | 居民收入 $x$ | 销售总额 $y$ | $xy$ | $x^2$ | $y^2$ |
| --- | --- | --- | --- | --- | --- |
| 1999 | 80 | 55 | 4400 | 6400 | 3025 |
| 2000 | 88 | 60 | 5280 | 7744 | 3600 |
| 2001 | 95 | 70 | 6650 | 9025 | 4900 |
| 2002 | 100 | 73 | 7300 | 10000 | 5329 |
| 2003 | 115 | 85 | 9775 | 13225 | 7225 |
| 2004 | 123 | 90 | 11070 | 15129 | 8100 |
| 2005 | 130 | 98 | 12740 | 16900 | 9604 |
| 2006 | 145 | 110 | 15950 | 21025 | 12100 |
| 2007 | 155 | 120 | 18600 | 24025 | 14400 |
| 2008 | 168 | 130 | 21840 | 28224 | 16900 |
| 合计 | 1199 | 891 | 113605 | 151697 | 85183 |

由于历史数据为 10 期，因此 $n=10$，参数 $a$、$b$ 为：

$$a=\frac{\sum y-b\sum x}{n}=\frac{891-0.85\times1199}{10}=-12.82$$

$$b = \frac{n\Sigma xy - \Sigma x \Sigma y}{n\Sigma x^2 - (\Sigma x)^2} = \frac{10 \times 113605 - 1199 \times 891}{10 \times 151697 - 1199 \times 1199} \approx 0.85$$

于是得到一元线性回归方程为：$\hat{y} = -12.85 + 0.85x$。

第四步，回归方程的检验。

采用相关系数检验法，检验该预测模型参数的拟合优度。计算 $x$ 和 $y$ 的相关系数如下：

$$r = \frac{n\Sigma xy - \Sigma x \Sigma y}{\sqrt{n\Sigma x^2 - (\Sigma x)^2} \sqrt{n\Sigma x^2 - (\Sigma y)^2}} \approx 0.999$$

，0.999 远大于 0.75，且绝对值趋近于 1，因此居民收入 $x$ 和年销售额 $y$ 具有高度线性相关关系，方程的拟合优度较好。

第五步，确定预测值。

根据检验，预测模型 $\hat{y} = -12.85 + 0.85x$ 有很高的精确度，可以用来预测。已知 2009 年居民收入总额为 210（百万元），代入回归模型，求得 2009 年的销售总额为：$\hat{y} = -12.82 + 0.85 + 0.85 \times 210 = 165.68$（百万元）。

### 四、多元线性回归分析预测法

市场经济活动中，经常会遇到某一市场现象的发展变化受到多因素影响的情况，也就是一个因变量和几个自变量具有依存关系，而且几个影响因素的主次难以区分，这时就需要考虑多个因素进行回归分析。例如，某一商品的销售量既与人口数量的增长变化有关，也与商品价格变化有关，这时采用一元回归分析预测法进行预测是不行的，需要采用多元回归分析预测法。如果是两个影响因素的回归分析，且自变量与因变量之间呈现线性变化趋势，则采用二元线性回归分析法进行预测。

二元回归分析预测法是指通过对两个自变量与一个因变量的相关分析，建立预测模型进行预测的分析方法，当自变量与因变量之间存在线性关系时，称为二元线性回归分析预测法。

1. 二元线性回归分析预测法的预测模型

二元线性回归分析预测法的预测模型为：$y = a + b_1 x_1 + b_2 x_2$。其中，$y$ 表示因变量；$x_1$、$x_2$ 表示两个不同的自变量；$a$、$b_1$、$b_2$ 表示二元线性回归方程的参数。

$a$，$b_1$，$b_2$ 的值利用最小二乘法，解下列方程组求得：

$$\sum xy = na + b_1\sum x_1 + b_2\sum x_2$$
$$\sum x_1 y = a\sum x_1 + b_1\sum x_1^2 + b_2\sum x_1 x_2$$
$$\sum x_2 y = a\sum x_2 + b_1\sum x_1 x_2 + b_2\sum x_1 x_2^2$$

2. 二元线性回归方程的检验

二元线性回归方程的检验利用复相关系数 $R$，其计算公式为：$R = \sqrt{1 - \dfrac{\sum(y-\hat{y})^2}{\sum(y-\bar{y})^2}}$。

复相关系数 $R$ 越大，回归方程对样本数据点拟合的程度越强，自变量与因变量的关系越密切。

3. 确定预测值包括点估计和区间估计

点估计是指将 $x_1$，$x_2$ 的值代入预测方程 $y = a + b_1 x_1 + b_2 x_2$，求得点预测值 $y_0$。

区间估计是指求出点预测值后，还要考虑标准差 $S$ 的影响，在一定的置信度要求下，查表得到 $t$ 值，确定预测区间为 $y_0 \pm tS$，标准差的计算公式为：$S = \sqrt{1 - \dfrac{\sum(y-\hat{y})^2}{n-3}}$。

【例 14-12】某企业 2001—2008 年广告投入、居民收入和产品销售额的数据如表 14-21 所示，预计 2010 年广告投入为 10 万元、居民收入为 30 万元，试用二元线性回归分析预测法预测 2010 年的销售额（计算结果保留小数点后两位）。

表 14-21 某企业产品 2001—2008 年销售额与相关因素数据表（单位：万元）

| 年份 | 产品年销售额 y | 广告投入 $x_1$ | 居民收入 $x_2$ |
| --- | --- | --- | --- |
| 2001 | 10 | 3 | 5 |
| 2002 | 12 | 4 | 7 |
| 2003 | 15 | 5 | 9 |
| 2004 | 18 | 6 | 10 |
| 2005 | 20 | 7 | 12 |
| 2006 | 22 | 8 | 15 |
| 2007 | 25 | 8 | 18 |
| 2008 | 28 | 9 | 20 |

解：广告投入、居民收入和产品销售额之间具有相关关系，广告投入多，能起到促进销售量的作用，居民收入的增多能够增强消费者的购买力，也能够促进产品的销售额，因此可以用二元回归法进行预测，设二元回归预测方程为 $y=a+b_1x_1+b_2x_2$，$a$、$b_1$、$b_2$ 系数的确定采用最小二乘法，具体数据的计算如表14-22 所示。

表 14-22  二元线性回归预测数据计算表（单位：万元）

| 年份 | 销售额 $y$ | 广告投入 $x_1$ | 居民收入 $x_2$ | $x_1y$ | $x_2y$ | $x_1 \cdot x_2$ | $x_1^2$ | $x_2^2$ |
| --- | --- | --- | --- | --- | --- | --- | --- | --- |
| 2001 | 10 | 3 | 5 | 30 | 50 | 15 | 9 | 25 |
| 2002 | 12 | 4 | 7 | 48 | 84 | 28 | 16 | 49 |
| 2003 | 15 | 5 | 9 | 75 | 135 | 45 | 25 | 81 |
| 2004 | 18 | 6 | 10 | 108 | 180 | 60 | 36 | 100 |
| 2005 | 20 | 7 | 12 | 140 | 240 | 84 | 49 | 144 |
| 2006 | 22 | 8 | 15 | 176 | 330 | 120 | 64 | 225 |
| 2007 | 25 | 8 | 18 | 200 | 450 | 144 | 64 | 324 |
| 2008 | 28 | 9 | 20 | 252 | 560 | 180 | 81 | 400 |
| 合计 | 150 | 50 | 96 | 1029 | 2029 | 676 | 344 | 1348 |

把表 14-22 的数据代入方程组：
$$\begin{cases} \sum y = na + b_1 \sum x_1 + b_2 \sum x_2 \\ \sum x_1 y = a \sum x_1 + b_1 \sum x_1^2 + b_2 \sum x_1 x_2 \\ \sum x_2 y = a \sum x_2 + b_1 \sum x_1 x_2 + b_2 \sum x_2^2 \end{cases}$$

求出参数：$a=2.6$，$b_1=1.3$，$b_2=0.65$，把参数代入方程得出回归方程为：

$$y = 2.6 + 1.3x_1 + 0.65x_2$$

计算复相关系数来检验方程的拟合优度，如果方程的拟合优度较好，就可以根据回归方程进行预测。已知 2010 年广告投入 10 万元、居民收入 30 万元，则根据回归方程，2010 年的产品销售额为：$y=2.6+1.33+1.33×10+0.65×30=35.4$（万元）。

## 第三节 常用统计软件

### 一、主要统计软件的种类

计算机技术的发展，使得很多市场调研与预测的统计计算工作实现电子化，应用统计软件进行计算分析，大大提高了工作效率和计算的精确度，为市场预测工作带来了巨大的便利。统计软件的种类非常多，有 AUTOBOX 时间序列分析和预测软件包、Data Desk 数据分析工具、NCSS 统计分析软件、SPSS 通用数据分析软件、StatView 通用数据分析软件、SAS 软件以及 Excel 软件等。在市场预测中应用比较广泛的统计软件有 SAS 软件和 SPSS 软件，我们常用的 Excel 软件也具有强大的统计功能。

1.SAS 软件

SAS 的全称为 Statisis Analysis System，最早由北卡罗来纳大学的两位生物统计学研究生编制，并于 1976 年成立 SAS 软件研究所，正式推出了 SAS 软件。SAS 是用于决策支持的大型集成信息系统，统计分析功能是它的重要组成部分和核心功能。

经过多年的发展，SAS 已被全世界 120 多个国家和地区的近三万家机构采用，直接用户超过 300 万人，涉及金融、医药卫生、生产、运输、通信、政府和教育科研等许多领域。在数据处理和统计分析领域，SAS 系统被誉为国际上的标准软件系统，并一度被评选为建立数据库的首选产品，堪称统计软件界的巨无霸。

2.SPSS 软件

SPSS 的原意为 Statistical Package for the Social Sciences，即"社会科学统计软件包"，它是一款在调查统计行业、市场研究行业、医学统计、政府和企业的数据分析应用中久享盛名的统计分析工具，是世界上最早的统计分析软件，由美国斯坦福大学的三位研究生于 20 世纪 60 年代末研制，1984 年 SPSS

首先推出了世界上第一个统计分析软件微机版本 SPSS/PC$^+$，极大地扩充了它的应用范围，并使其很快地应用于自然科学、技术科学、社会科学等各个领域。在国际学术界有条不成文的规定，即在国际学术交流中，凡是用 SPSS 软件完成的计算和统计分析，可以不必说明算法，由此可见其影响之大和信誉之高。

到目前为止，SPSS 软件已有 30 余年的发展历史，全球约有 25 万家产品用户，它们分布于通信、医疗、银行、证券、保险、制造、商业、市场研究、科研教育等多个领域和行业，是世界上应用最广泛的专业统计软件。目前 SPSS 公司在中国国内市场上推出的最新产品是 SPSS14.0 简体中文版和 SPSS15.0 英文版。

3.Excel 软件

Mierosoft Excel 是微软公司的办公软件 Microsoft Office 的组件之一，是由微软公司 Mierosoft 为 Windows 和 Apple Macintosh 操作系统编写和运行的一款电子制表软件。直观的界面、出色的计算功能和图表工具，使 Excel 成为最流行的数据处理软件。早在 1993 年，Excel 作为 Microsoft Office 的组件，就开始成为所有适用操作平台上电子制表软件的霸主。Excel 不仅可以进行办公操作，它还可以进行各种数据的处理、统计分析和辅助决策操作，广泛地应用于管理、统计、财经、金融等众多领域。

## 二、主要统计软件的功能和特点

1.SAS 软件的功能和特点

SAS 系统是一个组合软件系统，它由多个功能模块组合而成，其基本模块是 Base SAS 模块。SAS 的主要统计功能有数据管理、数据的统计描述、单组或两组资料均数的比较、多组资料均数比较的方差分析、分类资料的统计推断、非参数统计分析、相关分析与线性回归分析、非线性回归、Logistic 回归、对数线性模型、聚类分析、典型相关分析和对应分析等，在统计方面的强大功能使用户能方便地实现各种统计要求。

SAS 系统是用于数据分析与决策支持的大型集成式模块化软件包，经过多年的发展，现在已成为一套完整的计算机语言。SAS 有三个最重要的子窗

口：程序窗口（Program Editor），运行记录窗口（Log），输出窗口（Output）。Program Editor 窗口（窗口标签为 Editor）是用来输入 SAS 语句的，编程操作的所有内容都在该窗口完成，分析结果以文本的形式在 Output 窗口输出。通过对数据集的加工，用户可以完成包括统计分析、预测、建模和模拟抽样等工作。但是，由于初学者在使用 SAS 时必须要学习 SAS 语言，因此 SAS 软件的入门比较困难。

2.SPSS 软件的功能和特点

目前最新的 SPSS 软件是 SPSS15.0 版，它在原软件的基础上，融合了多项业界领先的统计分析技术，增加了新的功能模块，能够帮助企业总结过去，预测未来。

SPSS15.0 的主要功能模块有：SPSS Advanced（关系分析模块）、SPSS Base（数据分析模块）、SPSS Categories（分类数据的关系分析模块）、SPSS Classification Trees（对分类变量或连续变量的树结构模型预测模块）、SPSS Complex Sample（统计计量及标准误差计算模块）、SPSS Conjoint（全轮廓联合分析模块）、SPSS Exact Test（精确检验模块）、SPSS Maps（集成化地图分析模块）、SPSS Missing Value Analysis（排除隐含偏差模块）、SPSS Programmability（操作程序自动化模块）、SPSS Regression（回归分析预测模块）、SPSS Tables（表格展现模块）、SPSS Trends（时间序列分析模块）。

SPSS 最突出的特点就是操作界面极为友好，输出结果美观漂亮，能够使用 Windows 的窗口方式展示各种管理和分析数据的方法，使用对话框展示各种功能选择项，对于初学者来说，只要掌握一定的 Windows 操作技能，粗通统计分析原理，就可以使用该软件进行统计分析，是非专业统计人员的首选统计软件。

此外，SPSS 采用类似 Excel 表格的方式输入与管理数据，数据接口较为通用，能方便地从其他数据库中读入数据。SPSS 包括了常用的、较为成熟的统计过程，完全可以满足非统计专业人士的工作需要。对于熟悉编程运行方式的用户，SPSS 还特别设计了语法生成窗口，用户只需在菜单中选好各个选项，然后按"粘贴"按钮就可以自动生成标准的 SPSS 程序，极大地方便了中、高级用户。

3.Excel 软件的功能和特点

Microsoft Excel 是一个设计精良、功能齐全的办公软件，它可以满足常用的办公所需。例如，可以通过电子表格的形式对数字数据进行组织和计算，将数字数据转化为可视化的图表和数据库。除此之外，Excel 还是一个十分强大且使用非常方便的数据统计和分析工具。

Excel 软件的统计分析功能是通过数据分析工具实现的，它有一个"分析工具库"，在进行市场分析和预测时，只需为每一个分析工具提供必要的数据和参数，该工具就会使用适宜的函数，以表格的形式输出结果，有些工具在输出表格的同时还能生成图表，使结果的表达更加直观形象。Excel 提供的分析工具有 15 种，分别是：方差分析工具、相关系数分析工具、协方差分析工具、"描述统计"分析工具、"指数平滑"分析工具、"傅立叶分析"分析工具、"F 检验－双样本方差分析"工具、"直方图"分析工具、"移动平均"分析工具、"T 检验分析"工具、"随机数发生器"分析工具、"排位与百分比排位"分析工具、"回归分析"工具、"抽样分析"工具、"Z 检验－双样本平均差检验"分析工具。

Excel 软件最大的优点就是操作简单，界面友好，经过简单的学习，很容易被广大初学者使用。

# 第四篇

# 市场调研主管及专员岗位规范

# 第十五章 市场调研主管岗位职责规范

## 第一节 市场调研工作规范

1. 确定调研课题

市场调研课题的确定主要有两种方式。

（1）决策者根据企业经营需要进行市场调研指定的调研课题。

（2）企业各部门由于工作需要进行市场调研确定的调研课题。

2. 预调研

确定调研课题后，要收集相关资料，对整体调研工作有个初步了解。

3. 制订调研策略方案

根据企业的经济实力和当地的市场环境，制订市场调研策略方案。

4. 做好调研前的准备工作

根据调研方案，组织人力、物力等调研必需的软、硬件资源；对组织的调研人员进行培训，传达调研任务等具体工作细则。

5. 施行调研方案

准备工作做好后，按照调研计划开展调研活动。

6. 调研信息整理分析与编写调研报告

对市场调研获得的信息、数据等进行整理，分类归档，分析研究后编写调研报告。信息、数据的处理和报告的编写要由专门的技术人员负责，确保准确、客观地反映市场信息。

7.审核调研报告

调研报告编写完毕后,报请有关领导审批,根据领导的审核意见,确定印刷数量及发送部门。

8.归档处理

市场调研的原始资料、整理后的资料和编写的调研报告等文档要归档,以备查阅。

## 第二节 市场调研主管岗位职责及任职资格

1.市场调研主管岗位职责

(1)计划职责。根据市场部年度策略,规划年度调研策略;规划年度调研预算及调研相关区域/渠道;根据相关需求规划项目调研计划;规划内部人员培训计划。

(2)管理职责。管理相关咨询公司的执行情况;管理、主持市场调研例会,并参加市场部和销售部召开的有关会议及其他会议;根据已制定的调研专员岗位描述,界定好其工作职责和范围,管理并辅导其有效开展工作;对调研专员的调研工作进行指导、监督、检查;建立健全并有效管理营销信息系统,制定内部信息、市场情报收集、整理、分析、交流及保密制度。

(3)审核职责。本着精打细算、勤俭节约、有利工作、规范行为的目标,加强控制费用开支;审核项目/费用达成率;其他需求调研项目执行的相关审核。

(4)执行职责。执行年度调研方案和预算,并监督市场调研计划的制订及实施;正确传达市场部总监和产品经理制订的市场调查工作方案和操作程序,带领团队正确执行;根据产品及品牌发展需求制订市场调研计划(常规型和项目型),组织并执行策划市场调研项目,为本部门和其他部门提供信息决策支持;协助市场部经理制订各项市场营销计划;组织进行宏观环境及行业状况调研;组织对企业内部营销环境的调研;组织对消费者及用户的调研,组织实施

调研项目，管理监控调研过程执行情况，跟踪市场动态；组织拟写相关市场分析报告；对配销渠道进行调研，提供有价值的信息；收集竞争对手的市场情报和各级政府、业界团体、学会发布的行业政策和信息；根据市场需求提出新产品开发提案方向；建立健全市场信息数据库，为市场决策提供信息支持；定期完成行业及消费者市场月度、季度、半年度、年度分析报告；参与行业市场竞争对手评估报告；根据主管领导安排完成各项市场调研工作；完成行业及消费者市场数据对接、收集和整理，并建立数据库。

2.市场调研主管任职资格

（1）熟悉市场调研的相关工作和流程，熟悉市场调研的各种方法和工具，对相关行业有一定的了解。

（2）具备敏感的市场洞察力和市场分析能力，信息收集要准确、及时和全面；能根据所收集的市场调研信息对现有及潜在的业务渠道及市场竞争者等情况进行全面的分析，提出有价值的分析结论。

（3）具备计划执行能力，工作中能迅速理解上级的意思，制订出具体的可执行行动方案，通过有效组织各类资源和对任务的优先顺序的安排，保证计划的高效、顺利实施，并努力完成工作目标。

（4）具备良好的沟通协调能力，能与公司各个层面及公司外部相关单位进行协调，利用各种资源解决协调中的障碍，保证工作的顺利进行。

（5）具备团队精神和良好的职业道德素质。

# 第十六章 市场调研专员岗位职责规范

## 第一节 市场调研专员任职资格及岗位职能

1. 市场调研专员任职资格

（1）市场调研专员必须能够服从调研主管的指示与命令，忠诚地施行调研事项，保证做到兢兢业业、集中精力，圆满完成调研任务。

（2）市场调研专员必须举止谈吐得体，态度亲切、热情，容易取得被调研对象的信任与合作。

（3）市场调研专员应该具有涵养和忍让精神。调研不是单纯的提问，也不是与对方讨论问题，最重要的在于倾听，要能够容忍对方的批评和议论，并且能平心静气地引导对方紧扣主题回答问题。

（4）市场调研专员应该善于同各类人打交道，能与各种人真诚相处，不要以貌取人，不要计较他人的衣着打扮、行为举止，要懂得自己的目的是获取正确而客观的回答。

（5）市场调研专员应该具备正确的判断力和理解力。不同的人，思维方式、价值观念和认识能力、表达能力是不同的，往往需要对其言下之意、难言之处或没表述清楚之处做出正确判断，以避免得出错误的结论。

（6）市场调研专员必须具备丰富的常识，善解人意，懂得人之常情，这样才能不困不惑、从容不迫，圆满结束面谈。

2. 市场调研专员岗位职能

（1）协助市场调研主管做好各项工作，服从管理安排。

（2）依据整体营销规划，制订销售市场调研计划，提交计划书。

（3）组织实施市场调研，进行需求分析，并组织编写调研报告。

（4）根据产品的定位及其基本情况，有针对性地组织产品市场调研，拟写市场分析报告，为产品营销策划提供支持，并配合销售活动的开展。

（5）收集与公司战略确定的开发产品有关的市场资料，定期整理分析，提交分析报告。

（6）收集对销售有影响的行业管理、金融等方面信息，为正确做出市场决策提供支持。

（7）协助调查掌握营销总体计划、营销策划方案的执行情况，及时提出修正意见。

（8）协助市场调研主管对主要行业媒体、市场所在地的主要媒体进行调研，为确定广告推广策略提供决策支持。

（9）对竞争产品的信息进行收集、汇总、整理与反馈，包括企业基本情况、市场策略、渠道分布、产品特性、广告诉求等。

（10）完成市场调研主管交办的其他工作任务。

## 第二节　市场调研专员行为规范与选拔标准

1.市场调研人员行为规范

（1）严格执行调研技术规范，不得擅自更改调研程序和访问受众。

（2）必须诚实、负责，绝不弄虚作假。

（3）依据受访者对所问问题的回答填写问卷，而不是自己模仿或揣测受访者的想法，以受访者名义填写问卷。

（4）在受访者数量不足的情况下，不随便找非指定的人访问，不冒充指定受访者填写问卷。

（5）必须始终保持公平、中立态度，不诱导受访者回答问题，并使受访者知道你既没有偏见，也不想左右他的想法。

（6）要有坚韧不拔的精神，勇于克服困难，积极耐心地向受访者讲解调研活动的意义。

（7）必须完整、准确地保持调研数据的原始形态，不得擅自修改受访者答案。当答案可能有出入时，应及时追问；如受访者坚持答案，请将你的个人判断写在问题旁边，但不能更改受访者答案。

（8）遵守保密原则，不得向与本调研无关的人员提及项目和受访者的任何情况。

（9）要有礼貌，做到举止大方、轻松自然，创造融洽氛围，与受访者建立互相尊重、互相理解的人际关系，努力消除受访者的紧张情绪和怀疑心理。

（10）始终保持愉快的心情。每当面对一位新的受访者时，都要把它当作一个新的开始，千万不要因为工作熟练起来而忽略许多应该注意的地方（例如诱导受访者配合访问、解释问题的具体含义、介绍产品性能特点等）。请记住每位受访者都是第一次接受你的访问，你需要耐心讲解才能保质保量地完成工作。

（11）必须随身携带胸卡，以便争取指定受访者的信赖与合作。

（12）必须衣着整洁，禁止穿着奇装异服进行访问。

（13）尊重受访者意愿，不冒犯受访者的禁忌。

（14）将应交给受访者的礼品确实交给对方，不得擅自更换或藏匿礼品。

（15）访问结束后应检查问卷，以保证问卷填写符合要求、所需信息确实无误。检查内容包括：是否询问了所有应问的问题；答案是否已被正确记录，有无遗漏、错填现象；答案之间是否符合逻辑；记录（包括接触记录）是否已经完成。

2.市场调研专员选拔标准

（1）道德品质。

在市场调研专员的挑选过程中，坚持品德第一的标准是最需要予以强调的。当然，明白取人标准是一回事，但如何确保不被品德差的人员蒙混过关又是一回事，而且后者比前者更为关键，也更难操作。根据我们的经验，以下三种做法的实际效果还是相当不错的

第一，在正式录取前，向调研专员收取一定的道德风险保证金，并在合同中明示违约处罚条款。

第二，事先声明每个人交回的问卷都将按一定比率进行抽查。

第三，在招聘调研专员的广告中尽量对其工作进行真实描述，而不要像有些行业那样，在招聘员工时极力声称工作轻松、报酬优厚。

总之，通过较低的工作期望与高昂的舞弊成本，一般可使少数好逸恶劳、品德不佳者自动退出调研专员的应聘队伍。

（2）应变能力。

市场调研专员一般要求能够在复杂多变的社会环境里，独自一人解决随时可能遇到的各种意外问题，这样才能保证整个项目的高效率、按计划完成。为此，在面试的过程中，可增加一些有关应变能力方面的测试题，对面试者的应变能力进行认真考察。

（3）语言能力。

为了避免被访者在不太愿意合作，但又不好意思拒绝访问的情况下胡乱勾答问题，市场调研公司通常规定一律不允许由被访者自己填写问卷，而必须由调研专员一个问题一个问题地进行口头询问，并做好记录。因此，一个优秀的市场调研专员必须具有清晰的口齿、简明扼要的语言表达能力。此外，在一些普通话普及率不太高的地区，特别是一些农村偏远地区，特别是当被访者中含有老年人时，更应注意考察市场调研专员的方言水平。

（4）外在仪表。

由于市场调研专员通常必须走家串户地进行入户调研，因此，其外在仪表往往会影响到被调研者的合作态度，甚至会影响到能否入户成功。特别是在一些社会治安较差的地区，这一点尤为突出。因此，良好的外在仪表，也是挑选市场调研专员时必须予以重视的。

## 第三节　市场调研专员培训

1.普通培训与专业培训最好分开进行

所谓普通培训，是指对调研人员进行诸如自我介绍、入户方式、应变能力、工作态度、安全意识、报酬计算标准、奖惩条例、作业流程以及纪律与职业道德等内容的培训。而所谓专业培训，是指针对某一份具体问卷涉及的诸如如何甄选被访对象、如何统一理解或向被访者解释某些专业概念与名词、如何提问、如何做好笔录、如何追问，以及如何自查问卷等技术性问题的培训。由于上述两类培训内容不同，所要解决的问题也不同，因此，通常必须由不同的培训师分别进行培训。

通常的做法是普通培训重点针对首次应聘的调研人员，并由相关的调研机构管理人员（如督导）来承担；而对于已多次参与过调研任务的调研人员，则只须就新的规定做扼要的说明，而将培训重点放在专业培训上，以提高培训工作的效率，并避免调研人员对培训工作产生厌倦情绪。

2. 专业培训在每一次培训中都应列为重点内容

一般来说，除非是针对同一产品的同一份问卷的重复调研，否则任何专业问卷都会因为调研人员对某一产品认识深度的差异，或对某些特殊问题理解的不一致而出现调研误差。根据经验，若条件允许的话，专业培训最好由来自厂商的技术专家与专业调研机构的方案设计者共同完成，这样才能最大限度地保证培训效果的准确性与高效性。

3. 试访与陪访是确保调研人员培训效果必不可少的一环

具体做法是在课堂培训结束后，先拿出少量问卷，将调研任务分派给每个调研人员，让其按正式要求去试访几份。与此同时，培训专家则以旁观陪同者的身份，对每一个调研人员的入户进行一次陪访，实地观察调研专员在实际工作中是否存在什么问题。在试访与陪防结束后，培训专家应再对调研专员的工作进行一次集中总结，及时纠正试访中存在的问题，并及时淘汰部分难以胜任工作的人员。这样，整个培训工作的效果就能得到基本保障。

# 第四节　市场调研专员日常管理规范

良好的市场调研专员培训是确保整个调研工作质量的重要基础，但是，倘

若没有一套行之有效的管理办法，要确保整个调研任务得以优质高效地完成，也是不现实的。在市场调研专员日常管理中，有如下几点经验值得借鉴。

1. 建立并储备一支相对稳定的业余调研队伍

对于国内绝大多数中小型市场调研机构来说，它们所承接的市场调研业务量在时间分布上往往是既不均匀又无规律的，有时可能一个月里同时要承担好几项大业务，而有时可能一连几个月连一项小业务也没有。因此，往往无法维持一支专职的调研队伍，而只能根据任务随时组建并培训一批业余调研人员。这样虽然能够降低调研机构的维持成本，但对于那些受聘的调研人员来说，这种不定期的工作也因此蒙上强烈的临时工作性质。而一旦受聘者将业余调研人员的工作视为一种并不稳定的临时性工作，那么他们在执行调研任务时犯机会主义错误的可能性就会增加，从而加大管理的难度以及调研结果的质量风险。因此，我们认为，即使不能维持一支专职的调研队伍，也应该努力储备一支相对稳定的业余调研队伍。这样不仅能够利用以往历次调研的"大浪淘沙"效应，逐步遴选出一批表现出色的调研专员，而且也能大大减少因聘用新调研专员时所承担的调研专员道德风险或能力不称职的风险。此外，对这些优秀的调研专员来说，新的相对稳定的聘用关系，显然有利于大大减少他们犯机会主义错误的风险。对于调研机构来说，虽然必须为此付出一定的代价，比如向这些调研人员定期发放少量的职位津贴，而不论此间是否有调研任务。不过权衡得失，这种做法显然是十分值得的，它不仅能够冲减其他日常的培训与管理成本，而且也是一种确保调研质量与效率的选择。

2. 建立健全一套行之有效的市场调研专员晋级制度

适当强化对调研专员的物质激励是必要的，也是值得的。但是，为了达到一定成本下的物质激励效用最大化，还必须辅以一套行之有效的市场调研专员晋级激励制度，设立不同的调研专员级别，并根据其级别的不同对同一工作给予差额报酬。至于晋级的标准，则是以调研专员每次工作的表现作为评分依据，当积分达到某一标准时便自动晋升一级。这样，即使每个调研专员完成的问卷数量完全一样，其报酬也会因其级别的不同而不同。这样一来，就能大大增强调研专员的长期行为意识与自律意识，并能起到留住优秀人才的效果。

3. 强化市场调研质量监督与外在约束机制

物质刺激发挥内在激励作用的前提，是拥有一套能够明辨是非优劣的考核监督制度与强有力的外在约束机制。首先，必须同每位调研专员签订聘用合同，并规定一旦发现有弄虚作假或违规操作的，一律视其错误性质与严重程度扣除所交风险保证金，而情节严重者将予以开除。其次，强化质量监督手段与技术，加强对调研专员的外在约束。比如，对不同级别的调研专员，分别规定抽查不同比例的问卷。当然，要对每份被抽查到的问卷都去做一次重新询问是不必要也不现实的，只要对被抽查到的问卷中的某几个问题做随机询问即可，而且抽查可以以"有几个小问题当时调研人员没问清楚或没记清楚"的名义进行，以避免引起被访者的反感。

4. 严格履行标准的调查技术规则

大凡有过调研专员管理经历的人都会有这样的体会，即使事先拥有一整套十分明确的调查技术规则，倘若不加以严格履行，则调研人员在具体操作过程中仍然极易产生许多不规范的做法。一是不按抽样规则进行抽样，偷工减料图方便，随意入户；二是将问卷交由被访者自己填写，或同一份问卷前后询问过两个人以上的意见（这种情况多出现在被访者没有足够时间或耐心的情形下）；三是未按规定随便放弃已抽好的样本，如遇被访者不在家时，未遵守至少须在每隔二小时后先后登门三次未果才能放弃该样本的规定；四是擅自将问卷转让给其他未受培训者去完成；五是未能遵守先调查后送礼品的规定（因为调查开始前送礼品有可能会影响被访者对产品的真实感受），或擅自私吞礼品；六是在询问过程中随便发表一些有可能诱导被访者的言论，或对被访者未明确表态的问题不做适当的追问，等等。对于这些调研专员易犯的毛病，调研主管最好先将其要求印好分发给每位专员，并声明违者必究，以引起他们的注意，养成规范良好的作业习惯。

5. 配备一个强有力的调研专员困难援助系统

由于市场调研涉及面广，情况复杂，因此，调研专员在每次调研过程中都有可能遇到一些事先不曾预料到而个人又无力解决的困难，从而影响到整个调研计划的按约完成。因此，有必要在严格调研专员管理的同时，配备一个强有力的调研专员困难援助系统，对其在调查中遇到的困难予以支助。例如，现在一些地区因治安不如人意，住户防盗门窗的安装率越来越高（通常在楼宇底层入口处就设有防盗大门）。因此，有时调研专员连进门接近被访者的机会都没有，又怎么能严格按要求按时完成任务呢？对此，应该由调研机构出面，加强

在一些入户困难区域的公关工作，与当地居委会建立长期友好的业务与情感联系，在调研专员入户困难时，由居委会派人陪同进行帮助，从而降低调研专员的调查难度，消除他们的心理压力。

6. 注意增进管理者与调研专员之间的情感交流

在调研专员的管理中，除了建立有力的物质利益激励机制与有效的约束机制，还必须注意增进管理者与调研专员之间的情感交流。例如，定期举办一些由管理者与调研专员共同参加的内部舞会、调查见闻交流会、调查技巧研讨会的小活动等，一方面可以增强调研专员之间的友谊与交流，另一方面也能够树立管理者在调研专员心目中的工作中的"严师"、生活中的"益友"形象，使管理者与被管理者之间的关系更加融洽。